W0189995

Grundlagen der Berufs- und Erwachsenenbildung

Herausgegeben von Prof. Dr. Rolf Arnold

Band 46

Die Verschränkung der Blicke

Konstruktivistische Erwachsenenbildung im Dialog

Von

Rolf Arnold und Horst Siebert

mit Illustrationen von Stephan Cabrera

Schneider Verlag Hohengehren GmbH

Grundlagen der Berufs- und Erwachsenenbildung
Herausgegeben von Rolf Arnold

Gedruckt auf umweltfreundlichem Papier (chlor- und säurefrei hergestellt).

Bibliografische Information Der Deutschen Bibliothek

Die Deutsche Bibliothek verzeichnet diese Publikation in der Deutschen Nationalbibliografie; detaillierte bibliografische Daten sind im Internet über ›http://dnb.ddb.de‹ abrufbar.

ISBN 3-8340-0067-1

Schneider Verlag Hohengehren, Wilhelmstr. 13, 73666 Baltmannsweiler

© Schneider Verlag Hohengehren, 73666 Baltmannsweiler 2006
Printed in Germany – Druck: Hofmann, Schorndorf

Inhaltsverzeichnis

Vorwort VII

Erster Brief:
Konstruktivistisches Erkennen – Nachwehen versäumter erwachsenenpädagogischer Debatten 1

Zweiter Brief:
Konstruktivistische Selbstkritik und die biographische Konstruktion der
Wirklichkeit 12

Dritter Brief:
Sehen wir auch nur, was wir wissen? 21

Vierter Brief:
Von der Vermittlung zum Lehren und Lernen „mit dem Anderen" 29

Fünfter Brief:
Zur Wirkungsoffenheit (erwachsenen)didaktischen Handelns 37

Sechster Brief:
Selbstreferenz, Normativität und Konstruktion 50

Siebter Brief:
Von der Literalen Bildung und dem „linguistic turn" 59

Achter Brief:
Eine kurze Notiz 73

Neunter Brief:
Von der Fremd- über die Selbst- zur Textreferenz   74

Zehnter Brief:
Erzählen, Schreiben und Lesen als Modi
der Wirklichkeitskonstruktion   82

Elfter Brief:
Zur emotionalen Konstruktion der Wirklichkeit   87

Zwölfter Brief:
Erwachsenenbildung als „Zähmung des Blickes"   92

Dreizehnter Brief:
Erwachsenenbildung und Selbstreflexivität   100

Vierzehnter Brief:
Zwischen Gütekriterien, Leitdifferenzsuche und lebensphilosophischer
Rahmung: Leerstellen im Theoriediskurs   104

Fünfzehnter Brief:
Verantwortungsethik und Nutzerorientierung   118

Sechzehnter Brief:
Zur Konstruktion der Erwachsenenpädagogik   127

Siebzehnter Brief:
Das Biographische der Erkenntnis   137

Achtzehnter Brief:
In Memoriam Francisco Varela   140

Neunzehnter Brief:
Von der Unverzichtbarkeit der Bildung   155

Vorwort

Anlass dieser Veröffentlichung ist ein Jubiläum:

Vor 10 Jahren erschien in der Reihe „Grundlagen der Berufs- und Erwachsenenbildung" unser Buch „Konstruktivistische Erwachsenenbildung". Inzwischen liegt die vierte Auflage vor. Die Resonanz war erstaunlich groß und – erwartungsgemäß – kontrovers. Die Bandbreite der Reaktionen reichte von begeisterter Zustimmung bis zu aufgeregter Empörung. Die Praxis hingegen reagierte eher interessiert, bestätigten doch die konstruktivistischen Irritationen viele der Eindrücke, die sich bei dem Versuch des Vermittelns, Bildens, Unterrichtens, Begleitens von Erwachsenen, bei denen, die dieses als „Beruf" betreiben, einstellen.

Da nachhaltige theoretische Kontroversen in unserer Disziplin eher selten sind, ist diese Vielfalt der Reaktionen erfreulich. Erkennbar sind – von Extrempositionen abgesehen – Annäherungen und Differenzierungen. Wir haben die Einwände und Anregungen aufgegriffen, nicht im Sinne einer Rechtfertigung oder Verteidigung, sondern für unseren eigenen Lernprozess. Dafür haben wir versucht, unsere Überlegungen und Fragen auszutauschen und uns gegenseitig zu „perturbieren". „Die Verschränkung der Blicke" verweist auf eine „Einheit der Differenz" unserer Konstruktion der Erwachsenenbildung.

Für diesen Lern- und Verschränkungsprozess haben wir eine in der Wissenschaft eher ungewöhnliche Kommunikationsform gewählt, nämlich einen Briefwechsel. Dieser Austausch von Briefen entspricht am ehesten der freundschaftlich-kollegialen Verständigung, die wir seit mehr als 2 Jahrzehnten miteinander praktizieren. Ein Briefwechsel ist nicht nur ein dialogischer, sondern auch ein zirkulärer Prozess, eine kommunikative Suchbewegung. Briefe sind nicht ergebnisorientiert, sondern Briefe sind Anfragen, Rückfragen. So ist es kein Zufall, dass mit dem wachsenden Problembewusstsein auch die Vielfalt der offenen Fragen zunimmt.

Doch auch diese Ergebnisoffenheit kann nicht überraschen. Der Konstruktivismus verabschiedet sich von der Hoffnung auf Wahrheiten und objektive Resultate. Wenn der Konstruktivismus eine Relationstheorie ist, sind in der Tat neue Perspektiven, nicht aber eindeutige Antworten zu erwarten.

Hannover/Kaiserslautern, Januar 2006   Rolf Arnold / Horst Siebert

Erster Brief:

Konstruktivistisches Erkennen –
Nachwehen versäumter erwachsenenpädagogischer Debatten

7.10.04

Lieber Horst

Vor zehn Jahren hatten wir eine intensive Diskussionsphase, in der wir uns darum bemühten, die Beiträge der unterschiedlichen Richtungen der damals erstarkten Konstruktivismus-Debatte zu sichten und im Hinblick auf ihre Bedeutung für eine Theorie der Erwachsenenbildung fruchtbar werden zu lassen. Im Verlauf des Jahres 1995 erschien dann unser gemeinsames Buch „Konstruktivistische Erwachsenenbildung. Von der Deutung zur Konstruktion von Wirklichkeit" (Arnold/Siebert 1995). Dieses Buch ist von der Wissenschaft intensiv rezipiert worden, wobei wir nicht nur auf Wohlwollen stießen. Bis zum heutigen Tag ist diese Debatte um die „Konstruktivistische Erwachsenenbildung" nicht abgerissen, und immer noch – und in letzter Zeit wieder verstärkt, wie mein Eindruck ist – nehmen einige Denker dieses Buch zum Anlass, um mit uns über die Wirklichkeit zu streiten. Für einige sind wir Vertreter einer Pädagogik der postmodernen Beliebigkeit, andere konfrontieren uns mit dem Vorwurf des opportunistischen „Zeitgeistsurfens", doch alle beschäftigen sich noch nach 10 Jahren mit diesem Ansatz, was doch auch zeigt, dass seine Ergiebigkeit vielleicht doch noch nicht ganz erschöpft ist.

Mich verwundert diese Aufgeregtheit, steht sie doch letztlich auch für eine emotionale Betroffenheit derer, die so entschieden argumentieren. Oft haben wir miteinander telefoniert, um uns darüber auszutauschen, ob und in welcher Form wir mal wieder eine Replik schreiben sollten – ich glaube, die meisten Attacken haben wir über uns ergehen lassen, irgendwie erstaunt darüber, welche Entrüstungen und Interpretationen wir da auch losgetreten hatten. Da fällt mir der Spruch von Maturana ein, der mal sinngemäß festgestellt hat: „Ich bin zwar verantwortlich für das, was ich schreibe, aber nicht für das, was Sie lesen!".

Kann man mit uns über die Wirklichkeit streiten? – habe ich mich in den letzten Wochen gefragt. Und dabei habe ich erkannt, dass ein solches Unterfangen nicht nur ganz und gar unkonstruktivistisch wäre, sondern auch „gegenstandlos". Denn unser Buch beschreibt keine Wirklichkeiten, sondern rekonstruiert die Formen des – lernenden – Umgangs mit Wirklichkeitskonstruktionen. Da unsere Sprache eine bezeichnende Sprache ist, ist es kaum möglich in ihr selbst diese Ebenenunterscheidung wirklich deutlich werden zu lassen und auch durchzuhalten. Du weißt, dass ich hierfür die unschönen Begriffe „kontra"- und „meta-faktisch" geprägt habe, was mir hilft hier deutlich zu unterscheiden. Unser Buch selbst strotzt – unfreiwillig – von kontrafaktischer Rede. Der Konstruktivismus beschreitet eine metafaktische Ebene, indem er beschreibt, wie Menschen sich Wirklichkeiten erzeugen, an diesen festhalten oder sie transformieren. Indem er dies tut, beschreibt er auch eine Wirklichkeit, aber keine, die uns kontrafaktisch gegenübersteht und einer Überprüfung unmittelbar zugänglich ist, sondern eine, die sich auf das „Funktionieren" unserer Wirklichkeitsbeschreibung bezieht. Da wir dafür dieselbe Sprache benutzen (müssen), wie bei nüchternen Weltbeschreibung, also auch die Wirklichkeit 2. Ordnung nur mit den Beschrei-bungskategorien der Wirklichkeit 1. Ordnung beschrieben werden kann, ist den gewollten und ungewollten Missverständnissen Tür und Tor geöffnet. Die Angreifer kommen gewissermaßen von überall her – auf allen Ebenen.

Überhaupt haben die erkenntnis- und wahrnehmungstheoretischen Implikatio-nen des Konstruktivismus mich in den letzten Jahren nicht losgelassen. Als ich unlängst gebeten wurde, einen Artikel zu der Frage „Was hat der Konstruktivis-mus der Erwachsenendidaktik gebracht?" zu schreiben, wurde mir u. a. sehr klar, dass wir nicht einerseits den Gedanken des grundsätzlichen „Leben(s) im Modus der Auslegung" (vgl. Arnold u. a.1998; Tietgens 1981, S. 89ff) konstruk-tivistisch stärken, andererseits aber irgendwie didaktisch-linear oder normativ aufgeladen so weitermachen können, als hätte der Konstruktivismus kein „zwin-gendes Argument" (Maturana 1996). Mir wurde deutlich, dass es einen „mode-raten Konstruktivismus" (Dubs 1993) eigentlich nicht geben kann, weil das, was der Konstruktivismus „zwingend" erkannt hat, *per se radikal* ist. Denn wir kön-nen auch in unseren konstruktivistischen Überlegungen letztlich nicht ernsthaft davon absehen, dass die Welt, die wir sehen, ein Produkt unserer Sinnesorgane ist. Dies bedeutet nicht, dass uns keine Welt umgibt, sondern lediglich, dass wir über deren Beschaffenheit nur auszusagen vermögen, was wir beobachten kön-nen. Und dieser Vorgang bewegt sich letztlich in den Begrenzungen unserer Wahrnehmungsorgane sowie unseres Gehirns.

Es gibt kein Richtiges im Falschen, weshalb auch Wissenschaft letztlich über kei-nen irgendwie privilegierteren Zugang zum Verstehen der Welt und über keine irgendwie richtigeren Beschreibungen derselben zu verfügen vermag. Dies gilt auch, wenn wir über Konstruktivismus schreiben, womit wir unversehens in der bekannten Paradoxie des Epimenides gefangen sind, welche sagte: „Alle Kreter sind Lügner. Epimenides ist ein Kreter!" Es ist entmutigend, wie rasch man sich erkenntnistheoretisch in der Münchhausen-Position wiederfindet, aus der es kei-nen nicht irgendwie voluntaristischen Ausweg gibt, wenn man einmal begonnen hat, die Grundprinzipien der konstruktivistischen Beobachtertheorie zu verste-hen. „Man sieht nur, was man sieht!" – doch indem man dies (ein)sieht, hat man bereits die Chance angebahnt, auf einer neuen Ebene ebensolchen Mechanismen zu folgen, dabei aber doch gleichzeitig etwas Anderes oder Etwas anders zu sehen. Die Perspektiven weiten sich, indem man ihre Konstruktivität erkennt, und es eröffnen sich Chancen eines bewussten Um- und Anderssehen – in der Regel auch verbunden mit einem gewandelten emotionalen Bezug zum eigenen „Sehen" und den in diesem unhintergehbar mitschwingenden Gewissheitsbedürfnissen. Was bedeuten diese Überlegungen erkenntnis- und wissenschaftstheoretisch? Welche Art von Wissenschaft betreiben wir, wenn wir solchermaßen „mutig" und „spielerisch" mit Perspektiven umgehen?

Hierzu habe ich nochmals bei Kersten Reich nachgelesen, der seine „systemisch-konstruktivistische Pädagogik" dezidiert aus – wie er sagt – „Veränderungen in der Erkenntnistheorie" (Reich 1996, S. IX) ableitet. Dies finde ich konsequent. In seinem zweibändigen Werk „Die Ordnung der Blicke" untersucht Reich recht gründlich die „erkenntnistheoretischen Kränkungen" bzw. „die ›gekränkten‹ Denkvoraussetzungen in kulturellen Kontexten" (Reich 1998a, S. 71), welche durch „den"[1] Konstruktivismus wiederbelebt worden sind, dessen Vertreter – aber auch Kritiker – gleichwohl oft in der Gefahr standen, sich „alle neuere Erkenntnistheorie neu zu erfinden und schon vorhandene Sichtweisen vorschnell zu übergehen" (ebd.). Dies ist hilfreich, da auch mein Eindruck der ist, dass wir uns bei der Rezeption unseres Ansatzes einer „Konstruktivistischen Erwachsenenbildung" vielfach mit solchen alten Bekannten konfrontiert sahen, die in den philosophischen Debatten schon längst nicht mehr reüssieren konnten. Dies ist z. B. bei Ludwig Pongratz unübersehbar, wenn er dem Konstruktivismus vorwirft, „den ›Gordischen Knoten‹ der Subjekt-Objekt-Problematik mit einem scharfen Schnitt durchzutrennen" (Pongratz 2004, S. 88), was er deshalb für unzulässig hält, weil eine solche Sicht des Vermittlungsproblems „Ungereimtheiten und logische Inkonsistenzen" (ebd., S. 89) nach sich ziehe, welche er durch ein Zitat von Ralf Nüse auf den Punkt bringt, der festgestellt hatte, dass „wenn man keinen Zugang zur Umgebung hat, man (dann) auch nicht feststellen (kann), dass man keinen hat" (Nüse 1995, S. 251). In eine ähnliche Richtung argumentiert auch Peter Faulstich. Auch er moniert die Ausblendung des „Vermittlungsproblems" und plädiert für eine dialektische Konzeption des erkennenden Selbst, welches – wie er poetisch, aber wenig deutlich ausdrückt – „in lebendiger Bewegung mit dem Objekt sich selbst durchdringt" (Faulstich 2003, S. 131). Auch seine Bewertung des – radikalen – Konstruktivismus ist eher vernichtend. Es sind m. E. nicht wirklich durchschlagende Argumente, die er bemüht. So verstehe ich letztlich nicht, inwieweit der Vorwurf eines biologischen Reduktionismus, den er gegen von Glasersfeld anführt, wirklich erhoben werden kann. Kann Faulstich unabhängig von seinen biologischen Möglichkeiten

---

[1] „Den" Konstruktivismus gibt es nicht, wie Du ja selbst vielfach betont hast, wenn Du etwa die verschiedenen „Konstruktionen des Konstruktivismus" (Siebert 1999, S. 5 ff) rekonstruierst, dann aber – und darüber möchte ich durchaus streiten – auch einen „in lernpsychologischer Sicht" eher „moderaten Konstruktivismus" (ebd., S. 14) für möglich hältst, den ich für falsch und in der Grundannahme inkonsistent halte.

denken? Und ist die logische Paradoxie, in welche uns konstruktivistische Positionen führen, automatisch ein Argument dafür, dass es – weil der Konstruktivismus zwar „zwingend", aber in sich widersprüchlich ist – doch die neorealistische Gegenthese sein muss, welche stimmt?

Die Kritiker des Konstruktivismus übersehen m. E., dass sie ihren Restrealismus angesichts der Unhintergehbarkeit der Strukturdeterminiertheit des menschlichen Fühlens und Denkens ebenso wenig plausibel machen können, wie der Konstruktivismus die logischen Widersprüche nicht aufzulösen vermag, in die er gerät. Zwar ist es naheliegend, angesichts dieser Verhedderungen in eine kompromisslerische Formel, wie die eines „moderaten Konstruktivismus" zu flüchten, doch ist dies m. E. nicht die wirkliche Lösung des Dilemmas. Für mich ergibt sich vielmehr die Folgerung, dass wir zwar a) nicht nicht-strukturdeterminiert fühlen, denken und handeln können (= Eindeutigkeit A), aber b) uns gleichzeitig – noch? – nicht aus den mit dieser Äußerung aufbrechenden Verstrickungen unserer kontrafaktischen Sprache befreien können (=Eindeutigkeit B). Der Konstruktivismus führt uns hier m. E. an eine Schwelle, welche uns dazu zwingt, mit dem Erschlagen der einen Eindeutigkeit durch die andere aufzuhören und uns einem Denken anzunähern, welches sich vom Entweder-Oder löst und lernt, die logisch unausweichliche Lage von einer anderen Warte aus zu beobachten. Dabei – so meine Hoffnung und Vermutung – kann ein anderes Denken entstehen, ein Denken, welches der Maler Kandinsky mit dem Wörtchen „und" charakterisierte:

„Der heutige Mensch wird fortwährend vor die rasche Wahl gestellt: er soll unverzüglich eine Erscheinung bejahen und die andere ablehnen – entweder-oder, wobei die beiden Erscheinungen als rein äußere und ausschließlich äußerlich betrachtet werden. Darin liegt die Tragik der Zeit. Neue Erscheinungen werden von der alten Basis aus betrachtet und auf eine tote Art behandelt.

So wie seinerzeit das feine Ohr in der Ordnungsruhe das Donnern hörte, kann das scharfe Auge im Chaos eine andere Ordnung erraten. Diese Ordnung verlässt die Basis ›entweder-oder‹ und erreicht langsam eine neue – *und*. Das 20. Jahrhundert steht unter dem Zeichen ›und‹.

Dieses ›und‹ ist aber nur die Folge. Die Ursache ist das langsam, fast unsichtbar vor sich gehende Verlassen des früheren Bodens des Äußeren (Form) und das Erreichen eines neuen Bodens des Inneren (Inhalt)" (Kandinsky 1955, S. 99)

Vielleicht stellen sich bei einer genaueren Analyse Konstruktivisten und ihre Kritiker, die Neorealisten, gleichermaßen als Entweder-Oder-Denker dar und haben sich noch zu wenig mit dem Sowohl-als-Auch beschäftigt, welches sich in der neueren Physik bereits seit längerem als ein neues Paradigma zu konstituieren beginnt. In diesem Sinne habe ich immer wieder die Arbeiten von Carl Friedrich von Weizsäcker gelesen. Er zieht aus der Quantentheorie weitreichende erkenntnistheoretische Folgerungen, welche m. E. eine neue Ebene des Denkens markieren – eine Ebene, die jenseits der von den Realisten „eingeklagten"

Vermittlung von Subjekt und Objekt angesiedelt ist, welche implizit der cartesianischen Unterscheidung zwischen „res cogitans" und „res extensa" folgt, die ihrerseits sowohl das Erkennen, als auch die Erkennbarkeit selbstverständlich voraussetzt. Diese Selbstverständlichkeit ist durch die Quantenphysik, welcher ebenfalls eine „Und-" und keine „Entweder-oder-Logik" implizit ist, grundlegend erschüttert worden, wie Carl Friedrich von Weizsäcker in seiner Vorlesungssammlung „Die Tragweite der Wissenschaft" (von Weizsäcker 1990) dargelegt hat, in der es ihm auch darum geht, sich an die Grenzen des Verstehens solcher Fälle vorzutasten, in denen wir erfahren, „(…) dass unsere philosopische Vorstellungskraft nicht ausgereicht hat, uns mit den Denkmöglichkeiten auszustatten, die sich durch die uns aus der empirischen Realität ergebende dringende Frage aufgedrängt wurden" (ebd., S. 383).

Wer die Vermittlung zwischen Subjekt und Objekt anmahnt, ohne sie natürlich selbst überzeugend – damit meine ich: anders als durch einen erkenntnistheoretischen Sprung – leisten zu können, der „tut" so, als hielte er eines der beiden Enden des zu entwirrenden „Garnknäuels", von dem von Weizsäcker an anderer Stelle spricht, in den Händen. Dem ist aber nicht so, denn „die Wissenschaft gleicht" – wie von Weizsäcker bildhaft ausdrückt – „der Aufgabe, ein Garnknäuel zu entwirren, von dem nur in der Mitte einige Fäden frei liegen, während wir keins der Enden in der Hand halten" (von Weizsäcker 1992, S. 38). Carl Friedrich von Weizsäcker spricht von einem „schwebenden Charakter der Erkenntnis" (ebd., S. 39) – eine Formulierung, die m. E. sehr treffend bezeichnet, was uns möglich und was uns nicht möglich ist. Ähnliche Überlegungen finden sich übrigens bei von Glasersfeld, welcher bei Peter Faulstich relativ schlecht wegkommt. Während Faulstich von Glasersfeld vorwirft, dieser bleibe in seiner Kritik der herkömmlichen Erkenntnistheorie „unklar", da er eine repräsentationstheoretische Position kritisiere, ohne deutlich werden zu lassen, „(…) wer denn heute noch eine solch naive Vorstellung ernsthaft vertritt" (Faulstich 2003, S. 130), ist – mit Verlaub – von Glasersfeld doch recht konkret. Er greift zwar auf die Vorsokratiker zurück, bleibt aber bei diesen keineswegs stehen. Die entsprechenden Stellen habe ich sehr genau gelesen, da ich zugebe, selbst noch nach einer Lösung des Vermittlungsproblems zu suchen und mich in der „Und"-Welt noch nicht so gut zurechtfinde.

Bei von Glasersfeld finden sich zahlreiche Vorarbeiten zur Verdichtung der anderen Erkenntnistheorie, welche für den Konstruktivismus konstitutiv ist. Diese ist eine Erkenntnistheorie des „Und", weshalb sie auch nicht aus der Gegenargumentation der Realisten heraus überzeugend entwickelt werden kann, was keine Ausrede ist, wie ich gleich zeigen werde. Ihre Prinzipien sind die Universalität der Vielfalt und Spezifität sowie des Nebeneinanders von Widersprüchlichem – alles Charakteristika, welche niemals in einer realistischen Weltsicht wirklich überzeugend dargelegt werden könnten. In seinem Beitrag „Abschied von der

Objektivität" (von Glasersfeld 1991) wird dies besonders klar: Er „verabschiedet" die Objektivität, welche somit auch nicht mit dem Subjekt zu vermitteln ist
– diese „realistische" Frage ist keine in der Denkweise des Konstruktivismus!
Objektivität ist für ihn vielmehr – wie er es mit einer Formulierung von von
Foerster nennt – „die Illusion, dass Beobachtungen ohne einen Beobachter
gemacht werden können" (von Glasersfeld 1991, S. 17), eine Feststellung, welcher Pongratz nicht wirklich etwas entgegen zu setzen hat. Er spricht düster vom
„(Über-)Blenden der Beobachter" (Pongratz 2004, S. 96) und will nicht verstehen, „warum nicht davon gesprochen werden sollte, dass ein Nervensystem
Informationen aufnimmt und daraus Repräsentationen (also: interne Abbilder)
seiner jeweiligen Umwelt erstellt" (ebd., S. 97), was er erhofft, aber auch nicht
zu erklären vermag. Doch ein solches Evidenzerleben nimmt er ganz offensichtlich für sich in Anspruch, wie sonst könnte er die Frage nach seinem eigenen
Beobachterstatus ausblenden und Gewissheitseinsichten reklamieren?

Es ist auch nicht so, dass – wie man bei Faulstich den Eindruck hat – alles schon
einmal da gewesen und letzlich auch den aller meisten objektivistischen Vertre-
tern durchaus bewusst gewesen sei[2], denn es gibt das „Sowohl-als-Auch" nur in
der realistischen Weltsicht, nicht aber in der konstruktivistischen. Denn für diese
ist das, was wir für „Objektivität" halten nur als Input des Nervensystems, somit
in der selbstreferentiellen Bezogenheit des Subjektes auf sich selbst überhaupt
denkbar[3] – eine Sichtweise, welche auch durch die sich abzeichnenden Einsichten der neueren Hirnforschung unhintergehbar bestätig wird. So fasst Singer
seine wahrnehmungsphysiologischen Untersuchungen dahingehend zusammen,
„(…) dass Wahrnehmung nicht als passive Abbildung von Wirklichkeit verstanden werden darf, sondern als das Ergebnis eines außerordentlich aktiven, konstruktivistischen Prozesses gesehen werden muss, bei dem das Gehirn die Initia-
tive hat" (Singer 2002, S. 72). Aus diesem Grunde „begegnen" einem die Situationen und Objekte der Außenwelt nicht so wie sie „sind", sondern in der Form,
wie unsere Hypothesenmuster aktiviert werden. So wissen wir heute, dass wir –
wenn wir „reagieren" (ein Verb, das nicht beschreibt, was eigentlich geschieht!)
um ein Vielfaches mehr „intracorticale Verknüpfungen" aktivieren als solche,
welche der Verarbeitung der von außen kommenden Sinneseindrücke dienen[4].

---

[2]   Von Glasersfeld stellt fest: „Das soll nicht heißen, dass einzelne nicht schon in früheren Zeiten versucht hätten,
      in die Richtung vorzudringen, die sich nun durchzusetzen beginnt,doch das Moment der Tradition hat sie stets
      überrannt, und ihre Versuche blieben Kuriosa am Rande der Ideengeschichte" (von Glasersfeld 1991, S. 17).
[3]   Das Hauptargument gegen den Realismus ist deshalb die unabweisbare Geschlossenheit der nervösen Aktivi-
      täten, von denen bereits Maturana sprach: „Das einzige, was dem Nervensystem an irgendeiner Stelle zugäng-
      lich ist, sind Zustände relativer Aktivität zwischen Nervenzellen, und das einzige, was durch einen bestimmten
      Zustand relativer Aktivität verursacht werden kann, sind Zustände relativer Aktivität in anderen Nervenzel-
      len, die die Zustände relativer Aktivität bilden, auf die sie reagieren" (Maturana 1985, S. 48).
[4]   Bereits Heinz von Foerster berichtet: „Da es lediglich einigen 100 Millionen sensorische Rezeptoren und etwa
      10 000 Milliarden Synapsen in unserem Nervensystem gibt, sind wir gegenüber Veränderungen in unserer inne-
      ren Umwelt 100 000mal stärker empfindlich als gegenüber Veränderungen in unserer äußeren Umwelt" (Foers-
      ter 1973, S. 35).

Wir „reagieren" demnach, wenn wir fühlen, denken und handeln, in erster Linie auf unsere eigenen internen Zustände. Der Hirnforscher Roth kommt deshalb zu dem Schluss, das System des menschlichen Cortex sei

„(…) aufgrund seiner hochgradigen Binnenverdrahtung im Wesentlichen mit sich selbst beschäftigt. Reize und Informationen dringen (…) zwar von außen in das System hinein und Erregungen verlassen es, aber dieser Effekt ist verschwindend klein gegenüber dem internen Geschehen" (Roth 2001, S. 214).

Mein Eindruck ist, dass wir solche erkenntnistheoretisch folgenreichen Einsichten nicht wirklich als das nehmen, was sie sind: Abgesänge auf die Objektivität, welche sich uns nur in der Aktivierung und Rekonstellierung der kognitiv-emotionalen Systemiken zeigt, weshalb die Frage nach dem Beobachter und dessen eigenen kognitiv-emotionalen Systemiken die erkenntnistheoretisch eigentlich relevante Frage ist. Wir können nicht wissen, *was* wir erkennen, sondern müssen uns der Frage stellen, *wie* wir erkennen, d. h. wie wir – bevorzugt – die Welt aufordnen. Dies ist auch eine wissenschaftspsychologische Frage, und sie beinhaltet auch und gerade die Frage nach der Seele und den Ängsten des wissenschaftlichen Beobachters, den wir uns so gerne nüchtern und ohne Angst vorstellen (vgl. Devereux 1967). Doch gerade eine Erkenntnistheorie des „Und" braucht Mut zum Aushalten des – zunächst – Unerklärbaren. Wir lassen uns zu schnell von den Neorealisten und ihrer Frage nach der Subjekt-Objekt-Vermittlung einschüchtern, lassen uns auf Argumentationen ein, welche nicht überzeugen können, da der Konstruktivismus zur Auflösung des Objektbegriffs im erkennenden Subjekt führt, weshalb wir beides nicht in der uns zur Verfügung stehenden Sprache wirklich ausdrücken können. Hilfreich sind in diesem Zusammenhang die Ausführungen des mutigen Werner Heisenberg zum Verhältnis von Sprache und Wirklichkeit, welches problematisch wird, wenn sich die Ansichten der Wirklichkeit geändert haben und sich um Beschreibung in einer Sprache bemühen, welche dem alten Weltbild entstammt[5]. Über die Schwierigkeiten, die relativitäts- und quantentheoretischen Einsichten der neueren Physik sprachlich zu fassen, schreibt Heisenberg:

„Das wirkliche Problem hinter diesen vielen strittigen Fragen war die Tatsache, dass es keine Sprache gab, in der man widerspruchsfrei über die neue Situation reden konnte. Die gewöhnliche Sprache beruhte ja auf den alten Begriffen von Raum und Zeit, und diese Sprache allein bildete das Mittel zu einer unzweideutigen Verständigung über die Anordnung und die Ergebnisse von Messungen. Gleichzeitig aber zeigten die Experimente, dass die alten Begriffe nicht überall angewendet werden konnten" (Heisenberg 1978, S. 168).

Mein Eindruck ist der, dass wir uns mit der konstruktivistischen Sicht der Welt in einer durchaus ähnlichen Situation befinden: Wir können nicht – sozusagen mit

---

[5] Peter Senge erinnert uns in seinen systemtheoretischen Ausführungen daran, dass „indogermanische Sprachen mit ihrer Subjekt-Prädikat-Objekt-Struktur eine eher lineare Sichtweise (begünstigen)" (Senge 1996, S. 95).

konstruktivistischer Absicht – in einer Sprache, die die Subjekt-Objekt-Unterscheidung bis in ihre grammatikalischen Muster hinein „kennt", versuchen einen Zusammenhang zu beschreiben, dessen Kern genau die Aufhebung dieser klaren Trennung ist. Dies muss einem geradezu sprachlich misslingen, während die Neorealisten nicht nur die Denkgewohnheiten auf ihrer Seite haben, sondern auch die Sprache – beide eine implizite Weltauffassung transportierend, welche stillschweigend voraussetzt, dass „(...) diesem System losgelöst von den Bedingungen des Beobachters und der Beobachtung irgendwelche Eigenschaften zugeschrieben werden könnten" (Simon 1997, S. 8). Einer solchen Gewissheitsperspektive kann man letztlich nichts entgegensetzen, müsste man doch eine Sprache zur Verfügung haben, die auch auszudrücken vermag, was logisch widersprüchlich ist. Wenn man feststellt, der Konstruktivismus sage, alles sei Konstruktion – mithin Ausdruck kognitiv-emotionaler Autopoiesis –, so gilt diese Feststellung auch für den Konstruktivismus selbst, dessen Aussage dann in ihr Gegenteil verkehrt wird, aber eben auch nur dann, wenn man ihren ersten Teil als „realistische" Beschreibung („der Konstruktivismus sagt …") nimmt – eine paradoxale Gefangenschaft in logisch unauflösbaren Widersprüchen. Heisenberg scheint vor ganz ähnlichen Unvereinbarkeiten gestanden zu haben, wodurch er letztlich dazu gelangte, ein Grundaxiom der klassischen Logik selbst abzuändern:

„In der klassischen Logik wird angenommen, dass, sofern eine Behauptung überhaupt einen Sinn hat, entweder die Behauptung oder die Negation der Behauptung korrekt sein muss. Von den beiden Aussagen ›hier ist ein Tisch‹ oder ›hier ist kein Tisch‹ muss entweder die erste oder die zweite Behauptung richtig sein. ›Tertium non datur‹, eine dritte Möglichkeit existiert nicht. Es mag vorkommen, dass wir nicht wissen, ob die Behauptung oder ihre Negation korrekt ist, aber ›in Wirklichkeit‹ ist nur eine von beiden richtig.

In der Quantentheorie muss offenbar dieses Gesetz ›tertium non datur‹ abgeändert werden. Gegen jede Abänderung dieses Grundaxioms kann natürlich sofort eingewandt werden, dass es in der gewöhnlichen Sprache gilt und dass wir zum mindesten über eine eventuelle Abänderung der Logik eben in dieser Sprache sprechen müssten. Daher würde ein innerer Widerspruch entstehen, wenn man in der gewöhnlichen Sprache ein logisches Schema beschreiben wollte, das nicht auf die gewöhnliche Sprache Anwendung findet" (ebd., S. 175f).

Mein Eindruck ist, dass wir auch in der Konstruktivismus-Debatte verschiedene „Stufen von Sprachen", wie sie von Weizsäcker unterscheidet, zugrundelegen müssen. Während eine erste Stufe von Objekten handelt, bezieht sich eine zweite Stufe auf Aussagen über Objekte. Eine dritte Stufe schließlich bezieht sich auf Aussagen über Aussagen über Objekte. Durch diese Unterscheidung ist es möglich, so das Referat von Heisenberg, „verschiedene logische Schlussverfahren in den verschiedenen Stufen zu benützen. Allerdings wird man schließlich auf die gewöhnliche Sprache und damit auf die klassische Logik zurückkommen müssen" (ebd., S. 176). Diese Stufenunterscheidung hat die Konstruktivismus-

Debatte bislang nicht aufgegriffen. Deshalb legen wir die „klassische Logik" auch dem Konstruktivismus als ein „a priori" zugrunde, ohne die Möglichkeit in Betracht zu ziehen, dass diese Klassische Logik selbst vielleicht bloß als „eine Art Grenzfall" in der Quantenlogik bzw. der konstruktivistischen „Logik" enthalten ist, welche ihrerseits „das allgemeinere logische Schema" (ebd.) darstellen. Solche Überlegungen sind sehr grundlegend, aber sie vermögen m. E. den Blick darauf zu lenken, dass wir es uns vielleicht in unserer „Konstruktivistischen Erwachsenenbildung" (Arnold/Siebert 1995) mit der Sprache – auch mit der von uns gewählten Sprache – zu leicht gemacht haben. Zumindest haben wir es versäumt, wie ich rückblickend selbstkritisch feststelle, die erkenntnistheoretische Funktion des Sprachlichen genauestens auszuloten. Dann hätten wir uns vielleicht auf bestimmte Versuche, uns mit der realistisch kontaminierten Sprache einer Sichtweise anzunähern, die letztlich zur Auflösung des Objektes führt, auch überhaupt nicht oder in anderer Form eingelassen. Denn diese Versuche, das Vermittlungsproblem zwischen Subjekt und Objekt – und dies ist das Basisproblem aller Kritik am Konstruktivismus – begründet nicht zu lösen, muss unlogisch bleiben, wenn man bereits Sätze verwendet, deren Subjekt selbst nach einem Objekt „schreit". Vielleicht hast Du dieses „missing link" unserer Überlegungen auch irgendwie gespürt, weil Du in Deinem 1996er Buch „Didaktisches Handeln in der Erwachsenenbildung" (Siebert 1996) ein Kapitelchen über „Sprache" (ebd., 116ff) eingeflochten hast.

Mir geht es heute so, lieber Horst, dass nach meinem Eindruck von der erkenntnistheoretischen Ein- oder Zweideutigkeit auch die Tragfähigkeit einer konstruktivistischen Erwachsenenbildung grundlegend beeinflusst wird, weshalb man sich – heute vielleicht stärker als vor 10 Jahren – verstärkt mit solchen grundlegenden Überlegungen befassen muss, bevor man sich überhaupt erwachsenendidaktischen Fragen zuwendet. Normalerweise wird hier zu rasch darüber hinweggegangen. Wenn wir nämlich ignorieren, dass wir mit dem Konstruktivismus eine Welt der Selbstbezüglichkeiten, Widersprüchlichkeiten und Unübersichtlichkeiten betreten, dann dürfen wir uns m. E. auch nicht mehr in neorealistischen Argumentationen verschleißen. Es gilt m. E. vielmehr, die erwachsenenpädagogische Subjekttheorie als eine Beobachtertheorie zu stärken und gleichzeitig unsere eigene Beobachtungsposition offen zu legen. Für Normen bleibt dabei zunächst kein Platz, obgleich sie eine Rolle spielen – als Entscheidungen, nicht als naturwüchsige Bestandteile unseres Denkens, Fühlens und Handelns. Erst auf dieser Basis, können wir m. E. zu einer Theorie des Erwachsenen sowie zu erwachsenendidaktischen Entwürfen fortschreiten. Alles andere ist m. E. zu uneindeutig, was insbesondere für die Rede von einem moderaten Konstruktivismus gilt.

Soviel für heute. Was hältst Du davon?

Gruß
Rolf

Literatur

Alheit, P./ Dausien, B.: Die biographische Konstruktion der Wirklichkeit. Überlegungen zur Biographizität des Sozialen. In: Hoerning, E. (Hrsg.): Biographische Sozialisation. Stuttgart 2000, S. 257–283.

Arnold, R./ Siebert, H.: Konstruktivistische Erwachsenenbildung. Von der Deutung zur Konstruktion von Wirklichkeit. Baltmannsweiler 1995; 3. Auflage 1998.

Arnold, R. u. a. (Hrsg.): Lehren und Lernen im Modus der Auslegung. Erwachsenenbildung zwischen Wissensvermittlung, Deutungslernen und Aneignung. Baltmannsweiler 1998.

Devereux, G.: Angst und Methode in den Verhaltenswissenschaften. München 1967.

Dubs, R.: Stehen wir vor einem Paradigmawechsel beim Lehren und Lernen. In: Zeitschrift für Berufs- und Wirtschaftspädagogik, 89 (1993), 5, S. 449–454.

Faulstich, P.: Weiterbildung. Begründungen lebensentfaltender Bildung. München u. a. 2003.

Foerster, H. v.: Sicht und Einsicht. Braunschweig 1985.

Heisenberg, W.: Physik und Philosophie. 3. Auflage. Stuttgart 1978.

Kandinsky: Essays über Kunst und Künstler. Zürich 1995.

Maturana, H.: La Objectividad. Un argumento para obligar. Santiago de Chile 1996.

Maturana, H.: Erkennen: Die Organisation und Verkörperung von Wirklichkeit. 2. Auflage. Braunschweig 1985.

Reich, K.: Die Ordnung der Blicke. Perspektiven des interaktionistischen Konstruktivismus. 2 Bde. Neuwied 1998.

Reich, K.: Systemisch-konstruktivistische Pädagogik. Einführung in Grundlagen einer interaktionistisch-konstruktivistische Pädagogik. Neuwied 1996.

Roth, G.: Fühlen, Denken, Handeln. Wie das Gehirn unser Verhalten steuert. Frankfurt 2001.

Senge, P.: Die fünfte Disziplin. Kunst und Praxis der lernenden Organisation. Stuttgart 1996.

Siebert, H.: Pädagogischer Konstruktivismus. Eine Bilanz der Konstruktivismusdiskussion für die Bildungspraxis. Weinheim 2005.

Siebert, H.: Didaktisches Handeln in der Erwachsenenbildung. Neuwied 1996.

Simon, F. B.: Einleitung: Wirklichkeitskonstruktionen in der Systemischen Therapie. In: ders. (Hrsg.): Lebende Systeme. Wirklichkeitskonstruktionen in der systemischen Therapie. Frankfurt 1997, S. 7–18.

Singer, W.: Der Beobachter im Gehirn. Essays zur Hirnforschung. Frankfurt 2002.

Tietgens, H.: Die Erwachsenenbildung. München 1981.

von Glasersfeld, E.: Abschied von der Objektivität. In: Watzlawick, P./ Krieg, P. (Hrsg.): Das Auge des Betrachters. Beiträge zum Konstruktivismus. München 1991, S. 17–30.

von Weizsäcker, C. F.: Die Tragweite der Wissenschaft. Stuttgart 1990.

von Weizsäcker, C. F.: Zeit und Wissen. München und Wien 1992.

Zweiter Brief:

Konstruktivistische Selbstkritik
und die biographische Konstruktion der Wirklichkeit

2.11.04

Lieber Rolf!

Dein Brief (ist eine E-mail eigentlich auch ein Brief?) hat mich angeregt, dir unverzüglich und spontan zu antworten, wobei ich mich auf drei Aspekte beschränke, a) auf unsere KritikerInnen (meist sind es Männer), b) auf deine Kritik an einem „moderaten Konstruktivismus" und c) auf das Verhältnis von Wirklichkeit und Sprache. Außerdem einige Anmerkungen zum sozialen Konstruktivismus.

a) Es ist trivial zu betonen, dass wissenschaftlicher Erkenntnisfortschritt Kritik und Streitgespräche erfordert. Allerdings sollte Kritik eine Reflexion der eigenen Prämissen, Motive, (oft verdeckten) Absichten und Unterstellungen einschließen. So ist nicht jede Kritik dem Kritisierten „überlegen". Es gibt konstruktive und dekonstruktive Kritik, informierte und uninformierte Kritik, belegte und behauptete Kritik, kollegial-freundliche und aggressiv-polemische Kritik. Ich habe mich bemüht, von vielen Kritikern zu lernen – z. B. von P. Faulstichs Kritik an dem unbefriedigend geklärten Subjekt-Objekt-Verhältnis und an der von ihm behaupteten Unvereinbarkeit von Bildung und Autopoiese. Viele Kritiker tragen Eulen nach Athen, wenn sie die kritischen Selbstverständigungsprozesse innerhalb des Konstruktivismus übersehen:

Zu dieser Selbstkritik gehört z. B.:

– Das „Siegener Forschungsinstitut für empirische Literatur- und Medienforschung" diskutiert kritisch mit E. v. Glasersfeld dessen radikalkonstruktivistische Thesen, abgedruckt, aber wenig beachtet in dem bekannten Buch von Glasersfeld. (vgl. v. Glasersfeld 1997, S. 310 ff.).

– Der Philosoph P. Janich kritisiert das bis dahin konstruktivistisch ungeklärte Verhältnis von Natur und Kultur bzw. Naturalismus und Kulturalismus (Janich 1996, S. 21 ff.).

– Der Neurowissenschaftler und Philosoph G. Roth kritisiert die inflationäre und undifferenzierte Verwendung des Autopoiesis-Konzepts bei H. Maturana u. a. (Roth 2003, S. 207).

– S. Schmidt, der die Diskussion über den radikalen Konstruktivismus durch seinen 1987 erschienen Sammelband in Deutschland „angezettelt" hat, veröffentlicht 2003 eine (m. E. zu wenig beachtete) Kurskorrektur mit dem Untertitel „Abschied vom Konstruktivismus". Er schlägt vor, auf eine „naturalistische" (z. B. neurobiologische) Begründung konstruktivistischen Denkens zu verzichten, um einem epistemologischen Dilemma zu entgehen. Ähnlich wie du, lieber Rolf, begründet er das konstruktivistische Wirklichkeitsverständnis philosophisch – jenseits des Dualismus Realismus/Antirealismus oder auch Subjektivität/Objektivität.

Mit diesen Anmerkungen behaupte ich nicht, dass die Konstruktivisten wie der Igel (in dem Märchen von dem Wettlauf des Hasen und des Igels) immer schon am Ziel sind, wenn Kritiker sich zu Wort melden. Ich will lediglich andeuten, dass viele Kritiker den Konstruktivismus „unterkomplex" wahrnehmen. Eine weitverbreitete Denkfigur vieler Kritiker rankt sich um den Subjekt-Begriff: „Subjekt" gilt als Markenzeichen für alles, was in der Erwachsenenbildung anspruchsvoll, wertvoll, emanzipatorisch ist. Da Systemtheoretiker (insbesondere N. Luhmann) auf diese emphatische Leitidee verzichten, wird ihnen ein humanes, gesellschaftskritisches Erkenntnisinteresse abgesprochen. So schreibt Walter Bender in der erschienenen Festschrift für J. Reischmann kurz und bündig:

„Es ist deshalb ein etwas verunglückter wissenschaftlicher Dressurakt, trotz dieser völlig gegensätzlichen Sichtweisen von Subjekt und System (vgl. dazu Hackl 2000) eine 'konstruktivistische Didaktik' aus der abstrakten Systemsichtweise abzuleiten (vgl. Arnold/ Siebert 1995 bzw. Siebert 1996). Denn für den Umgang mit real existierenden Teilnehmer(n) ist die systemisch-abstrakte Beobachterperspektive untauglich, weil sie keinen Begriff von Interessen, subjektiver Bedeutung bzw. zweckhaftem Handeln hat (Parallelen zur 'Black Box' des Behaviorismus sind unübersehbar)" (Bender 2004, S. 39).

Ich halte fast alle Behauptungen in diesen zwei Sätzen für „schief", aber es ist uninteressant, wer „Recht hat". Entscheidend ist m. E., welche Position – Benders Subjektbegriff oder das systemisch-konstruktivistische Paradigma – pädagogisches Denken stimuliert, perturbiert, erweitert. Dies aber können nur die LeserInnen entscheiden. Ich selber verwende den Subjektivbegriff deshalb zurückhaltend, weil er eine Subjekt-Objekt-Trennung suggeriert, die wir gerade zu überwinden versuchen.

In der ökologischen Umweltforschung wurde folgende Fallstudie durchgeführt: Die Befürworter und die Gegner einer geplanten Müllverbrennungsanlage wurden ausführlich über die Vorteile und Risiken dieser Technologie informiert. Nach diesen Informationen hatten sich beide Fraktionen keineswegs angenähert, sondern die Fronten hatten sich verschärft. Jede Partei hatte das gehört und verstanden, was in ihr Konzept passte.

Eine solche Eskalation des Missverstehens scheint auch in der erwachsenenpädagogischen Konstruktivismusdiskussion stattzufinden. Entscheidend ist offenbar der Sympathieeffekt: Wer den Autor sympathisch findet, ist offener für seine Argumente und interpretiert ihn wohlwollend …

b) Ist es ein Selbstwiderspruch, von einem „moderaten Konstruktivismus" zu sprechen? Gibt es den Konstruktivismus „radikal" oder gar nicht? Ich stimme dir zu: Das menschliche Gehirn ist eine strukturdeterminiertes, operational geschlossenes System. Punkt. Wenn wir auf diese Kernthese verzichten, bricht das Denkgebäude zusammen. Andererseits: Unsere mentalen *Strukturen*, die unser Wahrnehmen und Denken „determinieren", sind ja im Prozess der Sozialisation erworben worden, also doch „von außen" beeinflusst. Hier wird der (individualpsychologische) radikale Konstruktivismus notwendigerweise ergänzt. „Strukturdeterminiert" schließt „strukturelle Koppelungen" nicht aus, sondern ein.

Mein Plädoyer für eine moderate Position basiert auf dem Unbehagen gegenüber einigen radikalen Thesen Glasersfelds: Er behauptet z. B. – zugespitzt formuliert –, dass Wissen ausschließlich eine Konstruktion des Individuums ist, d. h. er vernachlässigt m. E. kulturelle, kollektive und wissenschaftliche Wissensbestände (Glasersfeld 1997, S. 48).

Er behauptet ferner, dass die außersubjektive Realität „kognitiv unzugänglich" sei. Wenn es aber nicht eine gewisse Korrespondenz zwischen unseren Wahrnehmungen und der Außenwelt gäbe, würden unsere Wirklichkeitskonstruktionen auch nicht „viabel" sein können. Wenn also zwischen dem Blitz und dem Blitzableiter nicht eine „Strukturäquivalenz" bestünde, würde die Technik nicht funktionieren.

Pädagogisch gewendet: Für den radikalen Konstruktivismus ist *Wissensvermittlung* unmöglich. Dennoch können wir nicht leugnen, dass die frontale Lehre gelegentlich unter bestimmten Bedingungen erfolgreich ist. Du verweist auf W. Singer, der – wie auch andere Gehirnforscher – feststellt, dass das Gehirn beim Lernen und Denken primär mit sich selbst interagiert. In einem Vortrag hat Singer metaphorisch gesagt, dass 95% unserer mentalen Aktivitäten „innerer Monolog" sind. Aber immerhin: die restlichen 5% sind Verarbeitung von „Informationsinputs" (allerdings entscheidet unser Gehirn autonom, was eine relevante Information ist).

Eine moderat konstruktivistische Pädagogik rehabilitiert also – in Grenzen und Maßen – „Instruktionsmethoden" (vgl. Reinmann-Rothmeier/Mandl 1997, S. 359 ff., Siebert 2003).

Was hältst du von der Überlegung, den radikalen und den moderaten Konstruktivismus nicht als Gegensätze, sondern komplementär zu verstehen? Das heißt: erkenntnistheoretisch betrachtet ist das Prinzip der Autopoiese „radikal". Pädagogisch betrachtet kann das öffentliche Bildungssystem nicht auf die Vermittlung kulturellen, gesellschaftlichen und beruflichen Wissens verzichten. Selbstverständlich kann dieses Wissen nicht in die Köpfe der Lernenden „transferiert" werden, es ist ein Wissensangebot, über das die Subjekte selbstreferenziell „verfügen". Aber je nach der Perspektive erscheint es mir sinnvoll, radikale und moderate Blicke zu ergänzen.

Noch ein Argument für eine Komplementarität einer radikalen und einer moderaten Betrachtung: *Lernfähigkeit* kann als autopoietische, operational geschlossene Kompetenz beschrieben werden. *Lernmotivation* ist dagegen in stärkeren Maße kontextabhängig, d. h. von außen beeinflusst. So ist die Motivation zu lernen oft an die Person der Lehrenden, an deren Ausstrahlung und Begeisterungsfähigkeit gebunden. Dies wird übrigens von der Gehirnforschung bestätigt.

Noch ein Argument zum Subjekt-Objekt-Zusammenhang. Wir sind einer Meinung, dass unsere Wirklichkeit (auch die wissenschaftliche) beobachtungsabhängig ist, dass der Erkennende und der Erkenntnisgegenstand eine Einheit bilden, dass Wahrnehmungsinhalte – also Farben, Stimmen, Düfte, Bilder – in unserem Gehirn erzeugt werden. Ein schlichtes Beispiel: ein Tisch ist für einen Schriftsteller, einen Skatspieler, eine Putzfrau, ein Kleinkind etwas völlig Verschiedenes. Der Tisch besteht nicht nur aus Material, sondern auch aus den Funktionen und Zwecken, für die er von den Benutzern verwendet wird. So gehören zu unserer Wirklichkeit Bedeutungen, Intentionalität und „Sinn" (vgl. Schmidt 2003, S. 201).

Sinn und Bedeutung sind nicht unabhängig von handelnden Personen vorhanden. Und dennoch ist eine Evidenz des Außersubjektiven unbestreitbar: In einem dunklen Raum stoßen Schriftsteller, Putzfrau, Skatspieler, Tischler gleichermaßen schmerzhaft an diesen Gegenstand, den wir Tisch nennen.

Der moderate Konstruktivismus „verhindert", dass sich die natürliche Umwelt, die Welt der Gegenstände, die gesellschaftlichen Tatbestände in Fiktionen auflösen.

Vielleicht empfiehlt es sich, zwischen mehreren Wirklichkeiten zu unterscheiden: gegenständliche, gesellschaftliche, ästhetische Wirklichkeiten … (vgl. Searle 1997, S. 11 ff.).

Siegfried Schmidt spricht in seiner Revision des Konstruktivismus von unterschiedlichen Wirklichkeitsmodellen: „Wirklichkeitsmodelle systematisieren für alle Aktanten den Umgang mit allen für lebenspraktisch wichtig gehaltenen Handlungs- bzw. Bezugnahmebereichen in gesellschaftlichen Interaktionen, und das heißt vor allem

– mit Umwelt(en) und allen darin wichtigen Ressourcen und Gegebenheiten;

– mit Aktanten in der jeweiligen Umwelt, die als Interaktionspartner eine Rolle spielen;

– mit Vergesellschaftungsformen (Institutionen, Organisationen) …

– mit Gefühlen, deren Stellenwert, Ausdrucksmöglichkeiten, Ansprüchen und Einschränkungen;

– mit moralischen Orientierungen (Werten) …" (Schmidt 2003, S. 35).

Der statische Subjekt-Objekt-Gegensatz lässt sich auflösen, wenn wir – wie S. Schmidt – eine prozessuale handlungstheoretische Perspektive einnehmen. Solidarität, Freundschaft, Gerechtigkeit entstehen im Handlungsvollzug. Wirklichkeit wird (nicht nur, aber auch) handelnd erzeugt.

c) Über den Zusammenhang von Sprache und Wirklichkeitskonstruktion ist viel geschrieben worden. Es gilt im großen und ganzen: die Grenzen unserer Sprache sind die Grenzen unserer Welt (auch wenn wir emotional und körperlich, also nonverbal spüren und fühlen).

Wichtig erscheint mir Dein Hinweis, dass unsere Sprache unsere Wirklichkeitskonstruktion beeinflusst und auch reglementiert und dass wir für ein konstruktivistisches Denken (noch) keine angemessene Grammatik haben. Du schreibst einleuchtend: Unsere Sprache benutzt eine „Subjekt-Objekt-Unterscheidung", die wir zugunsten einer „Einheit der Differenz" aufzuheben versuchen.

Konkret: Wir sagen: „Ich betrachte das Bild" und nicht: „Das Bild entsteht durch meine Betrachtung". Wir sagen: „Der Interviewer befragt die Versuchsperson" und nicht: „Interviewer und Versuchsperson stellen eine soziale Situation her, in der das Thema X zur Sprache kommt". Auch das Hilfsverb „sein" ist verführerisch: Wir sagen: „Der Himmel *ist* blau" und nicht: „Er erscheint uns blau". Wir sagen: „Die Frau ist schön" und nicht: „Sie löst bei uns ästhetische Empfindungen aus". Sprache ist persönlich und unverwechselbar. Sprache ist biografisch geprägter Ausdruck unseres Selbst- und Weltbildes. Und Sprache ist zugleich kulturelle Erfahrung, ein Reservoir unseres kollektiven Gedächtnisses. In unseren Metaphern und Redewendungen verbergen sich jahrhundertealte Wissensbestände. Psycholinguistik und Soziolinguistik bilden eine Einheit. Sprache verbindet den radikal-psychologischen Konstruktivismus mit dem soziokulturellen Konstruktivismus.

So wie wir sprechen, denken und beobachten wir. Sprache kann feindlich oder friedlich, freundlich oder abweisend, verbindlich oder dogmatisch, lernoffen oder besserwisserisch, ausgleichend oder dualisierend sein. Sprache beschreibt nicht die Welt, sie interpretiert und erzeugt Welt (man denke nur an ein Gedicht von R. M. Rilke). Sprache bildet nicht „wirklichkeitsgetreu" ab, Sprache erfindet Wirklichkeiten. Der „soziale Konstruktionist" K. Gergen stellt fest, dass es „keine eindeutige Beziehung zwischen der Welt und dem Wort gibt." (Gergen 2002, S. 50). Er stellt drei Hypothesen zur Diskussion:

„Die Begriffe, mit denen wir die Welt und uns selbst verstehen, ergeben sich nicht zwangsläufig aus 'dem, was ist'."

„Wie wir beschreiben, erklären oder anderweitig darstellen, so gestalten wir unsere Zukunft."

„Das Nachdenken über unsere Formen des Verstehens ist für unser zukünftiges Wohlergehen von entscheidender Bedeutung" (ebd. S. 66ff.).

Vieles spricht für deine Vermutung, dass Sprache das „missing link" zwischen Subjekt und Objekt, zwischen Ich und Welt, aber auch zwischen Individuum und Gesellschaft, zwischen Gegenwart und Vergangenheit ist.

Doch wie kommen wir an dieser Stelle – mit erwachsenenpädagogischer, konstruktivistischer Absicht – weiter? Benötigen wir mehr empirisches Material aus der Bildungspraxis? Benötigen wir vielleicht eine neue pädagogische Rhetorik? Sprache als „Medium" der Wirklichkeitskonstruktion ist *eine* Antwort auf die Frage nach dem Zusammenhang von individuellem und sozialem Konstruktivismus. Es ist auffällig, dass der Sozialkonstruktivismus in unserer Disziplin sehr viel mehr Zustimmung findet als der Individualkonstruktivismus. Vielleicht weil jener in hohem Maße anschlussfähig ist an bekannte Theoreme des symbolischen Interaktionismus, des Deutungsmusteransatzes, der marxistischen Gesellschaftstheorie. Der Perturbationsgrad und (deshalb?) die Lernwiderstände sind beim radikalen Konstruktivismus ungleich größer. Vielleicht auch, weil die pädagogischen Konsequenzen radikaler und provokativer sind. Doch wie verhalten sich individueller und sozialer Konstruktivismus systematisch (und nicht nur pragmatisch) zueinander? Wie lässt sich die „Einheit der Differenz" erklären?

Anthropologisch betrachtet setzt Subjektivität Intersubjektivität voraus. Ich ist nicht nur ohne das Du, sondern auch nicht ohne die Gesellschaft denkbar. S. Schmidt spricht von einer „doppelten Setzung" des Ich: „Ego setzt sich durch Bezugnahme auf sich selbst als Ego vor der Folie der Voraussetzung, dass es außer ihm noch ein anderes Ego, nämlich Alter gibt, das ihn wiederum als Voraussetzung seiner eigenen Ego-Setzung setzt" (Schmidt 2003, S. 105). Aufgrund dieser Setzungen konstruiert das reflexive Ich sein Selbst-Bewusstsein. Dieses Selbst-Bewusstsein ist das Zentrum unserer Wirklichkeitskonstruktion. Diese Konstruktion orientiert sich an zwei Maßstäben: an der kognitiven Autonomie (des autopoietischen Ich) und dem Bedürfnis nach sozialer Orientierung. So wird Identität konstruiert, wobei – so S. Schmidt – diese Identität in (biografischen) Geschichten und sozialen Diskursen hergestellt wird (ebd. S. 108).

S. Schmidt plädiert – wie wir – für eine Überwindung des dualisierenden Denkens (Subjekt-Objekt, Natur-Kultur, Geist-Materie, Bewusstsein-Gegenstand):

„Nicht-dualistisches Philosophieren lässt die emphatische Frage nach 'der' Wirklichkeit hinter sich und konzentriert sich auf die Fragen, wie Wirklichkeiten in unserem Handeln entstehen und was wir damit anfangen können und dürfen." (ebd. S. 147).

Ich wiederhole mich: Diese Betonung der Handlungsdimension (unter Berücksichtigung der Kategorie Sinn) verhindert, dass der Eindruck entsteht, der Konstruktivismus sei eine rein kontemplative „Beobachtungstheorie".

Auch S. Schmidt begreift Konstruktion als kommunikative und kognitive Aktivität. Vernachlässigt wird die Konstruktion von Wirklichkeit durch Emotionen und körperliche Empfindungen (A. Damasio), aber auch Vorstellungen, Phantasien, Träume, Intuition, Ahnungen, Gespür.

Hierüber sollten wir uns in einem späteren Brief unterhalten.

Du machst darauf aufmerksam, dass dem Konstruktivismusstreit unterschiedliche Auffassungen von Wirklichkeit zu Grunde liegen. Dem stimme ich zu. Wirklichkeiten sind von Menschen mental konstruierte und handelnd produzierte Welten. Wirklichkeit ist deshalb nichts objektiv Vorhandenes, sondern ein intentionaler und „sinnvoller" Prozess.

Ich habe allerdings den Eindruck, dass in der Konstruktivismusliteratur (auch in unseren Veröffentlichungen) unter Wirklichkeit vor allem das Verhältnis zur Umwelt, zur außersubjektiven Realität thematisiert wird. Dabei wird gelegentlich vernachlässigt, dass auch das menschliche Ich, das (reflexive) Selbst eine Konstruktion ist. Wir erzeugen unsere biografische Vergangenheit ständig neu. Unsere Lebensgeschichte steht nicht ein für allemal fest, sondern wird – je nach momentaner Stimmung und Lebenslage – immer wieder neu konstruiert, rekonstruiert, dekonstruiert. Schon Max Frisch hat eindrucksvoll dargestellt, wie wir unsere Biografie ständig neu erfinden.

Die Verbindung dieser konstruktivistischen Sicht zum Konzept des biografischen Lernens ist offensichtlich. Durch Selbstwahrnehmung und Selbstreflexion unseres Lebenslaufs vergewissern wir uns unseres gelebten, aber auch unseres noch nicht gelebten Lebens, unserer Möglichkeiten und unserer Grenzen, unserer Vergangenheit und unserer Zukunft. Diese „Selbstkonstruktion" kann sich auf die unterschiedlichen Schichten unserer Biografie beziehen, auf die Geschichte unserer Körperlichkeit, auf die Geschichte unserer „generativen Themen" (P. Freire), auf unsere Kommunikationsgeschichte, auf unsere Emotionsgeschichte, auf unsere Berufsgeschichte.

Ein solches konstruktivistisches Lernprogramm lässt sich m. E. gut mit Peter Alheits Konzept der Biographizität verbinden (Alheit 1990). Eine Form der biografischen Selbstvergewisserung ist das *Erzählen*. Erzählungen sind Versuche, Sinn in unserem Leben herzustellen. In biografischen Erzählungen werden aber auch sozialhistorische Kontexte angesprochen: Mentalitäten, sozialer Wandel, gesellschaftliches Bewusstsein, Erfahrungen der sozialen Inklusion und der Exklusion, Recht und Unrecht, Macht und Ohnmacht. So betont Kenneth Gergen die „sozialkonstruktionistische" Dimension von Erzählungen (Gergen 1998, S. 170). In der narrativen Bildungsarbeit findet reflexives, „expansives" Identitätslernen statt, aber auch gesellschaftliche Bewusstseinsbildung. In solchen biografischen Erzählungen kommen die Verknüpfungen von Ich und Welt zur Sprache. Es geht um die Auseinandersetzung mit der Welt, um die Aneignung von Welt. „Aneignung" ist in diesem Zusammenhang jedoch missverständlich. Der Begriff erweckt den Eindruck, als seien die Themen, die „angeeignet" werden, objektiv und „an sich" vorhanden. Lernthemen werden aber subjektiv erzeugt, sie wachsen in einem Prozess „ermergenter Kognition", wie Du es ja auch theoretisch begründet hast. Lernen ist keineswegs eine introvertierte Selbstbe-

sinnung, sondern eine Verschmelzung von Selbst und Inhaltlichkeit. Das Selbst entwickelt sich in der Lebenswelt, die zugleich ein „thematisches Universum" ist.

Lieber Rolf, ich bin mir nicht sicher, ob dieser konstruktivistische Blick auf Biografie und Identität originell ist, ob es also pädagogisch anregend ist, das Profil eines „biografischen Konstruktivismus" zu schärfen. Dieser Ansatz ist übrigens nicht deckungsgleich mit „themenzentrierter Interaktion". Bei TZI sollen Thema und Ich zwar gleichermaßen berücksichtigt werden, aber das Thema ist doch unabhängig von dem Ich vorgegeben.

Soviel für heute.

Dein Horst

Literatur

Alheit, P: Biographizität als Projekt. Uni Bremen 1990.

Bender, W. u. a. (Hrsg.): Lernen und Handeln. Schwalbach 2004.

Glasersfeld, E. v.: Radikaler Konstruktivismus. Frankfurt 1997.

Gergen, K.: Konstruierte Wirklichkeiten. Stuttgart 2002.

Gergen, K.: Erzählung, moralische Identität und historisches Bewußtsein. In: J. Straub (Hrsg.): Erzählung, Identität und historisches Bewußtsein. Frankfurt 1998, S. 170 ff.

Janich, P.: Konstruktivismus und Naturerkenntnis. Frankfurt 1996.

Reinmann-Rothmeier, G./Mandl, H.: Lehren im Erwachsenenalter. In: F. Weinert/H. Mandl (Hrsg.): Psychologie der Erwachsenenbildung. Göttingen 1997, S. 366 ff..

Roth, G.: Aus Sicht des Gehirns. Frankfurt 2003.

Schmidt, S.: Geschichten & Diskurse. Abschied vom Konstruktivismus. Reinbek 2003.

Searle, J.: Die Konstruktion der gesellschaftlichen Wirklichkeit. Reinbek 1997.

Siebert, H.: Vernetztes Denken. Neuwied 2003.

Dritter Brief:

Sehen wir auch nur, was wir wissen?

15.11.04 und 30.11.04

– I –

Lieber Horst,

ich sitze gerade im Zug von Bonn nach Erfurt, noch angefüllt mit den Eindrücken aus Gremiensitzungen beim Deutschen Institut für Erwachsenenbildung. Auch die Weiterbildungspolitik träumt bisweilen – wie die Nach-Pisa-Bildungspolitik generell – den Traum der Machbarkeit und Beherrschbarkeit von Bildungs- und Projekterfolgen. Die Rede ist von Ergebnisorientierung, Produktisierung, Budgetierung usw. – alles Begriffe und Konzepte aus einer Als-Ob-Welt – als ob wir wüssten, wovon der Projekterfolg abhängt, als ob wir dessen Umsetzung und Anwendung wirklich steuern könnten, als ob wir wirklich wüssten, worauf dabei zu achten wäre, als ob wir wüssten, wohin die Reise geht usw. Morgen halte ich einen Vortrag in der Nähe von Erfurt über die Frage, welche Konsequenzen sich aus dem systemisch-konstruktivistischen Paradigma für die Ausbildung von Lehrerinnen und Lehrern folgern lassen. Was soll ich dort sagen? „Nicht so weitermachen, wie bisher, sondern umfassende Erfahrungen mit der Konstruktivität des eigenen Denkens, Fühlens und Handelns ermöglichen! Überhaupt: Mehr Erfahrungen ermöglichen (auch wissenschaftliche)!" – wäre das eine denkbare Argumentationlinie? Was meinst Du? Halten wir uns selbst daran in unserer Ausbildung von Erwachsenenbildnerinnen und Erwachsenenbildnern? Sind wir dabei schon konstruktivistisch oder versuchen wir, angehenden Pädagoginnen und Pädagogen in den Mustern einer realistischen Didaktik (Stichwort: „Didaktik als Vermittlungswissenschaft") Einblicke in den Modus des selbsterschließenden Lernens zu „vermitteln"? – Ich glaube schon, dass wir noch nicht radikal genug in der Umstellung unserer eigenen Bildungspraxis sind, zumindest nicht radikal genug im Sinne der „Radikalität" der konstruktivistischen Einblicke in die selbstreferentiell-geschlossene Koevolution von Lehren und Lernen – aber vielleicht sehe ich da zu schwarz.

Danken möchte ich Dir für Deinen Brief, der mich in unterschiedlicher Weise anregt, bestätigt und irritiert hat: „Anregend" finde ich Deine Ausführungen zur Selbstkonstruktion und zum Subjektbegriff, der mir ja ohnehin erkenntnistheoretisch fragwürdig wurde (Thema: Auflösung des Objektbegriffs –mit all den Auswirkungen auf ein Subjektverständnis), „bestätigend" sind Deine Hinweise auf die Sprachgebundenheiten unseres Denkens (Motto: „Die Grenze unserer Sprache sind die Grenzen unserer Welt!"), „irritierend" ist für mich deine Betonung – vielleicht ist dies der falsche Begriff – der m. E. restrealistischen These von der „strukturellem Koppelung", aus der allein – aus den 5 %, die nicht „innerer Monolog sind" (nach Singer) – Du erwachsenendidaktische Schlussfolgerungen ableitest und sogar die Instruktionsmethoden ein Stück weit „rehabilitiert" siehst. Damit fallen wir – so meine Gegenthese – in das alte didaktische Denken zurück bzw. bleiben in diesem vielleicht notwendig gefangen, welches uns doch nur einen kleinen Prozentanteil des beobachtbaren Lernens zu erklären vermag. Müssten wir uns nicht viel stärker um eine Theorie des Erwachsenenlernens bemühen, die uns Hinweise auf eine der unhintergehbaren Konstruktivitätslogik unseres Fühlens, Denkens und Handelns sowie Lernens Rechnung tragenden Begleitung und Förderung von Lernprozessen Erwachsener zu geben vermag?

Wie Du weißt, habe ich mich in letzter Zeit verstärkt mit den inneren Stoffen, aus denen sich unsere Erfahrung rekonstelliert, beschäftigt. Dabei bin ich auch auf Kets de Vries gestoßen, der – irgendwie in Anschluss an Freud – davon ausgeht, dass jede Innerlichkeit sich ihre Äußerlichkeit im Sinne einer „containenden Umwelt" (Bion) erschafft (vgl. Kets de Vries 2004). Dies bedeutet, dass wir uns mit subtilsten Mechanismen, von denen die selektive Wahrnehmung nur der durchschaubarste ist, *die* Umwelt (re)konstellieren", die wir auszuhalten vermögen, wie ich es in meinem gerade fertiggestellten Buch (Arnold 2005) nenne. Ist es völlig abwegig, wenn man diesen Gedanken weiterführt, auch im Blick auf die Bildungsinstitutionen von depressiven, zwanghaften oder gar hysterischen Bildungsinstitutionen zu sprechen, da diese – wie gesagt – nicht nur „in sich" strukturell so sind, wie sie sind, sondern eben gerade auch als „containende Umwelten" für innerliche Dynamiken oder gar Notstände nutzbar sein müssen. Die Lernkulturen sind deshalb auch nicht wirklich zu wandeln, wenn man diese nur äußerlich „angeht", weil sich rekonstelliert, was nach Rekonstellierung drängt – auf Seite der Lernenden ebenso, wie auf Seiten der Lehrenden, aber auch das überlieferte Gesellschaftliche (re)konstelliert sich in den lernkulturellen Gegebenheiten mit den Merkmalen, Strukturen, Elementen und Mentalitäten, aus denen es besteht.

Entschuldige, wenn ich so „mit der Tür ins Haus falle" und dann noch gleich bei einer solch provozierenden Zuspitzung lande, von der ich doch weiß, dass Du die ihr zugrunde liegende Sichtweise ja auch teilst. Zudem hast Du ja auch recht, wenn Du daran erinnerst, „dass die frontale Lehre gelegentlich unter bestimmten Bedingungen erfolgreich ist", wobei wir natürlich genauer diskutieren müssten, was in diesem Zusammenhang „erfolgreich" bedeutet. Wie Du weißt, arbeitet ja eine meiner Kolleginnen gerade an dem Thema „Nachhaltige Erwachsenenbildung", wobei sie sich genau mit solchen Fragen herumschlägt. Bisweilen rede ich mit ihr über den Stand ihrer Arbeit, und dabei versuchen wir uns dann an Vorstellungen, wie die von der „gelungenen Bildung", die Mader im Zusammenhang mit den Debatten über das Forschungsmemorandum ins Gespräch gebracht hat, oder an den neueren Überlegungen zur „realen Kompetenz" zu orientieren. Die Frage, die uns dabei irritiert, ist nicht nur die nach dem Beobachter, der dieses beurteilt, sondern auch die Tatsache, dass Menschen in ihrem Lernen offensichtlich in der Lage sind, aus allem – entsprechend ihrer Logik – „etwas zu machen", also auch mit frontalunterrichtlicher Lehre. Aber ist das schon die Lösung? Führt uns die konstruktivistische Lerntheorie letztlich bloß wieder zurück zu dem Ort, an dem wir gestartet sind? Langt uns der Trost, den wir aus der „strukturellen Koppelung" beziehen? – ein starker Trost, der es uns immerhin gestattet, es bei dem zu belassen, was vorherrschende Lehr-Lernkultur ist, selbst wenn diese letztlich einer mechanistisch-linearen Didaktik entsprungen ist.

Lieber Horst, ich glaube, dass wir uns erst am Anfang eines Prozesses befinden, welcher uns letztlich auch zu einer Didaktik des „Lehrens vom Anderen her" wird führen können. Dazu benötigen wir so ziemlich alles: Eine Sprache, die uns hilft, Kompetenzentwicklung anders als im Lichte einer Subjekt-Objekt-Vermittlung zu beschreiben, eine Vorstellung von dem, was Wissen ist und welchen Stellenwert es tatsächlich für die Kompetenzbildung in Lernprozessen einnimmt, aber auch didaktische Modelle, die weniger die Bedingungs- und Entscheidungsfaktoren (für Lehrende) zum Referenzpunkt ihrer Beobachtung nehmen, sondern uns letztlich helfen, die Aneignungslogiken der Lernenden in ihrer Vielfalt, aber auch in ihrer Typik zu beobachten. Erst, wenn uns dieses gelingt, werden wir – so meine Vermutung – auch in der Lage sein, Lehre anders als als Vermittlung und Lernen anders als als Aneignung zu verstehen, nämlich als – wie Du es mit Deinen Hinweisen auf den biographischen Konstruktivismus andeutest – Aspekt der beständigen Konstruktion sowie Re- und Dekonstruktion des Selbst im Lebenslauf. Erziehungswissenschaftliche Reflexion erweist sich so als biographische Reflexion, und die Erziehungswissenschaft präsentiert sich uns als eine Lebenslaufwissenschaft. Ist das aber ausreichend, Kompetenz – aus lauter Verlegenheit – in Biographie aufzulösen? Was sind die Inhalte dieses Lernens? Welchen Stellenwert können wir der überlieferten didaktischen Hauptkategorie „Inhalt" überhaupt noch zuweisen, wenn wir uns anschicken den Objektbegriff (und damit auch den Subjektbegriff) erkenntnis- und wissenschaftstheoretisch neu zu denken?

Wie gesagt, ich glaube nicht so recht, dass das de facto beobachtbare Lernen in frontalunterrichtlichen Lernkulturen wirklich eine Art fünfprozentiger Beweis für die Vermittelbarkeit von Wissen, Fähigkeiten und Fertigkeiten ist, zumal wir die diesbezüglich beobachtbaren Effekte kaum von dem Nötigungsdruck unseres Bildungswesens – dem emotionalen sowie dem selektierenden – unterscheiden können. Vielleicht reagieren die autopoietisch geschlossenen kognitiv-emotionalen Systeme lediglich auf Bedrohung und ertasten das erwartete Verhalten schlicht und einfach aus dem Bedürfnis heraus, Nachteile zu vermeiden? Aber

„Ertasten" ist eine selbstgesteuerte Form der Anpassung in als biographiebedro-
hend erlebten Kontexten, kein professionell initiierbares Verhalten. Und zudem
geht dieses Anpassungsverhalten mit einer skandalös geringen Nachhaltigkeit
(Kompetenzentwicklung, Behaltenswirkung etc.) einher; oft rechtfertigt die
nach Jahren noch vorhandene „reale Kompetenz" den Aufwand weder perso-
nell, noch finanziell. Elisabeth Henn lotet in einer rheinland-pfälzischen Lehrerzeitung die Problematik nachhaltiger Kompetenzentwicklung „ermöglichungs-
didaktisch"[1] am Beispiel ihres Schülers Antonio aus und stellt fest:

„Wenn die Pädagogen ihre Lernmethoden wechseln, anstatt dass Antonio selbständig
lernt, adäquate „Lern"methoden anzuwenden, entwickelt er keine nachhaltige Kräfte-
schulung seiner Methoden- und Sozialkompetenz. Antonio benötigt eine sprachliche
Förderung und Strategien, um Texte zu entschlüsseln. Es ist Aufgabe der Lehrenden, ihn
zu motivieren und zu befähigen, sich selbständig an Angeboten der Verlage, Buchhand-
lungen, Bibliotheken und des Internets zu orientieren. (…)

Der jahrelange schulische Sozialisationsprozess hat aus lern-psychologischer Sicht eine
lernfeindliche Grundhaltung bei Antonio erzeugt. Wenn Menschen erfahren, dass das
eigene Lernen an sich mit eigenen Fragestellungen und ihrer Lebensbewältigung nichts
zu tun hat, verbinden sie damit negative Erfahrungen. Die Ausbildung einer lebenslangen Lernbereitschaft wird verhindert. Der Schüler lernt nicht, seine Potentiale zu entfalten, operativ zu denken, seinen wirklichen Lerninteressen zu folgen, um Bedeutungszu-
sammenhänge selbstgesteuert zu erschließen und nachhaltig Verantwortung zu über-
nehmen, d. h. expansiv zu lernen" (Henn 2004, S. 14).

Und die weiterführenden Bildungseinrichtungen haben es dann mit kognitiv-
emotionalen Systemiken zu tun, die die Elemente ihrer Lernfähigkeit aus den
Elementen erzeugen, aus denen sie bestehen. Diese Woche fragte ich meine Studenten, über wie viel Prozent des in der Schule einmal Gewussten und Gekonn-
ten sie heute noch verfügten. Bei der überwiegenden Mehrheit lag dies deutlich
unter 50 % – wer weiß, vielleicht liegt die wahre Quote auch bei 5 %. Ist das alles,
was uns die strukturelle Koppelungsdidaktik, die alles zu sein scheint, was wir
haben bzw. denken zu können scheinen, liefert? Können wir uns das leisten? Gibt
es diese strukturelle Koppelung „wirklich" oder gibt es sie nur deshalb, weil wir
nach ihr schauen und sie deshalb auch finden? Vielleicht zeigen diese mageren
Erfolgszahlen aber auch lediglich, dass Menschen sehr „eigensinnig" ihre Umgebung nutzen, man sie durch Bedrohung zum Austasten „erwünschten Verhaltens" zwar zwingen kann[2], sie aber mit dem ihm Zugemuteten schon immer ganz
eigenständig – manchmal einwurzelnd, manchmal abspaltend, manchmal strate-
gisch vorübergehend aneignend – umgegangen sind.

---

[1] Die „Ermöglichungsdidaktik" setzt sich als Rahmen eines neuen didaktischen Denkens mehr und mehr durch
und sickert auch in Bereiche ein, zu denen man normalerweise keinen Zugang hat. Heute bekam ich einen
Habilitationsschrift zum Thema „Ermöglichungspastoral" auf den Tisch, in welcher Joachim Eckert – unter
Rückgriff auf das Kaiserslauterer erwachsenendidaktische Konzept – ein neues Konzept von Seelsorge pädagogisch und theologisch begründet (Eckert 2004).

[2] Schon länger hege ich den Verdacht, dass man Systeme zwar nicht intervenieren, aber verschrecken kann, was
ganz offensichtlich die Schwarze Pädagogik wusste und praktizierte – mit den bekannten verheerenden Auswirkungen auf Menschlichkeit, Selbstbewusstsein („Brechen des Kinderwillens") und individueller sowie kollektiver Gestaltungskraft.

– II –

Jetzt sind einige Tage vergangen, seit ich den Brief an Dich begonnen habe. In diesen Tagen ist viel geschehen – auch Dinge, die unsere Debatte mehr oder weniger direkt betreffen. Die 5 %-Didaktik feiert im Vorfeld der PISA-II-Veröffentlichungen fröhlich Urständ, wie mich ja überhaupt das Erstarken der empirisch-analytischen Pädagogik erstaunt, da dieses Erstarken ja eher dazu beiträgt, dass alles so unsystemisch bleibt, wie es ist. Hier muss man in irgendeiner Form „gegenhalten" und etwas gegen den Strom schwimmen, sonst verstärken sich die Illusionen der Machbarkeit und Beherrschbarkeit im Bildungswesen[3] – ein skeptischer Hinweis, der natürlich nicht so verstanden werden soll, als sei da nichts zu verändern oder gar zu verbessern. Doch alle solche Bemühungen müssen m. E. dem Rechnung tragen, was Rolf Huschke-Rhein in seiner Einführung in die „Systemische und konstruktivistische Pädagogik" als „halbierte Verantwortung" beschreibt:

„Jede pädagogische Tätigkeit muss die Selbstorganisation der anderen in Rechnung stellen. ›Selbstorganisation‹ bedeutet für das Rollenverständnis, dass die Pädagogen den anderen überlassen, was diese selber besorgen können. Die Verantwortungslast wird gleichsam aufgesplittet zwischen zwei Parteien. (…) Zuverlässig und berechenbar können Pädagogen nur Kontexte beeinflussen und verändern, nicht aber die autopoietischen, selbstreferentiellen Systeme selber. (…) Jede pädagogische Handlung, die den selbstreferentiellen, sich selbstorganisierenden Systemen – Individuen, Kindern, Erwachsenen – gilt, stellt den Versuch der Fremdsteuerung eines sich selbst steuernden Systems dar. Für das Ergebnis eines solchen paradoxalen Handelns sind die Erzieher und die Erzieherinnen folglich nur bedingt verantwortlich. (…) Die Professionalität kann in selbstorganisierenden Systemen nicht durch immer größere Spezialisierung des Berufswissens immer verlässlichere Effekte erzielen; *vielmehr bleibt auch das professionelle Handeln in pädagogischen Systemen ein Handeln unter ›Unsicherheit‹, weil es selbstorganisierenden Systemen gegenüber erfolgt, die teilweise als linear und teilweise als ›nicht-linear‹ zu beschreiben sind*" (Huschke-Rhein 2003, S. 32f)."

Diese Beschreibung halte ich für präzise, wenn ich auch einiges von dem, was Huschke-Rhein sonst so vertritt, für systemisch vereinfachend halte. Für mich sind – konstruktivistisch-systemisch gesehen – Lernen bzw. Kompetenzentwicklung Prozesse, welche emergieren, wenn die Lerner mit situierbarer Vielfältig-

---

[3] Dabei kann man recht wütende Reaktionen auslösen. Diese erlebe ich derzeit gleichzeitig in drei Kontexten, in denen ich Stellung beziehe: So wurde bei mir von den Friedrichs-Jahresheften ein Pisa-kritischer Beitrag bestellt, den ich wunschgemäß lieferte und unter der Überschrift „Die Pisalügen" auf die expliziten und impliziten Annahmen der Pisastudie und vor allem ihrer Rezeption hinwies. Hier gab es Entrüstung und man hätte das am liebsten doch nicht gehört bzw. gerne umgearbeitet gehabt. Ähnlich geht es mir gerade mit einer Artikelserie über „Pädagogischen Konstruktivismus" in einer rheinland-pfälzischen Lehrerzeitung, die wütende und bornierte sowie zumeist sogar persönlich angreifende Leserbriefe von Lehrerinnen und Lehrern auslöst. Auch eine unsere Fachzeitschriften hatte aufgrund eines Artikels „Autonomie und Erwachsenenbildung", in dem die traditionelle Wertschätzung von Autonomie etwas problematisiert wurde, erhebliche Schwierigkeiten, wie mir der Schriftleiter mitteilte. Dies alles zeigt, dass die Infragestellung liebgewonnener Gewohnheiten (unser „Zunftwerte", „Errungenschaften" der mechanistischen Didaktik, Vorstellungen von Machbarkeit und Beherrschbarkeit) emotional erregen, wohl auch, weil sie Unsicherheit und Angst auslösen. Den erwachsenenpädagogischen Beitrag habe ich Dir gesandt; bin mal gespannt, was Du dazu sagst.

keit (statt mit Standards) in Berührung gebracht werden und zugleich über die Voraussetzungen verfügen, um mit dieser Vielfalt umzugehen. Lerner rekonstruieren ihr Lernen vor dem Hintergrund ihrer bisherigen Erfahrungen in Lern- oder strukturähnlichen Kontexten – ein Thema, was noch kaum ausgelotet worden ist –, und Lehren und Lernen funktionieren dabei nach einer anderen – internen Logik – als der Wirksamkeitsrhetorik, die sich „(…) an den guten Absichten seiner Träger und ihres Personals legitimiert" (Luhmann 2004, S. 260). Folgen wir mit unserer didaktischen Wirksamkeitsrhetorik noch immer diesen Legitimationsverpflichtungen, da uns – wie Luhmann sagt – die „theoretischen Dachbegriffe" (ebd.) fehlen?

Heute war ich beim Bundesinstitut für Berufsbildung im Rahmen eines Expertenworkshops mit dem Thema „Qualitätssicherung in der beruflichen Weiterbildung" beteiligt (vgl. Markert 2006). Auch im Rahmen dieser Tagung stießen wir auf die noch zu wenig geklärten „Dachbegriffe" (z. B. Wirkung, Erfolg, Qualität) im Kontext autopoietischer Prozesshaftigkeiten. Dabei bewegten uns u. a. die Fragen, wie – und ob überhaupt – externe Referenzpunkte (z. B. „Qualitätskriterien") in Systeme „hineingebracht" werden können, um deren (Selbst-)- Aufmerksamkeit in Richtung auf Qualitätssicherung zu beeinflussen und gar Wirkungen einschätzen oder „messen" zu können. In dieser Debatte, in die ich die Erfahrungen der Entwicklungszusammenarbeit – mit ihrem Anspruch der „Systemberatung" – einbrachte, wurde u. a. darauf hingewiesen, dass Systeme allenfalls mit „symbolischer Politik" auf Anforderungen reagieren, welche nicht ihrer eigenen Definition entspringen. Sie reinterpretieren diese Anforderungen notwendig im Lichte ihrer eigenen Logik, und was dann dabei herauskommt, sind im günstigsten Falle vordergründige – kosmetische – Anpassungen an das Erwartete, im schlechtesten Fall „Systemwiderstände", d. h. es geschieht – zumindest nicht dauerhaft – das, was sich die externen Standardvorgeber gedacht haben.

Um diese „Dachbegriffe" geht es mir auch mit dem, was ich Dir geschrieben habe. Und die Dachbegriffe, die m. E. zunächst einmal geklärt gehören, sind „Erkenntnis" und „Wissen", erst dann können wir m. E. wirklich beginnen, die Erwachsenendidaktik neu zu denken. Auch Du bist der Auffassung, wie Du schreibst, dass „der Erkennende und der Erkenntnisgegenstand eine Einheit bilden", womit Du Dich aber ebenfalls von der klassischen – aristotelischen – Logik weit entfernt, notgedrungen in einer Sprache und mit Begriffen, die selbst durch und durch noch von dieser Logik durchdrungen sind. Dies ist durchaus möglich, wie ich bei einer Beschäftigung mit Gotthard Günther, dem Philosoph und Logiker, erfahren habe. Er thematisiert in seinem Denken u. a. die Notwendigkeit, eine Sprache zu entwickeln, die die Selbstbeschränkungen der gegenstandsbezogenen positiven Wissenschaftssprachen abzulösen vermag. Diese sieht er u. a. in der grundlegenden Schwierigkeit, im Feld einer bereits durch Technik gestalteten Realität die Subjekt-Objekt-Trennung erkenntnistheoretisch wirklich schlüssig begründen zu können: „Kritik muss versuchen, mit der Logik der technischen Systeme auch ihre eigene Logik in Frage zu stellen" – heißt es in der Arbeit einer Gruppe, die sich mit dem Güntherschen Denken befasst (Klagenfurt 1995, S. 21). Ist diese Feststellung nicht auch für die Fundierung einer systemisch-konstruktivistischen Erwachsenendidaktik anregend? Können wir Erwachsenenlernen angesichts der gesellschaftlichen Totalität von Lehr-Lern-Logiken wirklich noch in seiner eigentliche Potenzialität erkennen? Günther hat im Rahmen seiner Arbeiten sich offensichtlich darum bemüht, einen denkerischen Weg aus einer der Situation zu finden, in der „längst nicht mehr eindeutig (ist), wer Subjekt ist, wer Objekt" (ebd., S. 22). Dafür will er die aristotelische Logik sprengen:

„Die Dualität von Subjekt und Objekt gebietet, dass etwas Subjekt ist *oder* Objekt, ohne irgendeine Möglichkeit der Vermittlung dazwischen. Darum kann in dieser Logik auch nicht unterschieden werden zwischen einem vorgefundenen Objekt und anderen Objekten, die ihr Dasein menschlicher Tätigkeit verdanken. Ein Gedicht, ein Bild, Gedanken, Institutionen oder logische Strukturen sind logisch gesehen in gleicher Weise Objekte wie ein Stein. Der subjektive Anteil eines Produktes ist nicht mehr fassbar.

Eine solche Theorie ist blind gegen die Geschichte, gegen ihr Gewordensein; sie kann sich nicht selbst reflektieren. Eine Karte wird zum Beispiel angesehen als Abbild der wesentlichen Eigenschaften einer Region, und wir können sie zum Beispiel benutzen, um eine Entfernung zu ermitteln. Es kommt dabei aber nicht mehr in den Sinn, zu fragen, warum Kategorien wie Entfernung die wesentlichen Eigenschaften *einer Landschaft* seien, es sind vielleicht nur wesentliche Eigenschaften *für uns* und unsere strategischen Planungen. (…)

Durch die so konzipierte Dualität von Subjekt und Objekt werden zwei Bereiche gesellschaftlicher Wirklichkeit ausgegrenzt: Mögen die Theorien und Modelle sowie die Wirklichkeit, die sie produzieren, homogen sein, die Bedürfnisse, Interessen, Absichten und das Wollen der sich zu ihnen verhaltenden Subjekte sind es sicher nicht. Die Unterschiede können in der klassischen Theorie weder abgebildet noch vermittelt werden; die Theorie gilt absolut, und sie ist hierarchisch. Der objektiven und damit allgemein verbindlichen Welt kann nur ein einheitliches Subjekt gegenüberstehen. Dieses steht außerhalb des theoretischen Zusammenhangs und kann daher in der Theorie nur als eigenschaftslos auftauchen, als Leerstelle. Innerhalb der Theorie können die Äußerungen von Subjektivität nur als Störfaktoren begriffen werden. Subjektivität ist das Gegenteil der Objektivität, ist ihre Negation. Im wissenschaftlichen Erkenntnisprozess ist die Subjektivität weitmöglichst herauszuhalten, um das objektive Sein so getreu wie möglich abzubilden" (ebd., S. 25).

Benötigen wir auch im Rahmen unserer systemisch-konstruktivistischen Bemühungen, Erwachsenenbildung neu zu denken eine neue Sprache, welche nicht blind ist gegen das Gewordensein und die auf das Subjekt rückverweisenden Dimensionen im Gegenstand? Gibt es den Erwachsenen (noch), wenn sich zugleich unsere Identitätsbemühungen zunehmend weniger von denen Jugendlicher unterscheiden? Und wie ist ein Erwachsenenlernen „an sich" denkbar, welches versucht, den Erwachsenen gewissermaßen losgelöst von dem in den Blick

zu nehmen, was er selbst und die Gesellschaft bereits „gemacht" haben? Haben
wir – auf der Basis unserer sozialisations- und identitäts- sowie lebenslauftheoretischen Ansätze – uns den „Gegenstand" nicht bereits so zurechtgelegt, dass wir
nicht mehr zu erkennen vermögen, dass es sich um keinen handelt? Vielleicht ist
es für die Erwachsenenpädagogik auch weiterführend – und mutig! –, sich in
Anbetracht dieser unauflösbaren Subjektiviertheit des Objektiven einerseits
und der Objektiviertheit des Subjektiven um Logiksysteme zu bemühen, welche
komplexer zu operieren vermögen als im Rahmen von „wahr" und „falsch".
Eine solches Logiksystem könnte die sogenannte „transklassische Logik" sein,
welche Günther entwickelt im Sinne einer „polykontextualen Logik" hat (vgl.
ebd. S. 77ff), welche lediglich in ihrem jeweiligen Kontext mit zweiwertigen Folgerungen operiert. Nun – dies alles klingt recht abstrakt. Aber kommen wir
anders aus dem Dilemma heraus, in welches wir geraten, wenn wir autopoietische Selbstreferentialitäten, operational, d. h. mit Handlungs- und Interventi-
onsblicken, zu beobachten versuchen, statt sie zunächst einmal zu verstehen?

Liebe Grüße

Rolf

Literatur

Arnold, R.: Die emotionale Konstruktion von Wirklichkeit. Beiträge zu einer emotions-
    pädagogischen Erwachsenenbildung. Baltmannsweiler 2005.
Eckart, J.: Ermöglichungspastoral.Ein neues Paradigma in der Seelsorge. Speyer 2004.
Henn, E.: Antonio (17 Jahre) lernt lesen – oder doch nicht? Die Förderung der Lesekom-
    petenz in berufsbildenden Schulen. In: Pädagogische Beiträge. Unterricht und Schulle-
    ben in Rheinlandpfalz, 2/2004, S. 12–15.
Huschke-Rhein, R.: Einführung in die systemische und konstruktivistische Pädagogik.
    Beratung – Systemanalyse – Selbstorganisation. 2. Auflage. Weinheim u. a. 2003
Kets de Vries, M.: Führer, Narren und Hochstapler. Die Psychologie der Führung. 2. Auf-
    lage. Stuttgart 2004.
Klagenfurt, K.: Technologische Zivilisation und transklassische Logik. Eine Einführung in
    die Technikphilosophie Gotthard Günthers. Frankfurt 1995.
Luhmann, N.: Erziehung als Formung des Lebenslaufs. In ders.: Schriften zur Pädagogik.
    Hrsg. Von D. Lenzen. Frankfurt 2004, S. 260–277.
Markert, W. (Hrsg.) Qualitätssicherung in der beruflichen Weiterbildung. Baltmanns-
    weiler 2006.

Vierter Brief:

Von der Vermittlung zum Lehren und Lernen „mit dem Anderen"

Januar 2005

Lieber Rolf!

Ich komme nochmals auf die zwischen uns strittige Frage der „Vermittlung" und damit der Möglichkeit oder Unmöglichkeit von Lehre zurück. Wir sind uns einig mit den meisten Gehirnforschern: Erkennen ist keine Abbildung außersubjektiver Realitäten, gelernt wird nicht spiegelbildlich das, was gelehrt wird. Alle Sender-Empfänger-, Input-Output-, Reiz-Reaktions-Modelle sind – aus konstruktivistischer Sicht – „unterkomplex". Gedanken, Vorstellungen, Erinnerungen, Motive werden gehirnintern konstruiert, indem neuronale Netzwerke („cell assemblies") aktiviert und neu geknüpft werden. Die Flexibilität dieser Netze und die Plastizität der Synapsen ermöglichen – auf der Grundlage kognitiver und emotionaler Strukturen – auch ein Neulernen und ein Umlernen. Lernen kann deshalb als Veränderung mentaler Strukturen beschrieben werden. Der Naturwissenschaftler V. Braitenberg schreibt ähnlich wie G. Roth, W. Singer, M. Spitzer u. a.:

„Die Synapsen, die einem Neuron der Großhirnrinde Signale direkt aus den Sinneseingängen übermitteln, sind immer nur ein kleiner Teil aller Synapsen auf der Oberfläche des Neurons. Der weit aus größte Teil der synaptischen Eingänge eines Neurons im Cortex kommt von anderen corticalen Neuronen. Bei den meisten Neuronen im Gehirn gibt es überhaupt keine direkten sensorischen Eingänge, sondern nur Eingänge von Tausenden von näheren oder fernen Nachbarn … Kein Wunder also, dass alles, was man perzipiert, auf dem Hintergrund von dem gesehen (gehört, gefühlt etc.) wird, was man sowieso schon denkt" (Braitenberg 2004, S. 186f.).

Auch beim Lernen interagiert das Gehirn vorwiegend mit sich selbst, aber doch in Kontakt mit der Umwelt. Und damit sind wir bei der Frage, welche Rolle Lehrende dabei spielen. Denn niemand konstruiert seine Welt und sein Denkgebäude nur aus sich heraus. Unser Gehirn ist also ein operational geschlossenes, aber informatorisch offenes System.

In Deinem neuesten Artikel über „Autonomie und Erwachsenenbildung" (Arnold 2005) für die Hessischen Blätter schlägst Du ein „Joint-Venture" der Konstruktivisten mit der Gehirnforschung vor. Dem stimme ich voll zu. In den vergangenen Monaten haben PädagogInnen m. E. das Kind mit dem Bade ausgeschüttet, wenn sie in ihrer Kritik an einer pädagogischen Überschätzung der Neurowissenschaften deren Relevanz und Implikationen für Bildungsarbeit generell bestreiten. Ich vermute, dass wir darin übereinstimmen, dass

a) jede mentale Aktivität – also Wahrnehmen, Denken, Fühlen, Träumen – mit neuronalen elektromagnetischen und biochemischen Prozessen verknüpft ist, dass also Bewusstsein nicht außerhalb des Gehirns zu verorten ist, dass aber

b) diese neuronalen „Erregungen", „Hormonausschüttungen" und „Vernetzungen" inhaltsneutral sind, so dass

c) Bewusstseinsinhalte, also auch Denk- und Lerninhalte nicht allein neurophysiologisch zu erklären sind, sondern auch aus Sozialisation und Erfahrungen.

d) Wie die Neurobiologie und die Bewusstseinspsychologie aber zusammenhängen, ist letztlich noch nicht erforscht, auch wenn es eine Kongruenz zwischen der Evolution unseres Gehirns und der Komplexität unseres Bewusstseins zu geben scheint.

In Heft 6/2004 der Zeitschrift „Gehirn und Geist" haben elf NeurowissenschaftlerInnen ein *Manifest* zum Stand und zur Zukunft der *Hirnforschung* veröffentlicht. Sie unterscheiden drei Ebenen des Gehirns:

„Die oberste erklärt die Funktion größerer Hirnareale, beispielsweise spezielle Aufgaben verschiedener Gebiete der Großhirnrinde, der Amygdala oder der Basalganglien. Die mittlere Ebene beschreibt das Geschehen innerhalb von Verbänden von hunderten oder tausenden Zellen. Und die unterste Ebene umfasst die Vorgänge auf dem Niveau einzelner Zellen und Moleküle."

Die mittlere Ebene – so die Autoren – ist bisher am wenigsten erforscht. Diese Ebene der neuronalen Netzwerke scheint aber besonders wichtig für das Entstehen von Bewusstseinsinhalten und von Lernprozessen zu sein. „Repräsentationen von Inhalten – seien es Wahrnehmungen oder motorische Programme – entsprechen hochkomplexen raumzeitlichen Aktivitätsmustern in diesen neuronalen Netzwerken." Wir wissen zwar, dass alle psychischen Aktivitäten mit neuronalen Vorgängen gekoppelt sind, aber im einzelnen sind diese Verflechtungen noch unbekannt. Die Metapher von der neuronalen Hardware und der psychischen Software trifft offenbar nur bedingt zu. Die Experten bezweifeln allerdings, ob wir über die Entstehung des Bewusstseins und des „Ich-Erlebens" in absehbarer Zeit wesentlich mehr wissen werden als heute.

„Insbesondere wird eine vollständige Beschreibung des individuellen Gehirns und damit eine Vorhersage über das Verhalten einer bestimmten Person nur höchst eingeschränkt gelingen." Denn die einzelnen Gehirne operieren sehr unterschiedlich, und zwar „individuellen Bedürfnissen und einem individuellen Wertesystem folgend."

Trotz aller offenen Fragen: Selbstreferenzialität, operationale Geschlossenheit und Strukturdeterminiertheit gelten für neuronale und psychische Prozesse gleichermaßen.

Was bedeutet dies nun für eine Theorie des Lehrens? Ob Lehrinhalte von den Lernenden wahrgenommen und verarbeitet werden, hängt von verschiedenen

Faktoren ab. Unser Gehirn verfügt – bildlich gesprochen – über Detektoren, die die Brauchbarkeit externer „Inputs" überprüfen. So lassen sich Neuigkeitsdetektoren, Anschlussdetektoren und Relevanzdetektoren unterscheiden. Erscheint eine Mitteilung weder als neu, noch als anschlussfähig, noch als relevant, so wird sie nicht weiter zur Kenntnis genommen. Diese Tests erfolgen teils bewusst, teils unbewusst. Eine teilnehmerorientierte Lehre versucht diese Detektoren zu berücksichtigen, indem z. B. die Neuigkeit, die Anschlussfähigkeit und die Relevanz eines Themas reflektiert und diskutiert werden. Ich habe selber eine Metapher von Jochen Kahlert verwendet: „Pädagogen sind keine Lokomotivführer, sondern Reisebegleiter." Dieses Bild vom Reisebegleiter erscheint mir inzwischen zu defensiv und zu inhaltsneutral. Wenn wir Aufsätze schreiben, Vorträge (z. B. über Konstruktivismus) halten, in Seminaren unterrichten, dann „begleiten" wir nicht nur, sondern wir stellen unser Wissen, unsere Überlegungen, auch unsere „Botschaften" zur Diskussion. Selbstverständlich ist uns klar, dass „die anderen" nicht das hören und verstehen, was wir sagen (wollen), dass wir Bedeutungen nicht transportieren können, dass jede/r selber entscheidet, ob und wie „Gebrauch" von dem gemacht wird, was wir zu sagen haben. Dennoch: Wir wollen relevantes Wissen präsentieren, Argumente, empirische Befunde, neue Handlungskonzepte vorstellen, wir informieren und provozieren.

Täuschen wir uns selber in unserer Rolle als „Wissenressource"? Müssen wir uns zufrieden geben mit einer „Philosophie des Als-ob"? So tun, als ob eine – wie auch immer beschränkte – Verständigung mit lernwilligen Anderen möglich sei? Nachdem lange Zeit die Funktion der Pädagogen überschätzt wurde – unterschätzen wir sie nun?

Du hast mich angeregt, den „Faktor Emotionalität" stärker wahrzunehmen. Vielleicht hilft es weiter, wenn wir das Lehr-Lern-Verhältnis nicht nur als kognitiven Prozess der Wissensvermittlung, sondern auch als sozialemotionalen Vorgang der Vertrauens- und Sympathiebildung in den Blick nehmen. Gerhard Roth schreibt:

„Die moderne Gedächtnisforschung zeigt, dass bei jedem Inhalt, der als solcher gelernt wird, auch mitgelernt wird, *wer* diesen Inhalt vermittelt (Quellengedächtnis) und wann und wo das Lernen (Orts- und Zeitgedächtnis) stattfindet. Dieser Kontext ist mitentscheidend für den Lernerfolg und wird zusammen mit dem Wissensinhalt abgespeichert." (Roth 2003, S. 27).

Es ist missverständlich zu behaupten, Lehrende würden Wissen „vermitteln". Es ist auch unbefriedigend zu sagen, Lernende „eignen sich Wissen an" – als sei Wissen etwas objektiv Vorhandenes (Du hast darauf hingewiesen). Lehrende verkörpern, repräsentieren Wissen. Lehrende sind von ihrem Thema begeistert. Man spürt, dass ihnen „die Sache wichtig ist". Im günstigen Fall entsteht eine Resonanz, eine Schwingung zwischen zwei Personen. Der Lehrende löst etwas aus, stößt einen Gedankengang an (der aber von dem Lernenden eigenwillig und selbstständig weiterverarbeitet wird), er „perturbiert" das Denkgebäude des Lernenden (ohne es zum Einsturz zu bringen). Dazu gehört nicht nur eine überzeugende rationale Argumentation, sondern eine wechselseitige Zuneigung. SchülerInnen und erwachsene Lerner lernen nicht den Stoff des Lehrers, sie lernen den Lehrer mit dem Thema, das er verkörpert. Der Lerninhalt entsteht aus der konstruktiven Beziehung von Lehrenden und Lernenden.

Du schlägst vor, über eine „Didaktik des Lehrens vom Anderen her" nachzudenken. Damit uns nicht eine Rehabilitation der „stellvertretenden Deutung" unterstellt wird, ist es vielleicht ratsam, vom „Lehren mit dem Anderen" zu sprechen. Du fragst zweifelnd: „Führt uns die konstruktivistische Lerntheorie letztlich bloß wieder zurück zu dem Ort, an dem wir gestartet sind?" Ich hoffe nicht. Die empirische Lernforschung weist darauf hin, dass „schwache" Lerner bessere Lernerfolge bei einem lenkenden, strukturierenden Lehrstil erzielen (wobei sicherlich noch andere Faktoren, z. B. die Sachlogik des Lerninhalts zu berücksichtigen sind).

In vielen Berichten über eine angebliche konstruktivistische Schulpraxis reduziert sich der innovative Kick auf bekannte Methoden des aktiven, sozialen Lernens (Projektunterricht, Gruppenarbeit). Dafür erscheint allerdings der epistemologische und anthropologische Begründungsaufwand des Konstruktivismus zu groß. Wir können uns sicherlich darauf einigen, dass der Konstruktivismus eine reflexive Didaktik erfordert. Aber auch das ist so neu nicht.

Haben wir beide uns aufgrund unserer konstruktivistischen Erkenntnisse in den vergangenen Jahren als Pädagogen und Wissenschaftler „nachhaltig" verändert? Können andere an uns den Konstruktivismus „wahrnehmen"? Ist unsere Lehre anders oder gar „besser" geworden?

Wir argumentieren beide vehement und – wie ich finde – begründet gegen eine *normative Didaktik*, bei der PädagogInnen in strittigen Fällen verbindlich für andere entscheiden, was richtig und falsch ist. Andererseits wird von uns gerade auch von der jüngeren Generation erwartet, dass wir nicht nur für „Perspektivenwechsel" plädieren, sondern dass wir uns engagiert gegen Umweltzerstörung, Rassismus, soziale Ungerechtigkeit einsetzen. Vieles deutet darauf hin, dass Pädagogen und Hochschullehrer „glaubwürdig" sind, wenn sie in ethischen Konflikten eindeutige Position beziehen und nicht nur „ausgewogen" argumentieren.

Eine normative Bildungsarbeit ist nicht (mehr) möglich, weil ein objektiver normativer *Sinn* nicht mehr vorhanden ist. Die großen ideologischen „Metaerzählungen" sind passé, die normierenden sozialen Stützprobleme zerbröckeln, eine Pluralisierung der Milieus ist unverkennbar. Andererseits ist ein befriedigendes Leben ohne Sinn kaum denkbar. Die Frage nach dem sinnvollen Tun, nach dem individuell Zufriedenstellenden und dem sozial und ökologisch zu Verantwortenden wird zu einer existenziellen Herausforderung, zu einer lebenslangen Lernaufgabe, die durch Erwachsenenbildung angeleitet und unterstützt werden kann.

Wilhelm Schmid, den Du ja auch zustimmend zitierst, verbindet die Sinnfrage mit der Frage nach einem geglückten Leben:

> „In der Moderne lässt sich dieses Glück allerdings nicht mehr so ohne weiteres als der Sinn des Lebens beschreiben, den man nur noch nachzuerleben hätte. Wo einst nur vorgedachte und vorgegebene Antworten zu übernehmen waren, kommt der Einzelne nicht mehr umhin, selbst zu suchen und zu finden – das ist der Preis moderner Freiheit. Zur Notwendigkeit wird nun die Arbeit, selbst das Leben zu deuten und zu interpretieren. Diese Tätigkeit, die im Gespräch mit sich selbst und mit Anderen, vor allem mit Freunden stattfinden kann, lässt sich als *Hermeneutik der Existenz* bezeichnen" (Schmid 2005, S. 169).

Sinn – von Schmid definiert als die Erschließung von Zusammenhängen – ist also eine lebenswichtige Lernleistung, Sinn ist eine Wirklichkeitskonstruktion, die aber Wissen, Reflexion, auch Diskussion erfordert. Mir erscheint es pädagogisch notwendig, den Kompetenzbegriff, der doch immer noch vorwiegend in beruflichen Kontexten verwendet wird, durch die Frage nach Lebenssinn zu ergänzen. Sinn ist quasi ein „mitlaufendes" Thema in vielen Seminaren der Erwachsenenbildung. Die Sinnfrage stellt sich in Sprachkursen ebenso wie in Computerkursen oder in Gesundheitskursen. Luhmann hat Sinn als „knappe Ressource" bezeichnet. Das stimmt sicherlich. Aber jeder Einzelne kann diese Ressource erschließen, Sinn ist eine subjektive Beziehung zur Welt. Um es zu wiederholen: wir sollten an der Kritik einer normativen Pädagogik festhalten und zugleich die Sinnfrage als vorrangiges Lernthema betonen.

Vielleicht müssen wir noch offensiver die Umrisse einer konstruktivistischen *Ethik* formulieren. Bisher hat sich vor allem Heinz von Foerster zur konstruktivistischen Ethik geäußert. Er bemüht sich um eine Ethik, die „nicht explizit" und „nicht moralisierend" ist (v. Foerster 2003, S. 77). Seine ethische Maxime lautet: „Erhöht die Zahl von Wahlmöglichkeiten" (ebd. S. 84). Mich hat diese Leitidee überzeugt, aber inzwischen erscheint sie mir doch zu formal, zu abstrakt. Ihre Wahlmöglichkeiten erhöhen auch diejenigen, die neue Strategien der Kriegführung, Ausbeutung, des Profits erfinden.

Auch die Kritik, E. v. Glasersfelds Schlüsselbegriff „Viabilität" sei zu indifferent, ist m. E. nicht völlig unbegründet.

H. v. Foerster und E. v. Glasersfeld vertreten einen radikalen individualistischen Konstruktivismus. Viabilität ist deshalb primär eine individuumzentrierte Maxime. Viabel ist, was dem Einzelnen als gangbar, passend, lebensdienlich erscheint. Nun ist es aber sinnvoll, den psychologischen Konstruktivismus mit dem *sozialen Konstruktivismus* zu verbinden: Wir denken und fühlen zwar als Individuen und auf der Grundlage unserer unverwechselbaren Biografie. Wir *handeln* jedoch stets mit anderen und im Blick auf andere. Individuelle Einmaligkeit und Selbstreferenzialität einerseits und soziale Zugehörigkeit und Abhängigkeit andererseits sind also untrennbar verknüpft. Als Beobachter kann ich hier einen individualpsychologischen, dort einen sozial- interaktionistischen Standpunkt einnehmen. Der individualistische Konstruktivismus ist ohne den sozialen Konstruktivismus halbiert – und umgekehrt. Das heißt für eine Ethik der Viabilität: Viabel ist, was mir lebensdienlich erscheint, aber auch sozial – und umweltverträglich ist. Ein egozentrisches Verständnis von Viabilität ohne soziale Verantwortung ist nicht nur asozial, sondern letztlich auch selbstschädigend. Auch wenn es keine Instanz gibt, die sich anmaßen kann, „richtige" von „falschen" Bewusstseinsinhalten zu unterscheiden, so sind doch nicht alle Wirklichkeitskonstrukte „gleich gültig". Auch Konstrukte sind kritisierbar. Konstrukte – z. B. über Fremde – sollten logisch sein und sie sollten vorhandenes empirisches Wissen verarbeiten. Solche Konstrukte lassen sich aber auch befragen hinsichtlich der zugrunde liegenden Motive und Interessen. Und es lassen sich die – gewollten oder unbeabsichtigten – Folgen und Nebenwirkungen bedenken. Wichtig ist aber, dass diese Überprüfung ein selbstreflexiver Vorgang ist, dass es sich um eine Selbstaufklärung handelt. Andernfalls wird erneut eine Tür geöffnet für selbsternannte Autoritäten und Besserwisser. Legitim erscheint es dagegen, die Deutungsmuster zu verflüssigen, sie als vorläufig und korrigierbar zu betrachten. Selbst- und Weltbilder sind Suchbewegungen, Versuche „bis auf weiteres".

Pädagogisch ergibt sich aus diesen Überlegungen eine Begründung des *Reframing*. Wirklichkeitsmöglichkeiten können durch Umdeutung erweitert werden: Perspektiven zu wechseln, Szenarios des Umweltschutzes entwickeln, die Welt aus der Sicht von Fremden/von Kindern/von Behinderten/von alten Menschen betrachten … PädagogInnen können anregen, aber die Lernenden können sich anregen lassen.

Du hast die These aufgestellt: Die entscheidende Frage, die Konstruktivisten von Nichtkonstruktivisten unterscheidet (die also „einen Unterschied macht"), lautet: Was ist Wirklichkeit? Auch innerhalb der Konstruktivismusszene gibt es darauf verschiedene Antworten – je nachdem, ob man neurobiologisch, kognitionspsychologisch, interaktionistisch oder kulturalistisch beobachtet. Eine disziplinübergreifende Antwort lautet: *Wirklichkeit ist Relation*. Der Konstruktivismus ist weder eine Ontologie (über das Wesen der Dinge) noch eine Psychologie (über das Ich), sondern eine „Beziehungstheorie": Sie fragt nach dem Verhältnis von Subjekt und Objekt, von Erkennendem und Erkenntnisgegenstand, von Innen und Außen, von Individuum und Gesellschaft, von Nervenzellen und Bewusstseinsinhalten. Als Theorie des Relationalen und des Relativen ist der Konstruktivismus zugleich eine Systemtheorie. Drei Beispiele für relationale Wirklichkeiten:

– Ein Bild eines Buddhisten auf einem Kissen sitzend in einem blühenden Garten. Es werden nicht drei Objekte – Mensch, Kissen, Garten – gezeigt, sondern Relationen: Der Mensch sitzt durch das Kissen, das durch ihn „geformt" wird. Man kann auch sagen: das Kissen sitzt den Buddhisten und bewirkt so seine „Haltung". Der Buddhist befindet sich nicht an einem bestimmten Ort, sondern er lebt diesen Garten, indem er die (lebensnotwendige) Luft ein- und ausatmet, indem er schwitzt, indem er den Duft der Blüten riecht, er ist Teil des Gartens.

– Lehrer, Schüler, Klassenraum bilden eine Einheit. Der Lehrer unterrichtet nicht die Schüler, sondern es entsteht eine Resonanz, eine Schwingung, eine Atmosphäre, die Kommunikation und Lernen ermöglicht (oder verhindert). Auch hier resultiert die Wirklichkeit aus Wechselwirkungen, aus einer Eigendynamik, durch die eine spezifische Ordnung zustande kommt. Eine Lehr-Lernsituation besteht aus Beziehungen, aus Relationen. Auch der Lerninhalt ist nicht „vorgegeben", sondern er entwickelt sich.

– In diesem Monat wird der 60. Jahrestag der Befreiung der KZ-Häftlinge gefeiert. In den Medien werden Fotos von Konzentrationslagern gezeigt. Welche Wirklichkeiten entstehen, wenn Menschen diese Bilder sehen? Welche Bilder nehmen Ältere und Junge, Deutsche und Juden wahr? Nicht die Fotos sind wirklich, sondern die Verwicklungen der Menschen hier und heute in den Holocaust. Bei diesen Bilden nur an die Täter und Opfer von damals zu denken, ist zu wenig. Empfinden wir uns selber als Beteiligte?

Wirklichkeiten werden konstruiert – diese Feststellung ist inzwischen fast trivial. Konstruierte Wirklichkeit entsteht aus Verflechtungen, aus der Wahrnehmung von Zusammenhängen. Siegfried Schmidt schreibt in seinem Buch über „Geschichten und Diskurse":

„Bezugnahme bzw. Relationalität als Bewusstseinsprinzip, Reflexivität als Möglichkeit der Bezugnahme auf Voraussetzungen sowie die gemeinschaftsbildenden Annahmen solcher Bezugnahmen bei anderen und die selektive Autokonstitutivität des Zusammenhangs von Setzung und Voraussetzung scheinen die elementaren Prinzipien oder 'Mechanismen' zu sein, die all unser Handeln antreiben, es beobachtbar und interpretierbar machen" (Schmidt 2003, S. 30).

Verstehen wir Wirklichkeit in diesem Sinn als „Bezugnahme", als Vielfalt von Relationen, so lassen sich viele Missverständnisse über den Konstruktivismus aufklären. Auch der Zusammenhang von individuellem und sozialem Konstruktivismus lässt sich nur relational (und nicht dualisierend) begreifen. Relationales Denken unterscheidet sich außerdem von dem – von Dir kritisierten – „versus-Denken".

Liebe Grüße

Dein Horst

Literatur

Arnold, R.: Autonomie und Erwachsenenbildung. In: Hessische Blätter für Volksbildung, 55 (2005), 1, S. 37–46.

Braitenberg, V.: Das Bild der Welt im Kopf. Münster 2004.

Foerster, H. v.: Ethik und Kybernetik zweiter Ordnung. In: P. Watzlawick (Hrsg.): Kurzzeittherapie und Wirklichkeit. München 2003, S. 71 ff.

Roth, G.: Warum sind Lehren und Lernen so schwierig? In: REPORT 3/2003, S. 20 ff.

Schmid, W:: Schönes Leben? Frankfurt 2005.

Fünfter Brief:

Zur Wirkungsoffenheit (erwachsenen)didaktischen Handelns

Januar 2005

Lieber Horst,

Du hast recht, in vielem stimmen wir überein. Dies gilt auch für die Frage, ob und inwieweit Pädagogen – vor dem Hintergrund der von Dir nochmals zusammengefassten Einsichten und Anstöße der neueren Hirnforschung – derzeit dazu neigen, sich zu unterschätzen. Ich würde in diesem Zusammenhang eher davon sprechen, dass wir uns augenblicklich in einem Stadium konstruktiver Selbstzweifel befinden, welche die Basis für einen neuen didaktischen „Realismus" abgeben könnten (wobei ich mir über die Unangemessenheit des Begriffes „Realismus" an dieser Stelle voll und ganz im Klaren bin). Was ich sagen möchte ist folgendes: Auch die erwachsenendidaktische Diskussion hat die Intervention und die Interventionsmöglichkeiten durch Lehre überschätzt, was wir ja bereits in Deiner Formulierung mit unserem Hinweis, dass Erwachsene „lernfähig, aber unbelehrbar" seien, deutlich relativiert hatten (Arnold/ Siebert 2003). Damit haben wir die Differenz, aber auch die Unverkoppeltheit von Lehren und Lernen klar angesprochen, aber letztlich doch wieder aus dem Blick verloren, worauf Frank Berzbach in seiner Arnold/Siebert-Exegese nicht ganz zu Unrecht hinweist (Berzbach 2004, S. 87 ff). In einer an Luhmann geschärften Sprache könnte man die damalige, vielleicht zu einseitig und noch etwas unpräzise die Koevolution fokussierende Formulierung wie folgt weiterführen: „Lehren und Lernen bezeichnen gleichzeitig unverkoppelte eigendynamische, aber auch anschlussfähige koevolutive Systemiken, welche sich in ihrer Verkoppelung allerdings nicht an die von der Didaktik beschriebenen Entscheidungs- und Bedingungsfaktoren halten, da diese Art der Beschreibung die Intervention überschätzt!" – eine Andeutung, auf die ich nochmals zurückkommen werde.

– I –

Die Luhmannsche Systemtheorie hat auch das didaktische Problem der Anschlussfähigkeit im Kontext der Verstehensfrage neu und – wie ich finde – schärfer gefasst, indem sie die unhintergehbare Rückbezogenheit des beobachtenden Systems (z. B. Lehrer) auf sich selbst in den Blick nahm. Systeme – so die Quintessenz – können andere Systeme nur in der Brechung durch die eigene „Selbstreferenz" erkennen, beobachten und verstehen, was übrigens auch für das Lesen und die Exegese von Texten gilt. Niklas Luhmann spricht in diesem

Zusammenhang von der „innere(n) Unendlichkeit" (Luhmann 2004, S. 48)[1], durch die dieser Vorgang gekennzeichnet ist, und stellt fest:

„Verstehen ist das Verstehen der Handhabung von Selbstreferenz" (ebd.)

Was bedeutet dies? Und: Welche Implikationen sind mit einer solchen reflexiven (auf die Situation des Beobachters zurückgreifenden) Annäherung an die Verstehensfrage für die Theorie und Praxis von Bildung und Erziehung verbunden? Luhmanns systemtheoretische Annäherungen erschüttern das pädagogische Denken, da seine Argumentationen vertraute Gewissheiten und Routinen in Frage stellen. Wir können – z. B. indem wir Bedingungs- und Entscheidungsfaktoren definieren – nicht mehr länger so tun, als wüssten wir, was genau geschieht, wenn Köpfe sich in Texte – auch gesprochene – vertiefen und diese „sich aneignen": „Die scharfe Reduktion des Verstehensproblems auf ein Kopf/Text-Problem" – so seine Feststellung – „muss jedenfalls aufgegeben, muss zumindest als professionelle Notlüge durchschaut werden" (ebd., S. 50), womit eine deutliche Irritation für eben die erwähnten Gewissheitsroutinen, welche auch das erwachsenendidaktische Denken und Handeln in unserer „typographischen" Lernkultur (vgl. Giesecke 2005) bestimmen, verbunden ist. Folgt man der Argumentation von Niklas Luhmann, so ist es die Art und Weise, wie ein System „sich selbst in Differenz zu seiner Umwelt handhabt" (ebd., S. 55), mit welcher es sich mit seinen eigenen Differenzbildungen (zwischen eigenem System und Umwelt einerseits sowie zwischen eigenem und fremdem System andererseits) mit den von ihm beobachtbaren Systemen bzw. Systemiken „verschränkt". Dabei spielt Sinn eine zentrale Rolle. „Sinn" ist der Stoff, aus dem Kommunikation als der scheinbare Weg aus der selbstreferentiellen Geschlossenheit möglich erscheint. Oder in den Worten Luhmanns:

„Nur auf der Basis von Sinn verschmelzen die Umwelten verschiedener verstehbarer Systeme zur Welt, die dann auch jedes verstehende System als Umwelt anderer Systeme einschließt. (…) Man wird deshalb geradezu von einem *Paradox des Verstehens* ausgehen müssen: Je mehr die Bedingungen des Verstehens verstanden werden, desto weniger ist es möglich" (ebd., S. 57).

Diese Paradoxie ist darauf zurückzuführen, dass Verstehen ohne „die vorgängige Wahl einer Selbstreferenz" (ebd.) – welche allerdings bei genauer Betrachtung kaum eine „Wahl", sondern eine emotional-kognitive Einspurung ist – nicht möglich ist. Wenn man diese Unhintergehbarkeit bei sich und dem anderen als

---

[1] Berzbach übersieht in seiner ansonsten doch sehr materialreich daherkommenden Arbeit diesen Beitrag Luhmanns (2004) zum pädagogischen Verstehen, der bereits in Luhmann/Schorr 1986 erschienen ist, weshalb er auch zu den Schlussfolgerungen gelangt, zu denen er gelangt, was insofern „misslich" ist, da man m. E. das didaktische Vermittlungsproblem, bei dessen „Lösung" uns Berzbach allerhand Fehleinschätzungen unterstellt, keineswegs ohne eine systemtheoretische Klärung der Verstehenskategorie wirklich substanziell beurteilen kann. Unseren diesbezüglichen Versuchen in Arnold/Siebert (2003, S. 61 ff) hätte ich eigentlich nichts hinzuzufügen, da ich unsere damalige Folgerung zur „Erwachsenenbildung als autopoietisches System" (S. 68 ff) erwachsenendidaktisch immer noch für zutreffend und perspektivenöffnend halte, was insbesondere auch im Hinblick auf Frage nach der Steuerbarkeit autopoietischer Systeme gilt (S. 71).

Bedingung der durch Differenzbildung geschaffenen systemischen Wirklichkeit erkennt, kann man auch sehen, dass Verstehen im Sinne eines Sinnkonsenses nicht denkbar ist[2], weil man nicht beliebig aus den eigenen Differenzbildungen auszusteigen vermag, um andere nachvollziehen zu können. Deshalb kann man den oder das Andere nur vor dem Hintergrund der eigenen Systemreferenz verstehen und damit eigentlich nicht verstehen. Wer das durchschaut hat, erkennt, dass Verstehen eine Anstrengung, aber kein Gelingen ist. Deshalb spricht Luhmann auch nur dann von Verstehen, „wenn ein System ein anderes auf seine Selbstreferenz hin beobachtet" (ebd. S. 63) – was immer das auch sei und wie immer das auch gelingen mag. Wenn Verstehen die „Referenz auf Selbstreferenz" (ebd., S. 64) voraussetzt, dann ergeben sich aus dieser Feststellung weitreichende und sehr grundsätzliche Folgen für die Pädagogik als der Wissenschaft von Bildung und Erziehung:

- Erstens verweist Luhmanns systemtheoretische Argumentation auf die notwendige Reflexivität des Verstehens. Er spricht davon, dass man sich beim verstehenden Beobachten einerseits „an die Reduktionen halten (muss), die im beobachteten System eingeführt sind" (ebd., S. 64), gleichzeitig aber auch die Strukturen, mit denen das eigene System „Selbstreferenz umsetzt" (ebd.,S. 65), reflexiv verfügbar haben muss, selbst, wenn es dadurch in die „Sekundärform der Paradoxie aller Selbstreferenz" (ebd.) gerät, die darin besteht, die „Einheit des Komplexen" beobachten und verstehen zu können: „Das System (kann) zwar auf seine Selbstreferenz bezogen, aber nicht als strukturierte Komplexität beobachtet und verstanden werden. Der verstehende Beobachter legt statt dessen *eigene* Unterscheidungen zugrunde" (ebd., S. 65) – wodurch der Verstehende, notgedrungen und in der Form vereinfachter Zuschreibungen, „immer schon defizitär ansetzt" (ebd.).

- Zweitens erinnert Luhmann daran, dass es soziales Handeln, wozu auch Bildung und Erziehung zählen, mit der Autopoiesis der Kommunikation – und erst in zweiter Linie (so möchte man ergänzen) mit Personen oder deren Entwicklung – zu tun haben. Dieser Sachverhalt weist in vielfacher Hinsicht Besonderheiten auf: So verweist Kommunikation zunächst auf „eine(n) ganz andere(n), eigenständige(n) Tatbestand, eine emergente Ebene der Systembildung" (ebd., S. 66). Das Verstehen von Kommunikation ist dabei für Luhmann etwas anderes, als das Verstehen dessen, der einem etwas mitteilt. In Kommunikationskontexten – so kann man seine nüchterne Analyse zusammenfassen – „geht es um Beobachtung der Handhabung fremder Selbstreferenz" (ebd., S. 71), weshalb es notwendig sein kann, sich gerade nicht auf den

---

[2] Luhmann schreibt: „Empirisch wäre Konsens die Duplikation eines Bewusstseinszustandes durch einen anderen (oder wenn man es hochtreibt: jedes Bewusstseinszustandes durch jeden anderen). Es ist klar, dass es das (glücklicherweise) nicht geben kann. Verstehen dient aber als ein funktionales Äquivalent für Konsens, indem man weitere Operationen statt auf Konsens auf dessen Sicherheitsäquivalenz, eben auf Verstehen stützt" (Luhmann 2004, S. 63).

Mitteilenden, sondern auf die Mitteilung zu begrenzen – ein Hinweis, der für die Professionalität pädagogischen Handelns noch nicht wirklich ausgedeutet worden ist, aber viel mit der von mir bisweilen geforderten „Entleidenschaftlichung" dieses Handelns zu tun hat.

- Drittens schließlich – und hier nimmt Luhmann seine Kurve zur Pädagogik – fokussiert er die spezifische Problematik von Schule und Unterricht, welche zunächst – anders als die familiäre Erziehung, welche die Personen durch die Differenz zu anderen Familienmitgliedern zu individualisieren vermag – über kein Differenzierungsprinzip zur Steuerung von Informationsgewinnung, Beobachtung und Verstehen verfügt. Dieses muss erst geschaffen und durchgesetzt werden, woraus sich eine Überforderung des Lehrenden zu ergeben droht. Er ist zuständig für die Realisierung eines „Differenzschemas, in dem die (seine; R. A.) Information als eine Selektion artikuliert ist" (ebd., S. 74). Luhmann sagt:

„Das Rollenverständnis ist mithin Schema der Personwahrnehmung, ist ihr Auswahlschema, ihr Direktiv. (…) Auch der Schüler kann nur an Hand der Kommunikation lernen, also nur an Hand der Differenz von Mitteilung und Information, also nur durch Verstehen; aber dies in einem hochspezialisierten Sinne, dass er diese Differenz zum Begreifen der Information benutzen muss und durch sie auf eine nun maßgebliche neue Differenz verwiesen wird, nämlich auf die *Differenz*, ob er (so wie der Lehrer, so wie andere Schüler) die Information in ihrer Selektivität begreift oder nicht begreift. Und diese Differenz macht Schule, macht Schicksal" (ebd., S. 75).

Diese Überlegungen sind m. E. auch für die Erwachsenenbildung und ihre Theorie von grundlegender Bedeutung. Sie erodieren die Homogenitäts- und Konsensillusionen[3], durch welche diese ihr Bild vom pädagogischen Verstehen als der die Vermittlung und die Veränderung des Gegenübers leitenden Kategorie unreflektiert kontaminieren und deshalb auch nicht zu Formen eines produktiven Umgangs mit Heterogenität und Differenz vorzustoßen in der Lage sind (vgl. Preuss-Lausitz 2004), weshalb sie der augenblicklich auch die Erwachsenenbildung erreichenden Standardisierungseuphorie (vgl. Winkel 2005) nicht viel entgegenzusetzen hat. Sicherlich klingt diese Beurteilung pauschal und unpräzise, doch ist mein Eindruck wirklich der, dass wir in der Didaktik noch in zu starkem Maße Beschreibungs-, statt Beobachtungskategorien verwenden und zudem nahezu vollständig den Gedanken ausblenden, dass die Rekonstruktion seiner Wirklichkeit dem lernenden Subjekt in seinen systemischen Dynamiken vollständig vorbehalten ist, weshalb wir uns von einfachen Beschreibungs- und Interventionskategorien zu lösen haben. Auch die „reflexive Wende" der

---

[3] Luhmann betont, „(…) dass Konsens empirisch unmöglich ist. Empirisch wäre Konsens die Duplikation eines Bewusstseinszustandes durch einen anderen (oder wenn man es hochtreibt: jedes Bewusstseinszustandes durch jeden anderen). Es ist klar, dass es das (glücklicherweise) nicht gibt und nicht geben kann. Verstehen dient aber als ein funktionales Äquivalent für Konsens, indem man weitere Operationen statt auf Konsens auf dessen Sicherheitsäquivalent, eben auf Verstehen stützt" (Luhmann 2004, S. 63).

Erwachsenendidaktik war so betrachtet eigentlich gar keine. In ihr hat sich die Erwachsenenpädagogik zwar stärker interaktionistischen und interpretativen Paradigmen angeschlossen, doch blieb sie auch in der Vorstellung der „Perspektivenverschränkung", wie sie Hans Tietgens in die Debatte einbrachte, letztlich der Vorstellung von der Möglichkeit eines „konsensuellen Dialogs" (Tietgens 1986, S. 165) verhaftet. Obgleich Tietgens andererseits schon sehr weitgehend die „Versicherungsanstalts"-Funktion der Erwachsenenbildung in Frage stellte (ebd.), wiesen die von ihm angeregten Konzepte – zu denen ich auch meine eigenen zähle – doch letztlich der Erwachsenenbildung bzw. der in ihr Tätigen eine auch inhaltliche Prozessverantwortung zu, die einzulösen, letztlich entweder einen irgendwie prioritären Zugang zur Wirklichkeit oder doch zumindest die Fähigkeit zur stets durchzuhaltenden Skepsis gegenüber vorgetragenen Gewissheitsansprüchen und Selbstillusionierungen gleich welcher Art voraussetzt. Tietgens spricht – durchaus im Einklang mit unserer Annahme von der Unhintergehbarkeit der Eigenlogik subjektiver Systemiken – davon, dass Erwachsenenbildung nur in der „Konkordanz von Suchbewegungen" (Tietgens 1981, S. 80) gelingen kann, und er verweist darauf, dass „die Abschaffung der Objektivität" – so als sei dies erkenntnistheoretisch eine wirklich zur Wahl stehende Entscheidung? –

„(...) die Frage aufwirft, wozu der Lehrende noch da ist. Als ein vermittelnd Tätiger sollte er (der Erwachsenenpädagoge; R. A.) deutlich machen, dass es immer um Übereinkünfte, nicht um situationsunabhängige Objektivitäten geht. Da eine solche *reflektierte Konventionalität* aber angesichts der allfälligen Sicherheitsbedürfnisse nur schwer zu vermitteln ist, wurde in der Vergangenheit immer wieder verdrängt, was für den Konstruktivismus sprechen würde. Anstelle der reflektierten Konventionalität setzt sich immer wieder die Tendenz zur Verdinglichung durch, wozu die Sprache als Medium aufgrund ihrer Linearität beiträgt. Insofern lässt sich der Verdrängungsprozess als Folge der Notwendigkeit zur Komplexitätsreduktion auslegen" (Tietgens 1986, S. 165 f).

Um solchen Überlegungen erwachsenendidaktisch Rechnung zu tragen, müssen wir – so meine ich – unseren gewohnheitsmäßigen Blick auf die Teilnehmenden ebenso verändern, wie unser Verständnis der zu be(ob)achtenden Bedingungen des Lehr-Lernprozesses, die ich noch in meinem Didaktikbeitrag zum „Wörterbuch Erwachsenenbildung" (Arnold 2001) etwas unkonstruktivistisch – ich sage ja gerne: „kontrafaktisch" – referiert habe.

In seinem recht klugen Artikel zur (notwendigen) Veränderung des Verständnisses von Informationsverarbeitung, Wissen und Bildung auf dem Weg zu einer Gesellschaft, die immer weniger eine der „Buchkultur" zu sein scheint, gelangt Michael Giesecke zu Einschätzungen, die denen meiner Entstandardisierungsformel entsprechen.

„Erforderlich ist ein grundsätzlich neues Verständnis von Kommunikation, Wissen und Informationsverarbeitung. Posttypographische Bildungsideale relativieren die Wertschätzung von Homogenität und Gleichschaltung zugunsten von Heterogenität und der

Berücksichtigung von Parallelprozessen. Sie relativieren die Bedeutung technisierter Kommunikationsmedien und rückkopplungsarmer Kommunikation und lenken das Augenmerk auf die leiblichen Medien und dialogischen Kommunikationsformen. Sie stärken selbstreflexive Informationsverarbeitung und prämieren triadisches Denken" (Giesecke 2005, S. 14).

Giesecke verdeutlicht m. E. recht anschaulich, dass unser bisheriges Verständnis von Wissen und Inhalten letztlich auch bloß eine, durch ein bestimmtes Medium – das Buch – konstruierte „Information" darstellt, die – wie er sagt – „(…) von der kulturellen Gemeinschaft als wichtig für die kulturelle Reproduktion erklärt und zum Gegenstand von organisierten Lehr- und Lernprozessen gemacht wird" (ebd., S. 15). Es ist deshalb für ihn keine Frage,

„(…) dass sich bei tiefgreifenden sozialen und/oder technischen Veränderungsprozessen auch die Kriterien für Wissen und die Rangordnung zwischen den vielfältigen Informationstypen ändern müssen, wenn der Bestand der Kultur nicht generell aufs Spiel gesetzt werden soll" (ebd.)

Und dabei gilt es, das Alte und das Neue in seiner „medialen Gebundenheit" (ebd.) zu erkennen, um die neuen bzw. neuartigen Informations- und Wissenstypen in ihrer tatsächlichen Bedeutung – und nicht nur in ihrem vermeintlichen Defizit gegenüber dem „prämierten Typus" (ebd.) des Buchwissens bzw. der typographisch gefassten und überlieferten Darstellungen zu erkennen. „Wissen" ist demnach auch nicht mehr das, was es einmal war; es zeigt sich uns vielmehr in Post-Gutenberg-Formen, und wir sind gehalten, eine diesen Formen Rechnung tragende Didaktik zu begründen.[4] Was bedeutet dies konkret? Wie müssen wir „Wissen" neu konstruieren? Folgt man den Ausführungen von Giesecke, so lassen sich die drei folgenden Merkmalsveränderungen feststellen:

● Bildung folgt(e) in der Buchkultur der „*Homogenisierung als Kommunikations- und Bildungsideal*" (ebd., S. 17). Dies bedeutet, dass es ihr um die Gewährleistung eines möglichst einheitlichen Wissensbestandes ging, weshalb Kanonbildung, Standardisierung sowie Lehrbuch-Lernen im Vordergrund standen. Die Grenzen sowie die Schwäche dieses Bildungsideals liegen in der „Gleichschaltung der Erlebens- und Verarbeitungsformen der Kommunikatoren" sowie in „der Abwertung heteronomer Prozesse sowie multimedialer und nonverbaler Kommunikation", wodurch eine „vereinfachte, standardisierte Umwelt" entstehe, das Gespräch durch „interaktionsarme" Lernprozesse ersetzt werde und implizit „Epistemologien" (durch die Weltsichten, die Lehrbücher verkünden) gestiftet würden (ebd., S. 18).

---

[4] Giesecke verweist auf die notwendige Änderung der Konzepte von Lehren und Lernen mit dem Hinweis, dass „die gegenwärtige Diskussion über den Einsatz der neuen elektronischen Medien im Unterricht diese Zusammenhänge (verkennt), wenn sie weiterhin mit dem Wissens- und Lernbegriff operiert, den die Buchkultur zu ihrer Selbstvergewisserung entwickelte" (Giesecke 2005, S. 17).

- Zudem sei die Buchkultur durch einen „*Medienabsolutismus*" *(ebd., S. 18)* gekennzeichnet, welche letztlich einer „kulturtheoretischen Standardisierungsvorstellung" (ebd.) folge. Demgegenüber gelte es, die Informationen und das Wissen im „ökologischen Zusammenwirken vieler heteronomer Medien" (ebd.) zur Geltung kommen zu lassen, wodurch sich die Privilegierung der durch ein bestimmtes Medium gestifteten Lehrinhalte auflöse und die Didaktik erneut und sehr viel grundlegender mit der Frage nach der Auswahl und Begründung von Lerninhalten konfrontiere.

- Schließlich gelte es auch,

  „(…) die Wissensschöpfung als ökologisches Netzwerk von artverschiedenen Medien und Typen der Wahrnehmung, Verarbeitung und Darstellung von Informationen zu gestalten sowie eine ökologische Nische zu finden, in der die neuen Medien ihre Potenziale im Prozess der Wissensschöpfung am besten entfalten können" (ebd., S. 19).

Diese Überlegungen von Giesecke haben mich in vielfacher Weise angeregt, über Wissen und (Lehr-)Inhalte neu nachzudenken. Dabei ist mir deutlich geworden, dass der Übergang von der „typographischen zur posttypographischen Wissensschöpfung" (ebd., S. 21) auch mit einem tiefgreifenden Wandel der Lernkulturen und neuen Professionalitätsmustern in der Erwachsenenbildung verbunden sein wird, deren Auswirkungen auf das Netz der didaktischen Faktoren wir bereits erahnen können. So müssen wir den Implikationszusammenhängen zwischen diesen Faktoren z. B. noch viel stärker nachspüren, zeigen uns doch die Ausführungen von Giesecke recht deutlich, dass Wissen keine Priorität vor den Medien, die wir gewohnt sind als „Mittler" abzutun, hat, sondern sich selbst diesen eigenen Wahrnehmungs-, Speicher- und Verbreitungsmustern „verdankt". Am Wissen, auch am wissenschaftlichen Wissen „klebt" Medienmaterial, um abschließend nochmals eine Formulierung von Giesecke aufzugreifen. In ähnlicher Weise zerbröselt auch die Trennung zwischen Inhalten, Methoden und Medien. Auch Methoden sind medial indiziert, wie auch umgekehrt Methoden eigene Erfahrungsmöglichkeiten kanalisieren oder arrangieren, weshalb sie von einer kompetenzbildenden Substanz sind, welche eine eigene inhaltliche Dimension konstituiert. Der didaktische Implikationenzusammenhang verdichtet sich, und alle Bedingungs- und Entscheidungsfaktoren implodieren im Schwarzen Loch ihrer systemisch-konstruktivistischen wechselseitigen Bezogenheit: Das Eine konstruiert das Andere.

Wir sollten m. E. darüber nachdenken, ob es überhaupt „Entscheidungsfaktoren" gibt oder wir uns nicht grundsätzlich in Kontexten von Bedingungsfaktoren bewegen, was ich für eine wichtige Frage für die Begründung einer konstruktivistischen Didaktik halte, welcher es um das „Lehren und Lernen in Modus eigenlogischer Bedingungsdynamiken" zu gehen hätte, doch wäre für einen solchen Entwurf noch einiges Mehr an Vorarbeiten und Klärungen notwendig. Ich ver-

mag meine diesbezüglichen Einschätzungen derzeit nur skizzenhaft zu markieren, wobei ich in einem neueren Beitrag (Arnold 2004) zu folgender Strukturierung gelangt bin:

	Mechanistische Didaktik	*Systemische Didaktik*	
Lehr-Lernprozess als lineares Geschehen zwischen dem Lehrenden bzw. dem Sachanspruch und dem Lernenden	Linearität	Zirkularität	Lehr-Lernprozess als interdependentes Geschehen, in welchem sich die Vorstrukturen und „Lernprojekte" der Lernenden artikulieren
Die Wirkungen des Unterrichts lassen sich in einer Vorher-Nachher-Logik beurteilen und sogar „messen"	Wirkungssicherheit	Wirkungsoffenheit	Die Wirkungen sind von einer Fülle nicht überschaubarer Variablen und von der Eigenlogik der Lerner abhängig und deshalb notwendig auch spezifisch
Der Lehrende hat die Lerner zu motivieren und zu den erwarteten Ergebnissen zu führen	Führen	Selbsttätigkeit	Die Lernenden können prinzipiell nur selbst lernen, es gilt, ihre Motivation zu entdecken
Qualität und Erfolg des Lehr-Lerngeschehens sind vom Input des Lehrenden abhängig	Inputsteuerung	Prozesssteuerung	Qualität und Erfolg des Lehr-Lernprozesses ist von der Eigenlogik der lernenden Systeme abhängig
Lehren kann Kenntnisse, Fähigkeiten und Fertigkeiten vermitteln	Vermitteln	Aneignen	Lehre kann lediglich anregenden und komplex-anschlussfähige Aneignungsmöglichkeiten zugänglich machen
Wenn alle das Gleiche wollen (müssen), werden die Ergebnisse besser und vergleichbarer	Standardisierung	Vielfalt	Wenn die Vielfalt der inneren Möglichkeiten der Lerner zur Entfaltung gelangen kann, werden die Ergebnisse besser

Abb. 1   Vom mechanistischen und systemischen Bild des Lernens

Die Aspekte Zirkularität, Wirkungsoffenheit, Selbsttätigkeit, Prozesssteuerung,
Aneignen sowie Vielfalt markieren m. E. die Grundlinien für die Konstruktion
einer konstruktivistischen Erwachsenendidaktik, für welche ich – wie Du weißt
– den Arbeits- und Programmbegriff[5] „Ermöglichungsdidaktik" (Arnold/
Schüßler 2003) verwende. Diese Aspekte in didaktische Leitfragen für die didaktische Analyse sowie das situative Lehr-Lernhandeln einerseits und die erwachsenenpädagogische Professionalität andererseits zu „gießen", ist das, woran wir

---

[5]   Hier ist meine Erfahrung die von Heiner Geißler, der ja die „Neue Soziale Frage" begrifflich „besetzte" und
      damit seiner Partei sowie der politischen Debatte –zumindest teilweise – eine neue Orientierung verschaffte. In
      der Pädagogik funktioniert dies ganz ähnlich, auch Wissenschaft ist Politik. Wenn Du in der Suchmaschine
      Google den Begriff „Ermöglichungsdidaktik" eingibst, erhältst Du derzeit 564 Links, die Dich zu teilweise
      hoch interessanten Nutzungskontexten dieses didaktischen Leitbegriffes führen.

mit meinem Team derzeit arbeiten. Hinzu kommt, dass der eigentliche „Bedin-gungskontext", in dem sich die Wirksamkeit eines ermöglichungsdidaktischen Arrangements „entscheidet", nach meinem derzeitigen Eindruck die emotional-kognitiven Muster mit ihrem Drang nach Rekonstellierung sind. Insgesamt scheint es mir hilfreich zu sein, die einzelnen didaktischen Aspekte nach folgen-dem Muster aufzuschlüsseln:

Didaktischer Aspekt	Beschreibung	Leitfragen	Professionalität
Wirkungsoffenheit	Die Wirkungen sind von einer Fülle nicht überschaubarer Variablen und von der Eigenlogik der Lerner abhängig und deshalb notwendig auch spezifisch	- Welche Vielfalt (z.B. unterschiedliche Lösungen) lässt die Lernaufgabe zu? - Wie können die Lernenden an der Konstruktion des Gegenstandes „beteiligt" werden?	- Wie können Selbstlernprozesse professionell „hilfreich" begleitet und „evaluiert" werden? - Wie können die Lernenden „Richtigstellungen" selbst erarbeiten?

Abb. 2 Beispiel: „Wirkungsoffenheit" als didaktischer Aspekt

Vor dem Hintergrund der erwähnten kognitiv-emotionalen Rekonstellierungs-tendenzen ist für mich Dein Hinweis wichtig, dass wir das Lehr-Lernverhältnis „(…) nicht nur als kognitiven Prozess, sondern auch als sozialemotionalen Vor-gang der Vertrauens- und Sympathiebildung" (s. o.) in den Blick nehmen sollten, womit Du den Gedanken von der „emotionalen Konstruktion der Wirklichkeit" (Arnold 2005a;b) aufgreifst, welche nach meinem Eindruck eine weitere und grundlegende – wenn auch bislang übersehene – Rahmung von Lehr-Lern-Pro-zessen darstellt. Dies ließe sich auch hirnphysiologisch sowie entwicklungspsy-chologisch mit dem Hinweis untermauern, dass wir niemals wirklich aus unseren früh eingespurten Formen der emotional-kognitiven Weltaufordnung auszustei-gen vermögen[6], obgleich wir uns sehr wohl anderen Einsichten öffnen und neues Wissen aufzunehmen und neue Orientierungen zu entwickeln vermögen. Wie dieses Neue sich mit dem Alten verbindet und welche Anschlussmöglichkeiten dabei wirklich antizipiert und didaktisch inszeniert werden können, scheint mir – gegenüber Deinem Hinweis auf die „Vertrauens- und Sympathiebildung" – sekundär zu sein. Teilnehmerinnen und Teilnehmer steigen nicht auf ein lebens-weltorientiertes Arrangement von Lerngegenständen und Lerngelegenheiten ein, sondern auf dessen authentisches sowie glaubwürdiges Arrangement. Dies sagt ja letztlich auch Roth in dem von Dir ausgewählten Zitat (Roth 2003, S. 27).

---

[6] Der Wunsch ist in der Regel der Vater des Gedankens, wie unsere Alltagssprache weiß. Nicht automatisch ergibt sich daraus eine Infragestellung des freien Willens, wie Günther Ewald in seinem Leserbrief (Der Spiegel 4/2005, S. 12) zu den viel beachteten Statements von Peter Bieri (Der Spiegel 2/2005) schreibt: „Es zeigt, dass der freie Wille nicht den freiwilligen Akt initiiert. Die Handlung beginnt unbewusst – aber immerhin werden wir uns dessen bewusst, bevor wir sie tatsächlich ausführen. Uns bleibt immer noch Zeit, die geplante Bewegung vor der tatsächlichen Ausführung zu stoppen", wenn wir auch nicht immer die Kraft aufbringen, dies wirklich zu tun".

Du fragst: „Was bedeutet dies nun für eine Theorie des Lehrens?" Zunächst denke ich, dass auch die erwachsenendidaktische Diskussion einer doppelten Verkürzung unterliegt, die Du auch siehst: Es ist zum einen ihr kognitivistischer Bias, zum anderen ihre weitgehende Ausklammerung aller der personal-emotionalen Faktoren, die für das Gelingen von Bildung unverzichtbar sind – zumindest in den allermeisten Fällen, denn es gibt auch Fernstudium und eLearning, wo Bildung auch als Selbstbildung zu beobachten ist. Voraussetzung dafür, dass diese Selbstbildung gelingt, ist eine irgendwie „vorlaufend" zu gewährleistende Selbstlern- bzw. Methodenkompetenz der Lernenden – ein Aspekt, auf den die formalen Bildungstheorien bereits immer hingewiesen hatten, wenn sie diesen auch nicht vorlaufend zu denken vermochten, sondern in den unhintergehbaren Implikationszusammenhang von formalem und materialem Lernen rückten, wobei allerhand bildungstheoretische Mythen und Illusionen entstanden. Die mögliche – auch lernbiographische - Trennbarkeit von formaler und materialer Bildung ist ein nach meinem Eindruck noch nicht wirklich erkanntes Thema, obgleich uns die Debatten um das informelle Lernen in diese Richtung zu führen scheinen – ein Gedanke, auf den ich gleich zurückkommen werde, denn er verweist uns m. E. auch auf den Zusammenhang zwischen methodischer und emotionaler Kompetenzentwicklung.

Mir gefällt sehr gut, wie Du eindringlich auf die „Resonanz" bzw. „die Schwingung zwischen Personen" gewissermaßen als der tragenden Dimension, auf der sich auch Aneignung bzw. strukturelle Verkoppelung mit dem Lehrenden bzw. dem zu Lernenden leichter ereignen kann, verweist, zumal Lernende – wie Du sagst – „nicht den Stoff des Lehrers (lernen), sondern den Lehrer mit dem Thema, das er verkörpert". Wie gesagt, es gibt auch – zunehmend? – Selbstbildungsmöglichkeiten, doch halte ich Deine Hinweise auf den umfassenden Ermöglichungskontext, ohne den nichts oder wenig läuft, für zentral und wegweisend für die Entwicklung einer Erwachsenendidaktik, die an systemisch-konstruktivistische Einsichten wirklich anzuschließen vermag. Hierfür wäre es – wie schon angedeutet – m. E. hilfreich, von Ermöglichungs- und Gestaltungsfaktoren zu sprechen und gleichzeitig in anderer Weise auf die implikativen Wechselwirkungen zwischen den „klassischen" Dimensionen (Ziele, Inhalt, Methoden, Medien) zu schauen.

– II –

In zwei Wochen werde ich nach Peru aufbrechen, um einen Workshop mit dortigen pädagogischen Führungskräften durchzuführen. Der eigentliche „Kern" dieser Aufgabe ist der Versuch, etablierte und kulturell eingewurzelte Deutungsmuster mit neuen – wie wir meinen (!) – differenzierteren und weiterführenden Lesarten zu konfrontieren, um so die Chance zu schaffen, dass eigene – leistungsfähigere – Kriterien für erfolgreiche Schulentwicklung entwickelt werden (können), die nicht voraussehbar sind und ebenfalls voll und ganz der Eigenlogik der dortigen Erfahrungen und Routinen vorbehalten sind. Nur so funktioniert Entwicklungszusammenarbeit. Und auch Lehr-Lernprozesse sind eine Entwicklungszusammenarbeit, in der letztlich normative Ansprüche an die lernenden Subjekte herangetragen werden und mit deren Eigenansprüchlichkeit produktiv verschränkt werden können, wobei der Erfolg einer solchen „Verschränkung" nicht allein und noch nicht einmal in erster Linie von der Entschiedenheit und dem didaktischen Geschick dessen abhängig ist, der die Ansprüche „vorträgt". Und ebenfalls gilt auch hier die Erfahrung: Als „normativ" werden stets die Orientierungen der anderen eingestuft – eine Einschätzung, die ich auch in der Arbeit von Frank Berzbach wahrnehme, der zudem noch die Illusion schürt, Wissenschaft, insbesondere Erwachsenenpädagogik, sei wertfrei bzw. – wie er im Anschluß an Kade sagt – „amoralisch" (Berzbach 2005, S. 33), möglich.

Dies bezweifele ich. Zwar ist für mich die Studie von Berzbach – nicht nur, weil sie sich wohltuend von den bislang vorliegenden eifernden Konstruktivismuskritiken abhebt – klug und auch im Theorieteil stringent auf den Rationalitätsbruch zwischen Pädagogik und Erziehungswissenschaft bezogen, doch geht er dabei m. E. von einem Normbegriff aus, der undefiniert bleibt und „Normativität" als eine scheinbar von außen an den Gegenstand herangetragene Willkürlichkeit zu begreifen scheint. Die Frage, die mich bewegt, ist die, ob man den Gegenstand der Pädagogik überhaupt in dieser Weise „normfrei" beschreiben bzw. rekonstruieren kann, wenn man nicht zuletzt in einem luftleeren Raum landen möchte. Bereits „Bildung" ist ein Anstrengungsbegriff, der sich in seinem Gehalt durch die Differenz zur Nichtbildung erschließt, und diese Differenz evoziert erst in unterschiedlichen Kontexten – Luhmann würde von Kommunikationskontexten sprechen – ihre Normativität. „Normativität" ist somit eine Lesart, keine Eigenschaft der Argumente an sich. Es sind also die Rezeptionskontexte, die gewisse Differenzen mit einer normativen Spannung versehen, andere nicht – wie konnte dies Berzbach, der doch einer Rezeptionslogik nachspüren will, entgehen? So evozierte z. B. „Bildung" bei den Großgrundbesitzern, durch deren Einfluss Paolo Freire aus verschiedenen lateinamerikanischen Ländern gedrängt wurde, eine andere normative Gewichtung als bei seinen Mitstreitern. Es ist diese Vernachlässigung des Systemisch-Konstruktivistischen, was mich bei Berzbach stört; er bezieht sich zwar auf die Luhmannsche Systemtheorie, doch etwas selektiv, wie ich oben schon gezeigt habe. Denn Luhmann zumindest wusste, dass Systeme einander nicht verstehen, sondern nur in der Handhabung ihrer spezifischen Selbstreferenz beobachten können. Und die ist eben bei Paolo Freire eine andere als bei den erwähnten Großgrundbesitzern.

Deshalb geht es mir mit seinem Versuch, uns eine normativ aufgeladene Rezeption des Konstruktivismus nachzuweisen – mit übrigens einigen puristischen,

aber auch drolligen Bemühungen[7] –, so, dass ich meine, man kann nicht nicht-
normativ über den eigentlichen Gegenstand der Pädagogik nachdenken. Das
Normative – die Bildung oder Höherentwicklung des Menschen – konstituiert
geradezu ihren Fokus auf den Menschen, nur entspringt dieses Normative keiner
irgendwie quasinaturgesetzlichen Sachnotwendigkeit, sondern ist Ausdruck
einer kulturtypischen Unterscheidung. Dies ist – zugegebenermaßen – mit Luhmann selbst nur schwer zu rekonstruieren, weil er – wenn ich es richtig sehe – versucht, die Ethik aus der Pädagogik auszulagern, um schließlich ein blutleeres –
kann man sagen „kulturfreies"? – Subjekt zurückzulassen, das es zwar ebenfalls
nicht „gibt", welches er aber mit seiner Form der Differenzbildung konstruiert;
und es verwundert nicht, dass Luhmann und Kade gleichermaßen letztlich bei
der Leitdiffrenz „vermittelbar/nichtvermittelbar" landen, die dem Konzept der
Behaltensschulung entspricht, an den sehr viel weiter gespannten Anliegen von
Bildung und Kompetenzentwicklung aber vorbeizielen (vgl. Berzbach 2005,
S. 37).

Vielleicht müsste man hier auch unterschiedliche Differenzbildungen unterscheiden, die auch unterschiedliche Gegenstände konstruieren: die einer Entwe-
der-Oder-Differenz und die einer Steigerungsdifferenz, welche durch ein Potenzial („der Mensch als Schaffer seiner Möglichkeiten") aufeinander verweisen
und nicht nur durch ihre Gegensatzqualitäten voneinander abgegrenzt sind.
Wenn die Normativität konstitutiv zum Pädagogischen gehört, dann stellt sich
zudem die Frage nach ihrem Zustandekommen. Zwar ist schon viel gewonnen,
wenn in den pädagogischen Debatten nicht einerseits so getan wird, als argu-
mentiere man „wertfrei" – was wir in der „Konstruktivistischen Erwachsenenbildung" *nicht* tun, vielmehr legen wir unser normatives Differenzschema – wie ich
finde – (z. B. bei der Definition der Schlüsselbegriffe) offen! –, während man
zugleich seine eigenen Werturteile im Gewand des Sachlichen einführt. Werte
müssen vielmehr als das behandelt werden, was sie sind: *Entscheidungen mit
unterschiedlichen Resonanzböden in unterschiedlichen Systemen*, deren strukturelle Verkoppelung ja – wie uns Luhmann sagt – über geteilten Sinn erfolgt.
Doch „Sinn" ist in kultureller Kommunikation, hier meine ich ganz Luhmann zu
folgen, durch Bewertung konstituiert – durch Abgrenzung vom „Unsinn" –,
indem bestimmte Lesarten als anschlussfähig und weiterführend angesehen werden, andere hingegen nicht. Sinn entsteht in der Kommunikation und wird nicht

---

[7] So vermag ich z. B. den grundsätzlichen Verdacht, den er gegenüber Veröffentlichungen aus nichtwissenschaft-
lichem Kontext anbringt, nicht wirklich nachzuvollziehen. Was – bitte schön – soll an einem Interview, welche
Roth im Focus gegeben hat, „minderwertiger" sein als das, was er in der ZfPäd veröffentlicht hat. In diesem
Gestus tut er z. B. auch die Habilschrift von Gilbert Probst ab, indem er schreibt: „Die Bücher von Gerken
(1993), Probst (1987) und Semen (1993) sind nicht an die Wissenschaft adressiert" – was im erwähnten Fall nicht
stimmt – „sondern an betriebswirtschaftliche Praktiker" (Berzbach 2005, S. 101) – „na und?", ist man versucht
zu fragen. Es sind doch die Substanz und Wirksamkeit der Anregung, nicht der vermeintliche Adressatenbezug
bzw. die Intention des Autors, die zählen. Oder kommen nach Berzbach wissenschaftlich weiterführende Argumentationen nur aus Beiträgen, die sich explizit an die Wissenschaft wenden?

quasi hineingelegt, weshalb auch Frank Berzbach nicht etwas aus unserem Buch heraus-, sondern vielmehr hineinliest.

Du kennst ja das Watzlawick-Bomont „Wer einen Hammer hat, für den besteht die Welt aus lauter Nägeln!" Dies fand ich – bei aller Anregung, die mir seine Arbeit gab – auch bei Berzbach bestätigt. Er sucht nach werthafter Rezeption des Konstruktivismus und findet diese auch. Sie ist (auch) sein Produkt, d. h. das Ergebnis eines Fokus, der eine wertfreie Konstitution des Pädagogischen für möglich hält und damit selbst eine Haltung vertritt, der Werte als etwas Willkürliches erscheinen, weshalb er – wobei ihm der Gegenstand der Pädagogik vollends entgleitet – alle Werte gleich (als verzerrende Setzung) behandelt. Doch wem alles gleich gültig ist, dem wird das Pädagogische letztlich gleichgültig.

Soviel für heute

Dein Rolf

PS: Beim nochmaligen Durchlesen kamen mir meine Anmerkungen zu Berzbach doch etwas zu defensiv vor. Gern möchte ich deshalb in einem meiner nächsten Briefe seine anregende Wirkung auf mich noch etwas ausführlicher „würdigen".

Literatur

Arnold, R.: Didaktik –Methodik. In: ders./Nolda, S. / Nuissl, E. (Hrsg.): Wörterbuch Erwachsenenpädagogik. Bad Heilbrunn/OBB 2001, S. 72–75.

Arnold, R.: Die Systemik des pädagogischen Feldes. Pädagogischer Konstruktivismus 2.In: GEW-Zeitung Rheinland-Pfalz (Sonderbeilage), 113 (2004), 12, S. V–VIII.

Arnold, R.: Die emotionale Konstruktion der Wirklichkeit. Baltmannsweiler 2005a.

Arnold, R.: Die emotionale Konstruktion der Wirklichkeit. Pädagogischer Konstruktivismus 3. In: GEW-Zeitung Rheinland-Pfalz (Sonderbeilage), 114 (2005b), 1/2, S. IX–XII.

Arnold, R./ Schüßler, I. (Hrsg.): Ermöglichungsdidaktik. Erwachsenenpädagogische Grundlagen und Erfahrungen.Baltmannsweiler 2003.

Arnold, R./ Siebert, H.: Konstruktivistische Erwachsenenbildung. Von der Deutung zur Konstruktion von Wirklichkeit. 4. unveränderte Auflage. Baltmannsweiler 2003.

Berzbach, F.: Die Ethikfalle. Pädagogische Theorierezeption am Beispiel des Konstruktivismus.Braunschweig 2005.

Giesecke, M.: Auf der Suche nach posttypographischen Bildungsidealen. In: Zeitschrift für Pädagogik, 51(2005)1, S. 1–13.

Luhmann, N.: Systeme verstehen Systeme. In: ders.: Schriften zur Pädagogik. Hrsg. Von Dieter Lenzen. Frankfurt 2004, S. 48–90.

Luhmann, N./Schorr, E.: Intransparenz und Verstehen.Frage an die Pädagogik. Frankfurt 1986.

Preuss-Lausitz, U.: Heterogene Lerngruppen. Die Chance für mehr Lernwirksamkeit und Erfahrungsreichtum. Vortrag auf der Tagung von GGG, GEW, Grundschulverband und Aktion Humane Schule vom 30.1.2004 in der IGS Neumünster-Faldera/Schleswig-Holstein. PISA-INFO 42/2004.

Winkel, R.: „Na, dann standardisiert mal schön!" In: PädForum 33/24(2005), 1, S. 5–6.

Sechster Brief:

Selbstreferenz, Normativität und Konstruktion

Februar 2005

Lieber Rolf!

Stichwort Selbstreferenz

Vielen Dank für Deinen Text, der – für mich – einiges geklärt hat. Dies gilt z. B. für deinen Hinweis auf den Verstehensbegriff N. Luhmanns. Dass Verstehen die „Referenz auf Selbstreferenz" voraussetzt, unterscheidet sich von den herkömmlichen empathischen und emphatischen Verstehensbegriffen. Wenn Luhmann das „Verstehen von Kommunikation" betont und nicht das Verstehen von Personen, so unterscheidet er sich allerdings auch von der Gehirnforschung à la Roth, der die (pädagogische) Bedeutung der „Lehrperson" betont. Luhmann klammert – darauf weist Du hin – „personal-emotionale Faktoren" aus, die wir gerade wieder aufzuwerten versuchen. Aber dies zeigt lediglich, dass es auch in der Konstruktivismusdiskussion keine einheitliche „Position", sondern mehrere Beobachtungsstandpunkte gibt.

Überzeugend finde ich die von Dir betonte „Unhintergehbarkeit der Eigenlogik subjektiver Systemiken" – eine treffende und komprimierende Formel. Diese Einsicht legt es nahe, didaktisches Handeln „in Kontexten von Bedingungsfaktoren" zu begreifen. Ob daraus aber ein Verzicht auf didaktische „Entscheidungsfaktoren" resultiert, bezweifle ich. Auch die Teilnehmenden erwarten von der Kursleitung permanent Entscheidungen (auch die oft erwünschte Mitteilung „Jetzt machen wir eine Pause" ist eine solche Entscheidung). Die didaktischen Entscheidungen beziehen sich – wie Du es in Deinem Schema darstellst – weniger auf die Inhalte (das „was") und mehr auf die Prozesse (das „wie").

Vielleicht können wir uns darauf verständigen, dass die didaktischen Entscheidungen *Angebotscharakter* haben. Lehrende machen Angebote – mit Blick auf gemeinsame Lernziele – von denen die erwachsenen Lerner „Gebrauch machen" können. Unhintergehbar ist – für uns – die Erkenntnis, dass autopoietische, „sinnkonstruierende" „Systeme" nicht von außen determiniert werden können und dass die Teilnehmenden auch Fremdreferenzen (z. B. Prüfungsanforderungen) selbstreferenziell „bearbeiten". Diese Selbstreferenz sollten Lehrende achten und respektieren. Dazu gehört auch das, was früher als „pädagogischer Takt" bezeichnet wurde. Meist besteht zwischen Lehrenden und Lernenden ein wechselseitiger „Vertrauensvorschuss", der sich auf den Respekt vor der Selbstreferenz des anderen bezieht. Insofern hat der Begriff der Selbstreferenz, den Du wieder ins Gespräch gebracht hast, in pädagogischen Zusammenhängen eine didaktische, aber auch eine ethische Dimension.

So lässt sich der ethische Imperativ H. v. Foersters („handle so, dass weitere Möglichkeiten entstehen") erweitern: „Respektiere die sinnkonstruierende Selbstreferenz der anderen".

Stichwort Normativität

Ich stimme Dir zu, dass man „nicht nicht normativ" über Pädagogik nachdenken kann. Pädagogisches Handeln ist in jedem Fall zielgerichtet, intentional und damit an Normen orientiert. Insofern muss ich meine frühere Kritik an einer normativen Pädagogik revidieren oder zumindest differenzieren. Auch das pädagogische Ziel des „Lernen lernens" basiert auf einer anthropologischen Norm. Die Normen sind aber nicht objektiv, keine „Eigenschaft der Argumente an sich", sondern Normativität ist – wie Du schreibst – eine Lesart. Daraus folgt, dass sich die Pädagogik ihrer Normen reflexiv vergewissern muss. Eine reflexive Pädagogik ist sich bewusst, dass moralische Normen beobachtungsabhängig und somit relativ, also kultur- und milieuspezifisch sind.

Eine reflexive Pädagogik begründet einen normativen Lernbegriff, der auf die „Erweiterung menschlicher Möglichkeiten", auf die Optimierung der „Selbstorganisationskompetenz" gerichtet ist. Eine solche Normativität respektiert die Selbstreferenz und die „Eigenlogik subjektiver Systemiken". Eine reflexive Pädagogik distanziert sich von einer appellativen Postulatpädagogik. Konstruktivistisch ist es nicht zu legitimieren, dass PädagogInnen verbindlich festlegen, was die Lernenden zu tun und zu denken haben. Die heimliche Unterscheidung zwischen dem „richtigen Bewusstsein" der Lehrenden und dem (noch) „falschen Bewusstsein" der Lernenden verträgt sich nicht mit der konstruktivistischen Erkenntnistheorie. Hinzu kommt, dass eine solche Erziehungsabsicht zumindest in der Erwachsenenbildung auch unrealistisch, d. h. nicht realisierbar ist: Autopoietische Systeme lassen sich nicht „umerziehen".

Nicht nur legitim, sondern auch wünschenswert ist eine „normative Pädagogik" in dem Sinn, dass Normen und Werte, Ethik und Moral Lerninhalte werden und reflexiv bearbeitet werden. Dabei geht es darum, die „Beobachtungsperspektiven", die Unterscheidungen und Leitdifferenzen auf ihre Allgemeingültigkeit und Konsensfähigkeit hin zu befragen.

Auch hier stimme ich Dir zu, dass wir in der Pädagogik mehr „Beschreibungs- statt Beobachtungskategorien verwenden." Dies meint auch Siegfried Schmidt:

„Es geht allein darum, was *wir* als gut und als böse *bezeichnen und empfinden* und wann wir diese Attribute verwenden, und nicht darum zu sagen, was gut und was böse *ist*" (Schmidt 2003, S. 116 f.).

Frank Berzbach schreibt: „Über die Rezeption nichtnormativer Theorien Distanz zur Normativität zu gewinnen, führt die Autoren (Dich und mich, H. S.) in eine 'Ethikfalle'" (Berzbach 2004, S. 187). Doch auch er weiß keinen Ausweg aus diesem Dilemma: „Die Didaktik gerät so zwischen den verschiedenen Wissensordnungen aus normativ-ethischer Perspektive unter Stress. Sie hat aber keine andere Wahl, wenn sie weiterhin an die Wissensproduktion der (Erziehungs-)Wissenschaft – wie lose auch immer – gekoppelt sein will." (ebd.). Dem kann ich zustimmen.

Stichwort Konstruktion

Bisher habe ich den Begriff „Wirklichkeitskonstruktion" eher undifferenziert verwendet. Es empfiehlt sich, zwischen unterschiedlichen „Konstruktionsarten" zu differenzieren. Solche Modalitäten der Welterzeugung sind z. B.:

– einen wissenschaftlichen Text verstehen
– ein Gedicht schreiben
– im Team mit anderen ein Konzept erarbeiten
– sich von einer religiösen Überzeugung trennen
– ein Bild malen
– seine Biografie schreiben
– sich in einer Bürgerinitiative engagieren

Kersten Reich hat drei Konstruktionsformen unterscheiden:

– (Neu-)Konstruktion
– Rekonstruktion
– Dekonstruktion

Der Begriff *Konstruktion* verweist auf die produktive, kreative Erzeugung von Wirklichkeiten. *Rekonstruktion* meint die Beschäftigung mit fachlichem, wissenschaftlichem Wissen – z. B. das Wissen der Schulfächer und Studiendisziplinen. Dieses Lehrbuchwissen wird „rekonstruiert", d. h. es wird uminterpretiert, in die vorhandenen Deutungsmuster integriert, mit biografischen Erfahrungen und Vorkenntnissen „synthetisiert".

Dekonstruktion ist der Abbau, die Distanzierung von Überzeugungen, von Weltanschauungen und Wertmaßstäben, die sich nicht mehr als passend, als „viabel" erweisen.

Ich schlage noch zwei Ergänzungen vor: *Selbstkonstruktion* als die Modellierung der eigenen Identität. Biografien werden in jeder Lebensphase neu geschrieben; die Vergangenheit ist nicht vergangen, sondern wird in der Gegenwart immer wieder neu erfunden. Das „Selbst" entsteht aus dem, was Peter Alheit „Biographizität" nennt. *Ko-Konstruktion* ist die gemeinsame Suchbewegung mit anderen, die gegenseitige Perturbation, die Differenzerfahrung, aber auch die

Entdeckung konsensueller Welten. Trotz aller Individualisierung leben wir doch in Deutungsgemeinschaften.

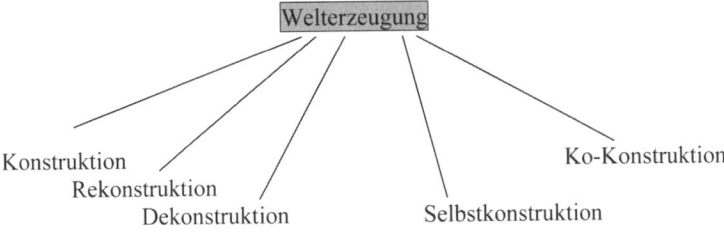

Abb. 3 Welterzeugung

Die Konstruktion von Wirklichkeiten enthält folgende Komponenten:

1. Der Wirklichkeitskonstruktion liegen *Beobachtungen* zugrunde. Beobachtungen bestehen aus (selektiven) Wahrnehmungen, (semantischen) Beschreibungen und (normativen) Unterscheidungen.

2. An der Konstruktion von Wirklichkeit sind außer sensorischen Wahrnehmungen auch Erinnerungen, körperliche Empfindungen, Kognitionen und Emotionen beteiligt.

3. Wirklichkeitskonstruktionen sind *intentionale, sinnkonstituierende Aktivitäten.* „Sinn" entsteht durch das Erschließen von (kausalen und finalen) Zusammenhängen.

4. Durch sinnvolle Komplexitätsreduktion wird „Ordnung im Kopf" hergestellt, die eine *Orientierung* in einer unübersichtlichen Welt ermöglicht. Diese Ordnungen sind die Grundlage unseres Wissens.

5. Eine solche Orientierung ist Voraussetzung für lebensdienliche *Handlungen* L. Ciompi spricht von „Fühl-Denk-Verhaltensprogrammen".

6. Solche handlungsleitenden Programme autopoietischer Systeme sind *strukturell gekoppelt* mit der Konstruktion der „Ko-Konstrukteure". Eine solche Kopplung schafft konsensuelle „Verständigungsinseln" und ist – trotz aller Selbstreferenz – Voraussetzung für erfolgreiches Handeln. Wir setzen uns mit anderen „zusammen" und „auseinander".

7. Konstruktion und Rekonstruktion ist ein *lebenslanger Prozess*, der allerdings mit zunehmendem Alter in relativ veränderungsresistenten Spuren und Netzwerken verläuft. Erwachsene sind lernfähig im Rahmen von „Driftzonen", deren Spielräume aber mehr und mehr reduziert werden.

Stichwort: Differenzierungen des Konstruktivismus

Die Konstruktivismusdiskussion hat sich in den vergangenen zwei Jahrzehnten zunehmend differenziert, aber auch „entgrenzt". „Konstrukt" und „Konstruktion" sind zu Modebegriffen, häufig zu Worthülsen geworden. Nicht überall, wo Konstruktivismus „drauf" steht, ist auch Konstruktivismus „drin". Siegfried Schmidt, dessen Sammelband zum „Diskurs des radikalen Konstruktivismus" 1987 wesentlich zur Verbreitung dieses Konzepts in Deutschland beigetragen hat, spricht inzwischen von einer „alt-konstruktivistischen Subjektfixiertheit". In seinem Buch „Geschichten & Diskurse" erteilt er „allen Varianten eines 'Vulgärkonstruktivismus'" eine Absage (Schmidt 2003, S. 224) und kündigt im Untertitel sogar einen „Abschied vom Konstruktivismus" an. Zur Zeit lassen sich – vereinfacht – folgende Strömungen unterscheiden:

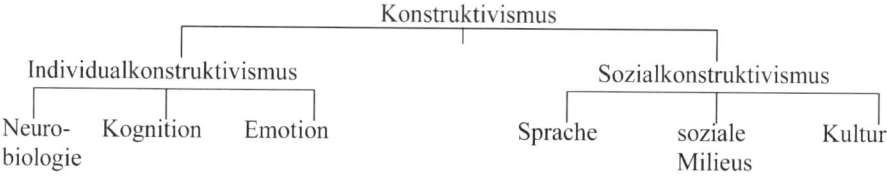

Abb. 4 Varianten des Konstruktivismus

Der Konstruktivismus war von Anfang an keine geschlossene Theorie oder gar eine neue, kohärente Wissenschaftsdisziplin, sondern eher eine – im Vergleich zum ontologischen oder realistischen Denken – veränderte Beobachtungsperspektive, eine andere – wie Du schreibst – „Weltaufordnung".

Ein Erkenntnisfortschritt, aber zugleich ein wissenschaftstheoretisches Problem ist der interdisziplinäre Diskurs. Folgende Wissenschaftsdisziplinen haben einen Beitrag zu diesem „Denkgebäude" geleistet (wobei die Aufzählung keineswegs vollständig ist) (vgl. Abb. 5).

Nun entsteht eine interdisziplinäre Weltsicht nicht bereits dadurch, dass die Wissensbestände und Schlüsselbegriffe verschiedener Disziplinen addiert oder kombiniert werden. Die disziplinären Logiken müssen zueinander passen, sie müssen miteinander vernetzt werden. Und diese Passungen – z. B. von Autopoiese und Autonomie, von Viabilität und Vernunft, von Beobachtung II. Ordnung und Bildung – sind in der pädagogischen Diskussion strittig.

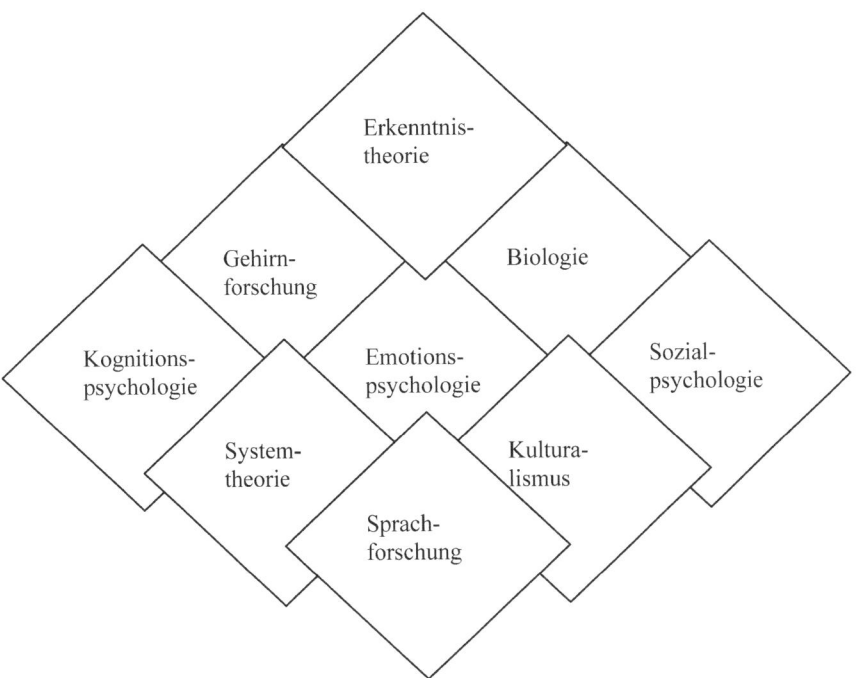

Abb. 5 Disziplinen des Konstruktivismus

Kontrovers diskutiert wird das Verhältnis der Systemtheorie N. Luhmanns, auf die Du eingegangen bist, zur *Neurobiologie.* Der Stellenwert der Neurowissenschaften wird auch innerhalb der konstruktivistischen „Fraktion" nicht einheitlich beurteilt (vielleicht auch nicht zwischen uns beiden).

Es ist m. E. evident, dass die Neurobiologie (vor allem H. Maturana, F. Varela) und die Gehirnforschung wesentliche Begriffe geprägt haben, die sich dem Paradigma der *Selbstorganisation* zuordnen lassen, z. B. Autopoiese, Selbstreferenz, Strukturdeterminiertheit, operationale Geschlossenheit, Ko-evolution.

Andererseits sind die Forschungsmethoden der Neurowissenschaften empirisch-naturwissenschaftlich, so dass die konstruktivistische Kategorie der *Beobachtungsabhängigkeit* der Wirklichkeit für sie nur eingeschränkt gültig ist. Zwar werden auch NeurowissenschaftlerInnen nicht bestreiten, dass ihre Ergebnisse von Prämissen und den Forschungsinstrumenten geprägt werden, aber die Messung neuronaler Prozesse lässt sich doch eher einem „realistischen" und „naturalistischen" Wissenschaftsverständnis zuordnen. So entsteht eine „Falle" – um die Metapher von F. Berzbach aufzugreifen –, dadurch dass der konstruktivistische Antirealismus empirisch-realistisch „plausibilisiert" wird. Die neurophysiologische „Realität" des Gehirns als „Wirklichkeitskonstrukteur" wird selber nicht in Frage gestellt.

Diese Widersprüche sind den konstruktivistischen Denkern nicht verborgen geblieben. M. E. wäre es aber ein Erkenntnisrückschritt, würde die konstruktivistische Pädagogik neurowissenschaftliche Forschungsergebnisse wieder ausklammern, ignorieren oder „invisibilisieren".

Mir erscheint der Vorschlag des Gehirnforschers Gerhard Roth plausibel, die philosophische und die neurowissenschaftliche Perspektive des Konstruktivismus als unabhängig zu betrachten, aber doch aufeinander zu beziehen. Gemeinsam ist beiden Perspektiven die Unmöglichkeit objektiven Wissens bzw. die neurobiologische Konstruktivität der Wahrnehmung. Jedoch ist die konstruktivistische Erkenntnistheorie unabhängig von der Gehirnforschung entstanden. Umgekehrt müssen Neurowissenschaftler keine „radikalen Konstruktivisten" sein. S. Schmidt geht mit seinem Vorschlag einer kulturalistischen Betrachtungsweise einen Schritt weiter: „Der Diskurs des (radikalen) Konstruktivismus ist bisher einseitig naturwissenschaftlich orientiert und braucht eine kulturwissenschaftliche Erweiterung" (Schmidt 1994, S. 19).

Für den radikalen wie für den sozialen Konstruktivismus gilt die These, dass Wirklichkeit nicht die Voraussetzung, sondern das Ergebnis des Erkennens ist. Die philosophische Variante des Konstruktivismus unterscheidet sich von der neurobiologischen Variante u. a. durch die Verwendung der Kategorie „*Sinn*". Beobachter konstruieren Wirklichkeiten aufgrund kultureller und biografischer „Sinnorientierungsoptionen" (Schmidt 2003, S. 34).

Durch die Kategorie Sinn aber ist der Konstruktivismus m. E. anschlussfähig an die humanistische Bildungstheorie. Bildung heißt: sich reflexiv des gesellschaftlichen und persönlichen Sinns zu vergewissern. Wirklichkeitskonstruktionen sind also nicht „beliebig", wie von unseren Kritikern oft behauptet wird, sondern sie können – und sollten – auf ihren „Sinn" hin befragt werden, denn: „Wir können uns nicht vorstellen, etwas zu tun, was nicht mit Hilfe der Kategorie 'Sinn' beobachtet wird." (ebda. S. 40).

Stichwort Zeitdimension

Bei der Frage nach der Konstruktion von Wirklichkeiten ist die Zeitdimension bisher vernachlässigt worden. Siegfried Schmidt spricht von „prozessbedingten Wirklichkeiten" (Schmidt 2003, S. 82). Da die Wirklichkeiten beobachtungsabhängig sind, verändern sich unsere Wirklichkeiten, indem wir uns verändern – und wir verändern uns, indem sich unsere Wirklichkeitskonstrukte verändern. Die Metapher „man steigt nicht zweimal in denselben Fluss" heißt auch: man konstruiert nicht zweimal dieselbe Wirklichkeit. „Panta rhei" heißt es bei Heraklit: alles ist im Fluss. Wirklichkeitskonstruktion erfolgt stets hier und jetzt – aber immer vor dem Hintergrund früherer Erfahrungen und (fast) immer im

Blick auf die Zukunft. S. Schmidt zitiert Augustinus, den großen Philosophen: „Es gibt drei Zeiten: die Gegenwart des Vergangenen, die Gegenwart der Gegenwart und die Gegenwart des Künftigen" (ebda. S. 85). Jede Wahrnehmung, jeder Denkvorgang, jeder Lernprozess hat eine historische Dimension: jedes Erkennen ist ein Wiedererkennen, jedes Sehen ist ein „Wieder-sehen". Wir sehen und hören nur das, was wir schon kennen gelernt haben.

Auf diese biografische Verankerung aller Lernprozesse verweisen die konstruktivistischen Schlüsselbegriffe „Anschlussfähigkeit", „Selbstreferenz", „Rekursivität".

Doch die Vergangenheit ist nicht nur eine Voraussetzung unseres Erkennens, Vergangenheit ist selber ein Konstrukt. Der amerikanische Wissenschaftler Daniel Schacter hat ein Buch geschrieben mit dem Titel: „Wir sind Erinnerung". Das heißt auch: Unsere Identität besteht aus unserer Lebensgeschichte, mehr noch: wir erfinden unsere Geschichte ständig neu. Unsere Vergangenheit ist nichts Abgeschlossenes, sondern wir konstruieren permanent unser Leben.

So gesehen ist jeder Lernprozess in der Erwachsenenbildung „biografisches Lernen". Lehrende und Teilnehmende betreten einen Seminarraum jeweils mit ihrem „biografischen Gepäck". Erwachsene lernen, indem sie diese Ressourcen nutzen und aktivieren, aber auch indem sie hemmende Lernerlebnisse rekonstruieren.

Biografisches Lernen hat aber auch eine Zukunftsdimension. Wirklichkeitskonstruktion ist nicht nur Wahrnehmung und Erkennen der Gegenwart, sondern auch Gestaltung der Zukunft. Zugespitzt: Wissen ist Aufschichtung von Erkenntnissen in der Vergangenheit; Lernen dagegen ist intentional und zukunftsgerichtet. Wir lernen eine Fremdsprache, um uns in Zukunft verständigen zu können. Jeder Finalsatz („um zu …") ist ein Blick in die Zukunft.

Wenn A. Schopenhauer die „Welt als Wille und Vorstellung" beschreibt, dann betont er die Zukunftsdimension unseres Erkennens, Vergangenheit ist selber ein Konstrukt. Wir stellen uns vor, „was uns bevorsteht", unsere Vorstellungen enthalten Wünsche und Befürchtungen, Visionen und Phantasien, Bilder vom Paradies und von der Hölle.

Wir konstruieren in vielfältiger Weise unsere Zukunft. Diese Zukunftsbilder sind eingebettet in „Affektlogiken" (L. Ciompi), d.h. pessimistische und optimistische, euphorische und melancholische Muster.

Zukunftskonstruktionen sind nicht nur bewusste, rationale Entwürfe und Antizipationen, sondern auch Träume, Ahnungen, Imaginationen. Zukunftsvisionen sind oft „mitlaufende" Stimmungen und „Hintergrundwissen".

Auf diese „verdunkelte" Seite unserer Welt verweist Wolfram Hogrebe in seinem Essay „Ahnung und Erkenntnis": „Ahnungen kommen über uns, ja sie können uns sogar *beschleichen* und sie tun es schon im Dunkeln" (Hogrebe 1996, S. 13).

Wir ahnen etwas „durch den Schleier der Wahrnehmung hindurch", uns „däm-
mert" etwas. Hogrebe spricht von einem „Wahrnehmungsschleier". Ahnung ist
ein Gespür für Kommendes. Diese Ahnungen basieren weniger auf expliziten
Kenntnissen, sie erinnern uns „dunkel" an ähnliche Situationen, an einen
bestimmten Typus von Ereignissen. „Situationsdiagnostische Ahnungen von
Schleiern des Nicht-Wissens personalen Verhaltens sind meist sehr hilfreich"
(ebda. S. 19).

Ahnungen können nicht logisch oder empirisch bewiesen werden. Sie speisen
sich aus Lebenserfahrungen, die in neuronalen „Arealen" gespeichert sind und
die bei bestimmten Anlässen aktualisiert werden. Ahnungen täuschen, da die
aktuelle Situation nie mit der früheren identisch ist und da wir nie vor Überra-
schungen „sicher" sind. Aber wer viel erfahren und erlebt hat, verfügt über
reichhaltige Reservoire an intuitivem Wissen.

Umgangssprachlich ist von „Fingerspitzengefühl" die Rede, d. h. unser Gespür
für Problemlösungen hat sich verkörpert. Ahnungen äußern sich als körperliche
Empfindungen (vgl. Damasio 2000)

„Ahnungen sind also epistemische Zustände, die Vorgriffscharacter haben, vage
Repräsentationen für etwas, was epistemisch anders noch nicht zugänglich ist"
(Hogrebe 1996, S. 21).

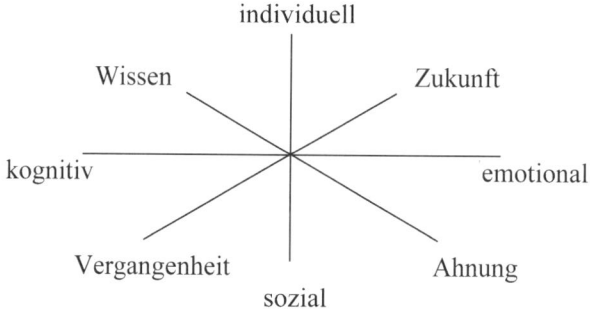

Abb. 6 Dimensionen der Wirklichkeitskonstruktion

Literatur

Berzbach, F.: Die Ethikfalle. Bielefeld 2005.
Damasio, A.: DescartesÌrrtum. München 2000.
Hogrebe, W.: Ahnung und Erkenntnis. Frankfurt 1996.
Reich, K.: Konstruktivistische Didaktik. Neuwied 2002.

Siebter Brief:

Von der Literalen Bildung und dem „linguistic turn"

März 2005

Lieber Horst,

vielen Dank für Deinen Brief, der einige Nachdenklichkeit in mit ausgelöst hat. Wie Du weißt, denke ich im Augenblick u. a. über die „Literalität" von Bildung nach – die sich mir immer mehr als ein verbindendes Konstrukt darstellt –, wobei mich insbesondere die Arbeiten von Michael Giesecke beschäftigt haben, der ja die „Mythen der Buchkultur" (Giesecke 2002) im Hinblick auf ihre Tragfähigkeit in der Informationsgesellschaft analysiert und dabei durchaus auch bildungstheoretische Hinweise entwickelt, die zumindest teilweise Klärung bringen, viele Fragen aber auch überhaupt oder nochmals mit veränderter Akzentsetzung in den Blick rücken. Deshalb möchte ich Dir meine Nachdenklichkeit in dieser Frage, zu der mich Deine Zeilen inspiriert haben, in aller Vorläufigkeit offenbaren, wobei ich sehr auf Deine Reaktion gespannt bin.

– I –

Das erwachsenenpädagogisch Interessante an dem Versuch von Michael Giesecke ist nach meinem Eindruck – wie ich schon in meinem letzten Brief andeutete – die Relativierung des gutenbergschen Wissensbegriffes, welcher Wissen mit der textgebundenen Präsentationsform weitgehend identifiziert, in dieser Form auch unseren didaktischen Inhaltsbegriff bestimmt und eine Kompetenzerwartung transportiert, die möglicherweise gar nicht mehr zeitgemäß und durch Widersprüchlichkeiten sowie Ungleichzeitigkeiten geprägt ist[1]. In diesem Sinne wirft Clemens Albrecht – Soziologe der Universität Koblenz – die Frage auf, ob

„(...) wir mit und in Pisa (vielleicht) weit mehr ein bildungsbürgerliches Ideal von Lesekompetenz aus dem 19. Jahrhundert als die im 21. Jahrhundert erforderlichen sozialen Kompetenzen (messen)" (Albrecht 2005, S. 158),

und wir nicht viel stärker – gewissermaßen losgelöst von unserer vertrauten Konstruktion von textgebundener Intellektualität und Bildung – nach deren „funktionaler Bewährung im Leben" (ebd.) fragen sowie deren „ständige Anpassung an die technologische und soziale Entwicklung" (ebd.) im Blick behalten und befördern müssten. Er stellt fest:

---

[1] Clemens Albrecht greift auf Platon zurück, der in seinem Phaidon sein „Misstrauen gegenüber der Schrift" (Albrecht 2005, S. 159) folgendermaßen begründet: „Sie schwäche das individuelle Gedächtnis, biete als stummer Text keine Antwortmöglichkeit für den Lesenden und habe als Geschriebenes keinen konkreten Adressaten, weshalb ein Autor auch nicht für ihren Inhalt einstehen müsse" (ebd.).

„Die Konsequenzen der Literalität können wir heute ermessen, die Konsequenzen der Visualität können wir nur erahnen" (ebd., S. 159),

und öffnet dadurch auch – wie ich meine – einen „fremden Blick" auf das, was wir bildungstheoretisch sowie erwachsenendidaktisch entwickeln, wenn wir nach den Formen und Möglichkeiten „erwachsenengemäßen und kompetenzbildenden Lernens" einerseits sowie nach einer substanziellen Bestimmung „gelungener Bildung" (W. Mader) andererseits suchen. Gerade die Frage nach der tatsächlichen kompetenzbildenden Kraft von Wissen führt uns m. E. deutlich über dessen textgebundenen Erscheinungsformen, welche nicht nur die universitären Lernkulturen prägen, aber auch einengen, hinaus, wobei es zugegebenermaßen schon etwas Paradoxes hat, einen Text zu schreiben, der die Grenzen der Textlichkeit beleuchtet. Sollten wir insgesamt weniger Texte schreiben und mehr kommunizieren? Sind das Sprechen, Begründen, Abwägen, Nachgeben, Streiten, Aushalten, Gegenhalten etc. vielleicht die eigentlichen Handlungssituationen, in denen sich sprachgebundene Kompetenz zeigt, während „Literacy" uns – unter Verlängerung traditionaler Textüberschätzung – nichts an Bildung zu stiften vermag, was über Teilhabe am symbolischen Kapital „Kultur" wirklich hinausgeht – und somit weiter „auf den Holzweg führt". Diese „buchkulturelle" Bildung ist zudem von einer grandiosen Insuffizienz, wie u. a. die von Jürgen Wittpoth unlängst in Erinnerung gerufenen Ergebnisse der OECD-Vergleichsstudie „Grundqualifikation, Wirtschaft und Gesellschaft" (OECD 1995, S. 38 ff) deutlich zeigen:

„In der Kategorie ›Textverständnis‹ bewegen sich 48 % auf den beiden untersten von insgesamt 5 Literaritätsstufen. Das bedeutet konkret:

– 14,4 % entnehmen einem schlicht gehaltenen Beipackzettel keine einzige Information;

– weitere 34,2 % entnehmen einem Text eine oder mehrere ›unter erschwerten Bedingungen‹: es gibt ›ablenkende‹ Formulierungen oder es werden einfache Schlussfolgerungen verlangt.

– Das Niveau, einer Fahrradmontageanleitung zu entnehmen, wie überprüft werden kann, dass der Sattel in der richtigen Position angebracht ist, erreichen beinahe 50 % *nicht* mehr (die annähernd 5 % funktioneller Analphabeten müssen dann noch hinzu gerechnet werden)" (Wittpoth 2005, S. 34).

In Peru bin ich mit anderen Implikationen des literalen Wissensbegriffes konfrontiert worden (weil ich nach ihnen gesucht habe), da es dort – wie in vielen lateinamerikanischen Ländern – überwiegend nichtliterale Kulturen gibt, die sich auch bewusst von der dominanten spanischsprachigen Schriftkultur abheben und abgrenzen sowie auch eine eigenständige pädagogische Würdigung erfahren, die Literalität und Illiteralität als eigenständige soziale Praktiken verstehen (Barton/Hamilton 2004) und darin gar ein revolutionäres Potenzial der Tradition zu erkennen glauben (Schweppe 1992). „Obwohl wir nicht lesen" – so die Äußerung eines Campesinos – „denken wir doch andauernd" (Zavala 2002,

S. 1) – und in diesem kontinuierlichen Prozess der Weltdeutung und Welterzeugung werden auch *die* Lesarten und Kompetenzen entwickelt und geteilt, die sich für das Überleben in dem gesellschaftlich-kulturellen Kontext als notwendig herausgebildet haben. (Ob und inwieweit diese Kompetenzen „Entwicklung" ermöglichen, ist eine gute Frage, die wir aber letztlich nur schwer beantworten können, weil wir – außer dem eurozentristischen Bild der industriegesellschaftlichen Zivilisation – kein universales Entwicklungskonzept haben.)

Wir verfügen m. E. ebenfalls noch nicht wirklich über ein Verständnis von Kompetenz und Kompetenzentwicklung, welches sich „Wissen" anders als in textgebundener bzw. prinzipiell vertextbarer Form vorzustellen vermag. Und solange wir das nicht haben, „krankt" unsere erwachsenendidaktische Debatte auch darunter, dass wir „Inhalt nicht wirklich aus seiner Funktionalität für die Gestaltung der lebensweltlichen und gesellschaftlichen Umwelt heraus (neu) zu definieren vermögen, wobei ich durchaus zu erkennen meine, dass die erfahrungsorientierte Erwachsenenbildung – zu der ich auch den Deutungsmusteransatz zähle – vom Ansatz her noch am dichtesten „dran" gewesen ist, dann aber – wie man bei Wiltrud Gieseke nachlesen kann – irgendwie durch die konstruktivistische Provokation „den Bezug zur Realität" (wenn Du mir dieses Wortspiel erlaubst) verloren hat:

„Erfahrungsorientierung ist immer noch eine Hülle für alle Aktivitäten, das Subjekt mit den eigenen Wissensbeständen, Ansichten, artikulierten Interessen und Motivationen vor dem Hintergrund seiner Deutungen im Lernprozess zum Zuge kommen zu lassen, um Anschlusslernen zu ermöglichen. Auch bei unterschiedlichen theoretischen Grundlagen, ob Phänomenologie, wissenssoziologische Fundierung oder marxistische Orientierung, wurde davon ausgegangen, dass das Individuum eine Realität verarbeitet und sich korrespondierend mit dieser Realität weiterentwickelt, Wirklichkeit interpretiert, neu deutet, umdeutet; hierbei handelte es sich um eine Wirklichkeit außerhalb des Subjektes. Bei aller Differenz in der Interpretation ging man aber von einer gleichen Wirklichkeit aus. In der aktuellen Rezeption des Konstruktivismus ist dies nicht mehr der Fall. Aus konstruktivistischer Sicht gibt es keine Realität, die zum Subjekt vordringt, da es als geschlossenes System agiert und nur das aufnimmt, was für das Verfolgen eigener Lernprojekte brauchbar ist" (Gieseke 2001, S. 83).

Vielleicht würde uns *eine systemisch-konstruktivistische Neubestimmung des „Erfahrungsbegriffes"* hier weiterhelfen und uns auch – da „Erfahrung" immer schon zum „Gegenstand" der Erwachsenenbildung zählte – zu einer postgutenbergschen Erweiterung des erwachsenendidaktischen Inhaltsbegriffes sowie zu einer angemesseneren Beurteilung der kompetenzbildenden Wirkung von Wissen führen. Mein Eindruck ist, dass „implizites Wissen" (Polany 1985) ein Erfahrungswissen ist, obgleich es als solches nie wirklich verstanden worden ist. Zwar hat Michael Polany bereits selbst für mich überzeugend dargelegt, „(…) dass wir mehr wissen, als wir zu sagen wissen" (ebd., S. 14), doch ging das Aufgreifen des Begriffs des „impliziten Wissens" stets mit der mehr oder weniger unausge-

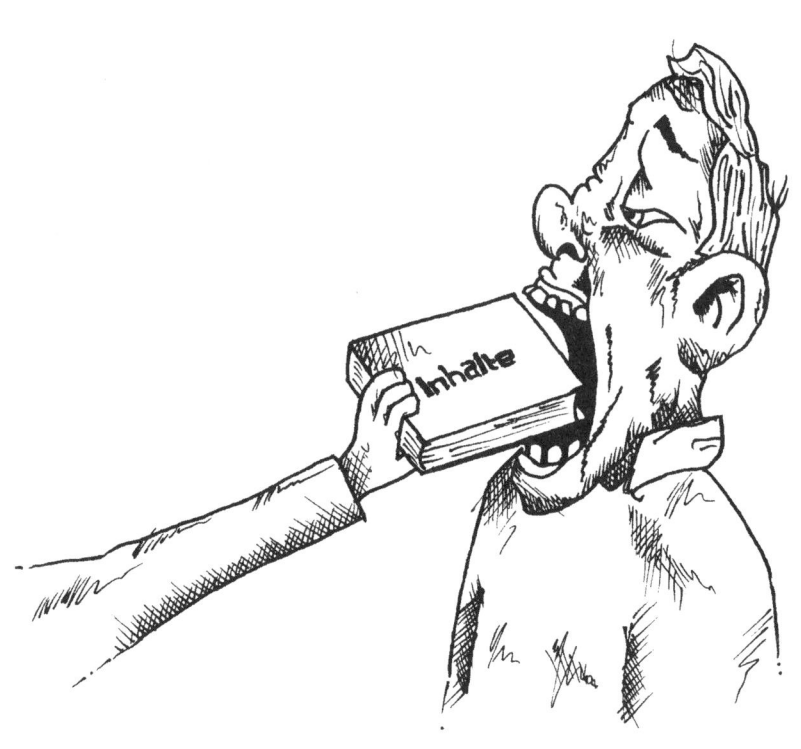

sprochenen Annahme einer, dass sich dessen kompetenzbildende Kraft nur im Wege seiner Explizierung (für sich selbst und – in lernenden Organisationen z. B. – für andere) zu erweisen vermag. Deshalb – und vielleicht auch wegen der literalen Lernkultur in unseren Bildungseinrichtungen, die *eine Lernkultur des Expliziten* ist – fehlt bis heute eine Didaktik der impliziten Kompetenzentwicklung[2], während doch gleichzeitig die sich wandelnde Gesellschaft das Subjekt zunehmend mit Anforderungen konfrontiert, für deren Bewältigung man Kompetenzen benötigt, über deren Förderung und Entwicklung unser auf „Literacy" verengter Blick erst wenig zu erkennen vermag. Nach meinem Eindruck ist es dies, was Clemens Albrecht meint, wenn er seine Analyse mit der Feststellung schließt, dass

„die Ausbildung einer Lesekultur, die Literalisierung ganzer Gesellschaften also reversibel (ist). Insofern lebt auch hier die schulische Leseförderung von Voraussetzungen, die sie selbst nicht reproduzieren kann" (Albrecht 2005, S. 165).

Vielleicht fragst Du Dich, was diese Überlegungen mit Deinen Ausführungen zu tun haben. Nach meinem Eindruck ist es so, dass die von Dir aufgegriffene „Selbstreferenz" uns in erster Linie auf das „implizite Wissen" verweist, während Bildung, die ich – wie gesagt – überwiegend in ihrer literalen Form vorfinde, auf Explizierbares bezogen ist. In ihr bringt uns der Buchstabe über den Text in Kontakt mit dem Anderen, der ebenfalls diesen Text liest, so dass wir uns über etwas Drittes verständigen können oder zumindest augenscheinlich einen gemeinsamen Referenzpunkt haben. *Das Textliche ist gewissermaßen eine Zwischenebene eingefrorener (und überlieferter) Deutungen, welche erst durch die Verbreitung des Buchdrucks ihre gesellschaftsprägenden, weil Öffentlichkeit schaffenden Wirkungen voll entfalten konnte.* Das „Öffentliche" stellt sich uns – so betrachtet – gewissermaßen als eine *Verlängerung des Textlichen* dar (obgleich das Öffentliche – wie u. a. die Andenkulturen zeigen – auch implizite Strukturen aufweist, deren prägende Kraft zu spüren, aber eben kaum wirklich zu beschreiben ist). Jürgen Wittpoth hat m. E. deshalb zu Recht in seiner „Einführung in die Erwachsenenbildung" die Entwicklung des Buchdruckes als eine grundlegende Voraussetzung der Entstehung von Erwachsenenbildung hervorgehoben und in den Kontext der mit ihm sich entwickelnden „Standardsprache", welche „bis dahin Getrenntes" zu integrieren vermochte (Wittpoth 2003, S. 19), gerückt. In ähnlicher Weise könnte man auch von einer *Standardvernunft* sprechen, wissend dass diese sich in der Differenz zwischen „wahr" und „nichtwahr" jeweils neu – als (vorläufiges) „Prozessresultat", wie Siegfried J. Schmidt sagt (Schmidt 2003, S. 24) im historischen Diskurs bewähren muss.

---

[2] vgl. hierzu die Studie von Georg Hans Neuweg, der feststellt: „Im impliziten oder nichtselektiven Lernmodus (U-Modus) registriert das Subjekt, so wird vermutet, die Ereignisse oder Merkmale im Problemfeld unselektiv und relativ passiv und versucht, alle Kontingenzen zwischen ihnen zu speichern. Nach hinreichender Erfahrung verfügt es über eine große Zahl von Bedingungs-Handlungs-Verknüpfungen, die gute Performanzleistungen ermöglichen, aber kaum verbalisiert werden können" (Neuweg 1999, S. 31).

Mein Eindruck ist der, dass unsere konstruktivistischen Annäherungen an die Erkenntnis- und Lernbewegungen des Subjektes noch keinen tragfähigen Begriff von Öffentlichkeit haben entwickeln können, obgleich wir von dieser doch reden und auch an ihr teilhaben, z. B. indem wir unsere Überlegungen „veröffentlichen". Müssen wir uns nicht – so meine Rückfrage an Dich, aber auch an mich selbst – mit unserem Verhältnis zur „Öffentlichkeit" befassen, zumal Erwachsenenbildung sich als institutionalisierte Form offener Diskursmöglichkeiten zur lebensweltlichen Verständigung doch dieser historischen Errungenschaft selbst „verdankt". Vielleicht ist dies ja dieselbe Ebene, die hier in den Blick tritt, wie die, auf die Du in Deinem ersten Brief verwiesen hast, als Du feststelltest, dass prominente Konstruktivisten zu stark darauf fokussierten, dass Wissen ausschließlich eine Konstruktion des Individuums sei und damit kulturelle, kollektive und wissenschaftliche Wissensbestände „vernachlässigten", wie Du es ausdrücktest. Doch wie wirken diese übersubjektiven Wissensbestände auf die individuelle Konstruktion der Wirklichkeit? Und: Wann hört diese auf, eine „individuelle" zu sein und beginnt, in Bezug zu „Öffentlichkeit" zu treten?

Zugegeben: Diese Frage ist konstruktivistisch schwer zu formulieren, transportiert doch die Vorstellung von Öffentlichkeit in sich die Möglichkeit von *Fremd-referenz*, d. h. die Möglichkeit, sich über Gemeinsames (zumeist Berichtetes) in gemeinsamer Sprache zu verständigen. Oder ist es ausreichend – unter Fortführung meiner systemtheoretischen Gedanken zur Kommunikation –, Öffentlichkeit als Kommunikation (oder gar als Rauschen) und demzufolge einer eigenen, internen Logik folgend zu verstehen. Wie können wir uns – so meine selbstkritische Frage zum Thema „Selbstreferenz" – aufeinander beziehen und uns gleichzeitig darüber verständigen, dass man sich nicht aufeinander beziehen kann? Verwischt nicht bereits der Einritt in den sprachlichen Raum das, was an überschießendem Individuellen zur Mitteilung drängt?

Ja ich weiß, indem ich mich so selbst befrage, falle ich etwas aus dem Argumentationsmuster meiner vorangegangenen Briefe heraus, in denen ich die postdualistische These stark machte, dass das in unsere Sprache eingelagerte Weltbild, Eindeutigkeit und Widerspruchfreiheit der Beobachtungen glaubt erzwingen zu müssen, weil das „Und", d. h. die Gleichzeitigkeit einander widersprechender Befunde sprachlich und logisch (noch) nicht plausibel gefasst werden kann. Und doch „lebt" Öffentlichkeit von den Sprachformen, über die wir verfügen, und das in ihr eingelagerte Weltbild eröffnet uns immerhin auch die Möglichkeit, seine Begrenztheit zu sehen und auszudrücken – wie unvollkommen auch immer. Und: Verfügen wir über eine andere Form der Mitteilung und Interaktion als die der Sprache, welche ihre eigene Referenz hat, so dass sich die unsere verflüchtigt? Die konstruktivistische Formel „Alles, was gesagt wird, wird von einem Beobachter gesagt" fokussiert zu stark auf den Beobachter – und damit auf die trennende Subjekthaftigkeit – und zu wenig auf das „Sagen", welches sich geteilter – und damit verbindender – Strukturen bedienen muss. Man müsste m. E. also ergänzen: „Alles, was ein Beobachter sagt, sagt er in den auch anderen vertrauten Möglichkeiten einer Sprache!" Damit ist zwar nicht garantiert, dass alle über Dasselbe reden – aber sie reden alle gleich und können – bis zum Beweis des Gegenteils – ihr Handeln erfolgreich aufeinander beziehen. Sprache ist uns somit gleichzeitig äußerlich *und* innerlich, mit ihr beziehen wir uns nicht in gleicher – abbildender – Weise auf etwas äußeres, aber wir sind in der Form, in der wir uns auf andere beziehen, immer zugleich auf etwas anderes – das Sprachliche – bezogen. Somit gibt es in der mitgeteilten – besser: mit anderen sprachlich geteilten – Welt die Selbstreferenz nur in einer fremdreferenziellen Ausgabe. Dies meint auch Siegfried J. Schmidt, wenn er von der „Wirklichkeitskonstruktion" als einem „empirisch hoch konditionierte(n) soziale(n) Prozess" spricht,

„(...) in dem sich Modelle *für* (nicht *von*) ökologisch validen Erfahrungswirklichkeiten/ Umwelten im sozialisierten Individuum als empirischem Ort der Sinnproduktion herausbilden. Das Attribut ›sozial‹ verweist dabei auf die überindividuellen Bedingungen dieses Prozesses, wie sie durch Sozialstruktur und Kultur gegeben sind" (Schmidt 1995, S. 240).

Sprache ist m. E. jedoch mehr als eine soziale Festlegung – womit ich mich etwas von der soziolinguistischen Position Schmidts absetze und möglicherweise einen neuen Akzent in unsere Debatte einführe: Zwar stimme ich Schmidt zu, wenn er „Referenz" als einen „an prototypischen Verwendungen orientierte(n) sprachliche(n) Common sense" (ebd., S. 242) definiert, doch unterschätzt er dabei m. E. die strukturbildende Kraft des Mediums als solchem, die auch in der großen Fremdreferenz „Öffentlichkeit" im Verborgenen wirkt und auch die Spielräume bestimmt, die für ihre selbstreferenzielle „Bearbeitung" gesteckt sind. Meine Vermutung ist, dass man sich zwar nicht auf eine für alle gleiche Wirklichkeit beziehen kann, da diese sich uns nur beobachterabhängig, d. h. perspektivisch, offenbart („auf uns wirkt"), und wir nur mit den physiologischen und biographischen „Ausstattungen" auf sie blicken können, mit denen wir auf sie blicken können, sich uns diese Selbstreferenzabhängigkeit jedoch in der Auseinandersetzung mit textlich konservierter „Realität" anders darstellt, weshalb ich auch leichte Zweifel an der von mir ansonsten so gerne zitierten Äußerung Maturanas hege, der feststellte: „Ich bin zwar verantwortlich, für das, was ich schreibe, aber nicht für das, was Sie lesen". Ich denke, dass die strukturellen Möglichkeiten, textlich kodierte Informationen selbstreferenziell verzerrt wahrzunehmen, deutlich geringer sind als die, im kommunikativen „Kampf um die Realität" (Simon), in welcher „fröhliche" Rekonstellierungen das sind, was uns – unter Druck – leitet, während das Sprachliche bloß der Rationalisierung dient. Sprache bietet demgegenüber – so meine vorsichtige These – aufgrund ihrer konventionellen Verengung geringere Möglichkeiten zur „Hineinlegung" von Eigenem als gelebte Auseinandersetzung, obgleich auch sie nicht ganz frei von selektiver

Rezeption ist. Man kann sich verhören, aber dauerhaft nur schwer „verlesen". Denn: „Es gilt das geschriebene Wort!". Es handelt sich – aufgrund der *Zwischenebene des Textlichen* – um eine gegen die Ausschließlichkeit selbstreferenzieller Wahrnehmung abgeschirmte Ebene der Wirklichkeitsdarstellung. *Textreferenzialität dämpft Selbstreferenzialität* – so meine tastend-mutige These – weshalb es vielleicht auch nicht überraschend ist, dass diese Ebene des Literalen die für die bürgerlichen und die postmodernen Diskursgesellschaften substanzstiftende Form von Öffentlichkeit hervorbrachte. Wir kommen zwar in der Auseinandersetzung mit Text nicht einer „objektiven" Wirklichkeit als solcher näher, begegnen aber dem Text selbst in einer tendenziell standardisierteren Gleichartigkeit. Während unsere leiblich-biographischen Möglichkeiten stets unhintergehbar different und vielfältig sind, ist dies unser Sprachgebrauch nicht oder doch in eingeschränkterem Maße.

Könnte dies daran liegen, dass wir zwar in unterschiedlichen Milieus mit unterschiedlichen Vorprägungen und emotionalen Nötigungen heranwachsen, aber bereits die sprachliche Sozialisation und der Zwang zur Verbalisierung uns mit Fremdreferenzialität in einer Weise konfrontiert, die der Selbstreferenzialität einiges von ihrer autopoietischen Geschlossenheit nimmt. Denn Sprache ist – anders als die autopoietische Geschlossenheit von Kognition und Emotion – etwas dem heranwachsenden Subjekt zunächst Äußerliches, und indem es lernt, sich in diesem äußerlichen Medium „auszudrücken", hat es bereits an etwas teil, das überindividuell und universalisierend ist. Wenn ich meine Besonderheiten nur in einem Medium ausdrücken kann, welches „allgemein" ist, hören meine Besonderheiten – auch für mich – auf, „besonders" zu sein.

Vielleicht berühren wir hier einen Punkt, der uns in den Debatten bisweilen vorgehalten worden ist, nämlich die Frage nach der Konstruktion unseres Konstruktivismusbegriffs. In Deinem letzten Brief stellst Du dies ja selbst fest und beleuchtest einige „Modalitäten der Welterzeugung", wobei Du auch auf die Reichsche Differenzierung zwischen „Neukonstruktion", „Rekonstruktion" und „Dekonstruktion" rekurrierst. Mit geht es damit so, dass hierbei der von mir vorbereitete Gedanke, dass „textliche", „sprachliche (verbale)" und „emotionale" Konstruktion von Wirklichkeit mit jeweils unterschiedlichen Formen des Umgangs mit Selbst- und Fremdreferenz einhergehen, etwas untergeht. Meine These von der „Textreferenzialität" könnte uns m. E. vielleicht helfen, den Konstruktionsbegriff zu differenzieren und den Blick von der erkenntnistheoretischen Engführung („Frage: Ist Erkenntnis objektiver Realität möglich?") auf die eigentliche Ebene des Sozialen, nämlich die gestaltende Teilhabe an Öffentlichkeit, zu lenken („Ist Verständigung möglich?"). Nach meinem Eindruck haben wir bislang die Diskussion zu stark erkenntnistheoretisch motiviert geführt und aus der Unmöglichkeit objektiver Erkenntnis auch die Fragwürdigkeit von Verstehen und Verständigung – die eigentlichen Substanzen des Erwachsenenpädagogischen – gefolgert. Meine Vermutung ist die, dass die Selbstreferenzialität von Kognition und Emotion in dem Moment, in dem das Sprachliche hinzukommt, sich im Kontext der strukturell eingelagerten Möglichkeiten und Begrenzungen des Sprachlichen selbst organisiert. Das Sprachliche erweitert *und* begrenzt dabei die Selbstorganisationsmöglichkeiten der Mitglieder der Sprachgemeinschaft. Ich beobachte, nehme (selektiv) wahr, beurteile und unterscheide zwar selbstreferenziell, aber diese Selbstreferenzialität drückt sich in Fremdreferenziellem aus, weshalb wir es gleichzeitig mit der Fremdreferenzialität der Selbstkonstruktion einerseits und der Selbstreferenzialität der Fremdkonstruktion andererseits zu tun haben. Indem sich das Subjekt – im Textlichen mehr als im Sprachlichen – jedoch auf diese Mischungsbereiche „einlässt", ist Anschlussfähigkeit der Kommunikation und Verstehen möglich. Sprache und Text führen uns somit zu keiner Lösung des Erkenntnisproblems, welches der Konstruktivismus zu Unrecht so stark fokussierte, wohl aber zur Lösung des Problems der Öffentlichkeit: Diese „ereignet" sich im Kontext von Fremd- und Selbstreferenzialität. Sollten wir nicht – ohne einem synkretistischen Irrweg aufzusitzen (indem wir alles und jeden für den Konstruktivismus reklamieren) – nochmals nachlesen, was Noam Chomsky über die „generativen Grammatiken als Theorien der Sprachkompetenz" (Chomsky 1972, S. 13 ff) geschrieben hat, da dies doch deutliche Hinweise auf die Wirkungsweisen des in die Subjektivität des einzelnen eingelagerte Fremdreferenziellen der Grammatik beinhaltet, welches ins uns wirkt, wenn wir augenscheinlich selbstreferenziell Welt erzeugen, und wir können dies auch bloß mittels der in Sprache und Erkenntnisvermögen eingelagerten Fremdreferenzialität[3].

Noch weiß ich nicht, ob diese Gedanken, auf die mich die Debatte um die Literalität von Bildung und der Blick auf „Öffentlichkeit" als das Feld anschlussfähiger Kommunikation gebracht haben, uns wirklich zu einer Leerstelle der bisherigen Konstruktivismusdebatten zu führen vermag, und ich weiß selbst immer noch nicht genau, was ich eigentlich tue, wenn ich in den Mitteln des sprachge-

---

[3] Hierzu eine Leseprobe. In seinen „Linguistischen Beiträgen zur Untersuchung des Geistes" schreibt Noam Chomsky: „Insoweit wir eine erste, noch vorläufige Annäherung an eine generative Grammatik irgendeiner Sprache haben, sind wir zum erstenmal in der Lage, auf sinnvolle Art das Problem des Ursprungs des Wissens zu formulieren. (…) Wir wissen, dass die Grammatiken, die wirklich konstruiert werden, unter den Sprechern derselben Sprache nur leicht variieren, trotz einer großen Unterschiedlichkeit nicht nur der Intelligenz, sondern auch der Bedingungen, unter denen die Sprache erworben wird. (…) Aber wenn es uns gelingt, die erforderliche psychische Distanz einzunehmen, wenn wir die generativen Grammatiken, die für verschiedene Sprecher derselben Sprache postuliert werden müssen, tatsächlich vergleichen, können wir feststellen, dass die Ähnlichkeiten, die wir so einfach annehmen, durchaus markant sind. Mehr noch, es scheint, dass Dialekte, die an der Oberfläche ziemlich weit voneinander entfernt, ja sogar bei einem ersten Kontakt kaum gegenseitig verständlich sind, einen großen zentralen Fundus gemeinsamer Regeln und Prozesse aufweisen und sich in den zugrunde liegenden Strukturen, die durch lange historische Epochen hindurch unveränderlich zu bleiben scheinen, nur sehr leicht voneinander unterscheiden. Darüber hinaus entdecken wir ein substanzielles System von Prinzipien, die sich nicht einmal in solchen Sprachen voneinander unterscheiden, die, soweit wir wissen, keinerlei Verwandtschaft aufweisen" (Chomsky 1972, S. 130f). Ist dies nicht ein eindrucksvoller Beleg für meine These, dass die Artikulation des Selbstreferenziellen sich einer fremdreferenziellen Medialität „bedienen" muss, die zwar keine „Objektivität" der Äußerung, aber „Verständigung" wahrscheinlich werden lässt?

bundenen und texterzeugenden Denkens über die Konstruktivität dieses ganzen Vorgehens nachdenke, dabei gleichzeitig dem in der Sprache eingelagerten Weltbild mehr verbunden bleibend, als mir bewusst und lieb ist. Vielleicht ist es dieser strukturellen Prägung des eigenen Denkens geschuldet, dass ich das Literale, welches unsere Bildungskonzepte beherrscht, einerseits in seiner Beschränktheit und Konstruktivität sehe, andererseits aber auch die Besonderheit textreferenziell sich artikulierende Selbstreferenz, aus der Öffentlichkeit und damit Erwachsenenbildung entsteht, zu erkennen glaube. Vielleicht sollten wir diese Besonderheit des Textreferenziellen konstruktivistisch noch weiter ausloten – auch um zu erkennen, was wir an anschlussfähiger – ich möchte nicht sagen: vernunftgeleiteter – Verständigungschance einbüßen könnten, wenn – wie Michael Giesecke und Clemens Albrecht andeuten – eine postliterale Epoche entsteht, für die wir weder eine Didaktik, noch wirklich bereits eine Bildungstheorie und auch keinen Begriff von Öffentlichkeit haben[4].

– II –

Gestern bekam ich die neue Einführung in die Erwachsenenbildung von Hermann J. Forneck und Daniel Wrana – mit dem schönen Titel „Ein parzelliertes Feld" – in die Hand. In dieser wird auch unsere „Konstruktivistische Erwachsenenbildung" ausführlich thematisiert, wobei die Autoren deren Kernaussagen – zumindest an einigen Stellen ihres Werkes – nach meinem Geschmack etwas zu subjekttheoretisch verengt rezipieren. Haben wir wirklich eine differenzierte Subjekttheorie entwickelt? Diese Frage stellt sich mir, wenn ich u. a. die folgende Feststellung lese:

„Kösel, Arnold, Siebert und andere Erziehungswissenschaftler/-innen verwenden den Begriff der Autopoiesis, um das lernende Subjekt als ein autopoietisches System zu begreifen. Da die Autopoiesis eine relativ starke Abgeschlossenheit des Systems und ein starkes Für-Sich-Sein impliziert, ermöglichte dieses Theorem, die Eigensinnigkeit und Nicht-Steuerbarkeit lernender Subjekte positiv zu bejahen. Das Subjekt konnte so Fluchtpunkt pädagogischer Theoriebildung bleiben, mit den neuen Begrifflichkeiten war Subjektivität als biologisch-natürliche Selbstverständlichkeit sogar absolut gesetzt" (ebd., S. 72).

---

[4] Wohin die Reise gehen kann, schildert Nicholas Negroponte bereits 1995 in seinem Buch „Being Digital", in welchem er auch „Books without pages" beschreibt: „In the digital world (…) information space is by no means limited to three dimensions. An expression of an idea or train of thought can include a multidimensional network of pointers to further elaborations or arguments, which can be invoked or ignored. The structure of the text should be imagined like a complex modular model. Chunks of information can be reordered, sentence expanded, and words given definitions on the spot (something I hope you have not needed too often in this book). These linkages can be embedded either by the author at ›publishing‹ or later by readers over time. Think of hypermedia as a collection of elastic messages that can stretch and shrink in accordance with the reader's actions. Ideas can be opened and analysed at multiple levels of detail. The best paper equivalent I can think of is an Advent calendar. But when you open the little electronic (versus paper) doors, you may see a different story linedepending on the situation or, like barbershop mirrors, an image within an image within an image. Interaction is implicit in all multimedia. If the intended experience were passive, then closed-captioned television and subtitled movies would fit the definition of video, audio and data combined" (Negroponte 1995, S. 70).

Man merkt bereits an der Formulierung, dass Forneck und Wrana diesen kon-struktivistischen Subjektbegriff zwar bedenkenswert, aber letztlich nicht über-zeugend finden, was ja ihr gutes Recht ist. Doch was sind ihre Argumente? Es ist zunächst das Wörtchen „absolut gesetzt", welches Distanz markiert und die kon-struktivistische Argumentation als ein Willkürlichkeiten setzendes Verfahren erscheinen lässt, womit man allerdings noch nicht auf der Sachargumentations-ebene ist. Diese zu beschreiten, würde – wie wir ja in unseren Briefwechseln schon dargelegt haben – bedeuten, sich neben erkenntnistheoretischen auch auf sprachtheoretische Argumentationen einzulassen, die uns in den Blick zu rücken vermögen, was wir eigentlich tun, wenn wir – in theoretischer Absicht – mit Begriffen Wirklichkeiten konstruieren, und erst eine solche reflexive Orientie-rung könnte uns m. E. aus der „Falle der Ontologie" (Fuchs 2004, S. 14)[5] führen. Vor einem solchen Hintergrund wären wir dann auch in der Lage, die mögliche Relevanz empirischer Zugriffe auf Erwachsenenbildungsrealität wirklich über-zeugend zu beurteilen, da Empirie doch kein Selbstzweck ist, sondern ohne ein Bewusstsein von der – sprachgebundenen – Konstruktivität der Wirklichkeit im wahrsten Sinne des Wortes „gegenstandslos" ist. Dies wissen Forneck und Wrana selbstverständlich, wie u. a. ihre Bemühungen zeigen, die Erwachsenenpädago-gik in einem Raum, der durch die Spannungslagen von „Theorie" versus „Empi-rie" einerseits sowie „Neutralität" und „Normativität" andererseits feldtheore-tisch strukturiert ist. Über unsere „Konstruktivistische Erwachsenenbildung" ist dabei zu lesen:

„Die Rezeption des Konstruktivismus durch Arnold und Siebert, die in der Erwachse-nenbildung eine erhebliche Resonanz gefunden hat, zählt u. E. zu einer ›nicht empi-risch‹ verfahrenden Wissenschaft. Arnold und Siebert rezipieren dort konstruktivisti-sche und systemtheoretische Arbeiten und transponieren diese in das Feld der Erwach-senenbildung. Mit dieser Transponierung erhalten sie eine das Handeln der Profession orientierende Funktion, sie werden normativ. Ebenso, wie die Position Gieseke orien-tiert sich diese Position an der Gestaltung des Feldes und impliziert damit Normativität, aber während Gieseke eine parteiische und zugleich distanzierende Haltung zum Feld einnimmt und empirisch von dem im Feld durch die Profession sich etablierenden Gestaltungen ausgeht, werden von einer nicht empirisch verfahrenden Position wie der Arnolds Gestaltungsimperative für das Feld entworfen. Wenn Arnold etwa eine Trans-formation pädagogischen Handelns von der Intervention zur Ermöglichung fordert, dann wird damit ein Modell gelungenen Handelns gegen ein Modell nicht angemessenen Handelns gestellt" (ebd., S. 134).

Diese Außenwahrnehmung unserer Position haben mich überrascht, mir aber auch nochmals deutlich vor Augen geführt, dass die reflexiv-paradoxen Kernaus-sagen des Konstruktivismus auch und gerade für die Konstruktion der Wissen-

---

[5] Fuchs weißt uns m. E. überzeugend darauf hin, dass wir „nicht über dasSein einer wirklichen Welt, die unbeob-achtet existiert (verhandeln). Und zwar: weil wir –beobachtend – nur immer Beobachtungen finden. Wirklich-keiten sind Beobachtungsresultate. Wenn gesagt wird, hinter diesen Resultaten sei etwas wirklich Wirkliches oder auch nur eine Leere, ein All-Eines etc., schnappt erneut die Falle der Ontologie zu" (Fuchs 2004, S. 14).

schaft – und damit auch für die Disziplinbildung der Erwachsenenpädagogik –
von grundlegender Bedeutung sind. Überrascht hat mich nicht nur die nicht-
reflexive Verwendung der Begriffe „Normativität" (im Sinne von „orientierende
Funktion") und „Empirie" (wohl im Sinne von „Wirklichkeitsbezug"), es ist vielmehr auch die Beobachtung irritierend, dass Forneck und Wrana in ihrem insgesamt gelungenen und anspruchsvollen Versuch, die Erwachsenenpädagogik
„systematisch" zu verankern, gewissermaßen unterwegs ihre Anfangsüberlegun-
gen um die Schwierigkeiten und unhintergehbaren Selbstbezüglichkeiten im
„pädagogischen Grundgedankengang" mehr und mehr aufgeben, weshalb sie
auch mit ihrem Normativitätsverständnis – durchgängig als Vorwurf der Unwis-
senschaftlichkeit zu empfinden – ziemliche Verwirrung stiften.

Demgegenüber empfinde ich Deine Ausführungen zur „Normativität" als präzi-
sierend, obgleich ich auch bei dem, was Du über die Unzulässigkeit von „richti-
gem Bewusstsein" schreibst, – innerlich zustimmend – ins Grübeln gerate. Dabei
fällt mir wieder unser Horst-Rolf-Dialog ein, mit dem wir unsere „Konstruktivistische Erwachsenenbildung" abschlossen und Du dabei die „Ethik der Vernunft"
erwähntest:

„Vernünftig ist es nicht nur, den Ast nicht abzusägen, auf dem man sitzt, sondern vernünftig ist ein pfleglicher Umgang mit der Schöpfung um der Schöpfung willen"
(Arnold/Siebert 1995, S. 167) – eine vernüntig-ethische Norm.

Doch auch diese „Norm" ist – wie u. a. die systemischen Planspiele von Dietrich
Dörner zeigen – in der konkreten Entscheidungssituation kaum umzusetzen, da
wir oft mit besten Absichten großes Unheil anbahnen. Dies gilt auch für die
Pädagogik, die sich derzeit eilfertig darum bemüht, in der PISA-Gesellschaft
durch erwiesene „Wirksamkeit" Reputation zu erarbeiten, ohne zu erkennen,
dass sie dadurch einer mechanistisch-kalten Lesart von Bildung (im Sinne von
Machbarkeit) Nahrung gibt, welche die gesellschaftlichen und bildungspoliti-
schen Voraussetzungen gerade für Bildung mehr und mehr verschwinden lässt
(vgl. Arnold 2005). Also: Auch vernünftige Ethik ist systemisch eingebunden in
Prozesse, deren vernetzte Fernwirkungen unvernünftig sein können. Was bleibt
uns also als das Bemühen, Subjektentwicklung zu begleiten *und* zu beoachten,
dabei aber auch zu berücksichtigen, was wir über die Möglichkeiten wissen, zu
wertorientiertem, vernünftig-ethischem Handeln anzuregen, und vor allem:
Dieses sichtbar vorzuleben – als Lehrende ebenso wie als Forschende und theoretisch Denkende. Diese Fragen gehören für mich in den Kern der Pädagogik,
welche eben keine nüchterne „Verhaltenswissenschaft" ist, sondern die Wissenschaft von Bildung und Erziehung als einem subjektiven und gesellschaftlichen
Projekt. Mein Eindruck ist, dass Berzbach, den Du zitierst, diese „Besonderheit" der Pädagogik irgendwie spürt, sich ihrer aber gerne entledigen möchte –
wie übrigens auch Kade und sein Umfeld, die allerdings dabei *die Erziehungswissenschaft als Wissenschaft von der Erziehungswissenschaft* aufstellen und

sich damit in eine komfortable Distanz zur eigentlichen Gegenstandsebene unserer Disziplin begeben. Ähnliches sehe ich auch bei Forneck, bei dem es schon Foucault sein muss, von welchem man sich ein Bild des Gegenstandes glaubt herleiten zu können.

Definieren wir als „eigentliche Gegenstandebene" der Pädagogik die Konstruktion von Identität im Kontext innerer und äußerer Wirklichkeitsdimensionen (kognitiv-emotionale Selbstreferenzialität einerseits und normativ-gesellschaftliche Fremdreferenzialität andererseits), so ist m. E. eine Strukturierung für unsere weiteren Debatten hilfreich, welche – unter Rückgriff auf meine sprachtheoretischen Ausflüge – Deine „Dimensionen der Wirklichkeitskonstruktion" etwas verändert, da ich nicht glaube, dass alle von Dir aufgeführten „Dimensionen" irgendwie gleichgewichtig nebeneinander stehen. Die entstandenen Zuordnungen sind nicht hundertprozentig konsistent, sie markieren jedoch m. E. zumindest grob, dass es für die Identitätsentwicklung dreierlei „Aufgaben" gibt, deren Gelingen oder Misslingen gleichermaßen (un)wahrscheinlich ist, nämlich

– die Aufgabe, die „Logik" der eigenen Selbstreferenzialität mehr und mehr zu erkennen bzw. zu spüren und nicht als Zumutung für die Anderen zu gestalten,

– die Aufgabe, sprachkompetent an Öffentlichkeit teil zu haben, und

– die Aufgabe, mit Fremdreferenzialität umzugehen.

Referenz	Motto
A Selbstreferenz („Authentizität")	**„Ich fühle (mich vertraut), also bin ich!"** (Vergangenheit, Ahnung, emotional)
B Textreferenz („Einfädeln")	**„Ich verstehe, also bin ich!"** (kognitiv, individuell, sozial)
C Fremdreferenz („Zumutung")	**„Ich entspreche, also bin ich!"** (Zukunft, Wissen, sozial)

Abb. 7 Referenzen konstruktivistischer Pädagogik

Meinst Du, dies ist ein tauglicher Weg, dem „Geheimnis" der – begleitbaren? – Identitätsentwicklung im Wechselspiel von Selbst- und Fremdreferenzialität mehr auf die Spur zu kommen? Ich frage Dich dies auch, weil wir unter einem Erwartungsdruck stehen, denn Forneck und Wrana stellen im Hinblick auf das „Arbeitsprogramm" der Konstruktivistischen Erwachsenenbildung, welches sie für „immens und nicht enpassant zu bewältigen" (Forneck/Wrana 2005, S. 114) halten, fest:

„Diese Bewältigung benötigt einen institutionellen Rückhalt, einen eigenen Zeitduktus, den wir alltagssprachlich als ›langen Atem‹, als ›Ausdauer‹ und als ›Schutz vor den Folgen des Scheiterns‹ bezeichnen würden. Denn ob sich dieses Programm als geeignet für die Lösung der angesprochenen Probleme erweist, ist völlig offen" (Forneck/ Wrana 2005, S. 114).

Liebe Grüße
Rolf

Literatur

Albrecht, C.: PISA oder: Über die Unwahrscheinlichkeit, lesen zu können. Literalität als Bildungsziel. In: Voss, R. (Hrsg.): LernLust und EigenSinn. Systemisch-konstruktivistische Lernwelten. Heidelberg 2005, S. 155–166.

Barton, D./ Hamilton, M.:La literacidad entendida como práctica social. In: Zavala, V./ Nino-Murcia, M./ Ames, P. (Ed.): Escritura y sociedad. Nuevas perspectivas teóricas y etnográficas. Lima 2004, S. 109–140.

Chomsky, N.: Sprache und Geist. Frankfurt a.M. 1972.

Fuchs, P.: Der Sinn der Beobachtung. Begriffliche Untersuchungen. Weilerwist 2004.

Forneck, H./ Wrana, D.: Ein parzelliertes Feld. Eine Einführung in die Erwachsenenbildung. Bielefeld 2005.

Giesecke, M.: Von den Mythen der Buchkultur zu den Visionen der Informationsgesellschaft. Frankfurt 2002.

Gieseke, W.: Erfahrungsorientierung – Erfahrung. In: Arnold, R. / Nolda, S. / Nuissl, E. (Hrsg.): Wörterbuch Erwachsenenbildung. Bad Heilbrunn/ OBB 2001, S. 82–83.

Kade, J.: Offen Übergänge. Zur Etablierung der Erwachsenenbildung als erziehungswissenschaftliche Disziplin. In: Rauschenbach,Th./ Krüger, H.-H. (Hrsg.): Erziehungswissenschaft. Die Disziplin am Beginn einer neuen Epoche. Opladen 1994, S. 147–162.

Negroponte, N.: being digital. New York 1995.

Neuweg, G.H.: Könnerschaft und implizites Wissen. Zur lehr-lerntheoretischen Bedeutung der Erkenntnis- und Wissenschaftstheorie Michael Polanyis. Münster 1999.

OECD: Grundqualifikationen, Wirtschaft und Gesellschaft. Paris 1995.

Schmidt, S.J.: Sprache, Kultur und Wirklichkeitskonstruktio(en). In: Fischer, H.-R. (Hrsg.): Die Wirklichkeit des Konstruktivismus. Zur Auseinandersetzung um ein neues Paradigma. Heidelberg 1995, S. 239–251.

Schmidt, S.J.: Geschichten und Diskurse. Abschie vom Konstruktivismus. Reinbek b. Hamburg 2003.

Schweppe, C.: Tradition als Revolution: Eine Fallstudie zur informellen Bildung in Peru. In: Zeitschrift für Internationale erziehungs- und sozialwissenschaftliche Forschung, 2/ 1992, S. 235–262.

Wittpoth, J.: Einführung in die Erwachsenenbildung. Opladen 2003.

Wittpoth, J.: Autonomie, Feld und Habitus. Anmerkungen zum Zustand der Erwachsenenbildung in der Perspektive Bourdieus. In: Hessische Blätter für Volksbildung, 55 (2005), 1, S. 26–36.

Zavala, V.: Desencuentros con la escritura. Escuela y comunidad en los andes peruanos. Lima 2002.

Achter Brief:

Eine kurze Notiz

Anfang April 2005

Lieber Rolf!

Vielen Dank für Deinen Brief und Deine Anfrage. Zu Deinem Brief:
Mich hat überzeugt, das Thema Schriftsprache im Zusammenhang mit Fremdreferenz und Öffentlichkeit zu diskutieren. Ich habe den Eindruck, dass Du zunächst die Dominanz der Schriftkultur kritisierst, diese dann aber mit Blick auf Öffentlichkeit wieder rehabilitierst. Deine letzten Sätze - wie geht es konstruktiv weiter? - halte ich für begründet, habe aber noch keine zündende Idee. Ich finde die Idee einer AG Konstruktivismus reizvoll, befürchte aber zusätzliche Termine und Reisen. Vielleicht telefonieren wir darüber.

Ich wünsche Dir einen erfreulichen Semesterstart!

Dein Horst

Neunter Brief:

Von der Fremd- über die Selbst- zur Textreferenz

Anfang April

Lieber Horst,

danke für Deine Kurzeinschätzung bezüglich meiner Versuche, die Frage der Literalität in unsere konstruktivistischen Überlegungen einzubeziehen. Wie Du richtig bemerkst, führen meine „Befunde" dabei zu einer durchaus dialektischen Betrachtung: „Literalität" ging einerseits wohl immer schon mit einer Verengung sowie der Illusion, man „verfüge" über die Realität, indem man sie beschreibt bzw. aufschreibt, einher und ihre Bildungswirkung „erschöpfte" sich vielfach in ihrer Bedeutung als „symbolisches Kapital", über dessen Verteilung auch die Verteilung von Lebenschancen geregelt wurde. Andererseits begründet Schriftsprache standardisierte Formen der Verständigung und ermöglicht dadurch eine bestimmte Öffentlichkeit sowie Kritik, durch deren Artikulation genau auch *die* Form von Öffentlichkeit überwunden und weiterentwickelt werden kann, die diese Kritik erst hat denkbar werden lassen. Diese sprachvermittelte Formung des Kollektiven haben bereits Oskar Negt und Alexander Kluge in ihrer Aufsatzsammlung „Öffentlichkeit und Erfahrung" beschrieben. Dort heißt es:

> „Das Medium der Öffentlichkeit, das (die) Aufgabe der kollektiven Vermittlung hat, orientiert sich am Bild der Gelehrtenrepublik; auch das Publikum räsonierender Privatleute verhält sich so, als ob es aus Gelehrten bestünde. (…)" (Negt/Kluge 1978, S. 30).

Mir ging es in meinem Versuch, das Literale in seiner leitmotivischen Bedeutung für die Bildungstheorie zu relativieren, darum, zumindest die Frage aufzuwerfen, ob wir damit nicht möglicherweise einer sich auflösenden Konstruktionsform von Wissen („Wirklich ist, was ich lese!") verhaftet bleiben. Diese Konstruktionsform bringt gleichwohl einen unschätzbaren – fast möchte ich sagen: „zivilisatorischen" – Vorteil mit sich: *Wenn wir schon nicht sicher sein können, dass wir die Welt so sehen, wie sie ist, oder so, wie sie die anderen sehen, so können wir uns doch über Texte verständigen, deren Bedeutungskonstruktionen die Leser weitgehend übereinstimmend beschreiben, erklären und bewerten.* Diese Übereinstimmung ist keine zwischen dem Erkennenden und der Realität, sondern eine zwischen dem Schreibenden und dem Lesenden – ein Sachverhalt, der in der Konstruktivismusdebatte oft übersehen wird, indem wir uns die „Konstruktion von Wirklichkeit" implizit als mitteilbare bzw. textliche Konstruktion vorstellen[1] . Menschen können sich zwar nicht in unmittelbare Beziehung zur

---

[1] Dieses Missverständnis lässt sich auch darauf zurückführen, dass eine operative Erkenntnistheorie („Truth is, what works") gegen – wie es Siegfried Schmidt in einem seiner m. E. lesenswertesten Bücher „Die Zähmung des Blicks" ausdrückt – „(…) tiefsitzende Alltagsroutinen sowie gegen eine lange philosophische Tradition angehen muß" (Schmidt 1989, S. 93).

Wirklichkeit setzen, doch sind sie über deren sprachliche Beschreibung miteinander verbunden.

Der „Text" stellt sich uns somit augenscheinlich als ein „Ausweg" aus dem Dilemma der Selbstreferenz menschlichen Denken, Fühlens und Handelns dar. Indem Menschen sich über Texte aufeinander beziehen, können sie mit ihrer Selbstreferenz bei sich bleiben, zumal es für die gelingende Kooperation sowie den Diskurs zumeist völlig belanglos ist, welche ganz eigensinnigen Konnotationen und Assoziationen emergieren, während alle glaubten, sie würden „sich" – was ja nicht stimmt – „verstehen". Was wir können, ist: Einen Text im Kontext unserer eigenen Sprachwelt zu rekonstruieren, welche mit der Sprachwelt der anderen lediglich das Sprachliche und dessen Ausdrucks- und Bedeutungsmöglichkeiten gemeinsam hat, die in ihrer standardsprachlichen Form aber auch nicht mehr das sind, was sie einmal waren, wie wir gleich sehen werden.

Zunächst jedoch möchte ich diese Klärung folgendermaßen veranschaulichen:

Konstruktivitätbezüge	Erkenntnistheorie	Kommunikation
Ebene A: Beobachter – Wirklichkeit	agnostizistische Nüchternheit (bzw. epistemologische Bescheidenheit)	Negativhypothese: „Man kann nicht kommunizieren!" (Missverstehen als Normalfall)
Ebene B: Beobachter – Sprache	sprachphilosphischer „Realismus"	Positivhypothese: „Man kann sich gemeinsam auf Texte beziehen!" Negativhypothese: „Standardsprache ermöglicht Öffentlichkeit um den Preis einer ›Sprachgefangenheit‹!"

Abb. 8 Konstruktivitätsbezüge

Mit solchen Überlegungen betreten wir das Feld der Sprachphilosophie, deren Relevanz für die pädagogische Theoriebildung in letzter Zeit wieder verstärkt gesehen wird (vgl. Tröhler 2005). „Sprechen", „Hören", „Lesen" und „Schreiben" sind „kommunikative literarische Akte" (Janota/ Riha 1976), durch deren unterschiedliche Funktionalität auch spezifische Formen von Öffentlichkeit entstehen könnten, welche ihrerseits „geronnene Sprachformen" (Tröhler 2005, S. 219) hervorbrachten, die auch die Entdeckungs- und Begründungskontexte sowie die Diskursformen der Wissenschaft abstecken. Öffentlichkeit realisiert sich demnach über folgenden Ausweg aus dem *Kommunikationsdilemma der „autopoietischen Geschlossenheit"*: Man „verständigt" sich über das sich Einlassen auf Texte, da der andere nicht unmittelbar erreichbar ist, denn:

„Beim sprachlichen Kommunizieren werden dem anderen nicht etwa Gedanken oder Informationen übermittelt. Vielmehr wird der Kommunikationspartner dazu veranlasst, und zwar durch den von beiden lange eingeübten Gebrauch von Kommunikationsmitteln – zum Beispiel von sprachlichen Texten –, in seinem eigenen Bewusstsein Information oder Sinn zu produzieren. Welchen Sinn er produziert, das hängt von vielen Faktoren ab; von der Situation, von Interessen, von Gefühlen und Stimmungen, von der Einschätzung des Partners, von vorher erworbenem Wissen, von Vorlieben und Abneigungen" (Schmidt 1990, S. 55).

Indem sich so die „geronnenen Sprachformen" zur einzigen – oder besser gesagt: zur mehr und mehr bevorzugten – „Verständigungsebenen" zwischen den Menschen entwickeln konnten, sahen sich diese auch dazu gedrängt, die biographischen Inszenierungen ihrer Selbstreferenz in einer prinzipiell erzählbaren bzw. sprachlich legitimierbaren Weise zu bewerkstelligen – ein Sachverhalt, der sowohl die prägenden Prinzipien von Öffentlichkeit als auch die von Bildung und Identität konstituierte. Allen gemeinsam ist das Textliche, und auch unsere Wissenschaft, die Pädagogik, ist eine Textwissenschaft; auch in ihr gilt das „Prinzip der universellen Vertextbarkeit", weshalb „interpretative Angemessenheitsurteile" (Garz/Kraimer 1994, S. 13) ihr Hauptunterscheidungsverfahren ausmachen. Aber wissen wir, was wir da tun, wenn wir Öffentlichkeit und Wissenschaft gleichermaßen als Textwelt konstruieren? Gelangen wir wirklich zu „wahren" Erkenntnissen, wenn die Anwendung des „Prinzips der extensiven Textauslegung und Geltungsbegründung in einer Interpretationsgemeinschaft" (ebd.) sich auf eine konsensuelle Lesart sprachlicher Codierungen verständigt haben? Meine Haltung, lieber Horst, ist an dieser Stelle dialektisch, wobei ich, wie die Abbildung zeigt, eigentlich drei Aspekte bzw. Betrachtungsweisen in unsere Überlegungen einbringen möchte:

– Erstens glaube ich, dass wir vielfach zu schnell aus der Beobachterabhängigkeit unserer Konstruktion von Wirklichkeit eine quasi agnostizistische Nüchternheit abgeleitet haben, welche den unterschiedlichen Konstruktivitätsbezügen („Beobachter-Wirklichkeit" oder „Beobachter-Sprache") nicht wirklich gerecht wird, obgleich die Konstruktivisten viel Klärendes über das Verhältnis von Sprache und Erkennen beigetragen haben, wie z. B. Maturana mit seiner Warnung vor „hochgradig festgelegten Begriffen" und der Empfehlung, „Begriffe metaphorisch *und* zugleich kontextuell zu sehen" (Maturana 1996, S. 201).

– Zweitens scheint es mir so zu sein, dass wir uns gemeinsam auf Texte beziehen und auch auf konsensuelle Wirklichkeitsbeschreibungen einigen können, die dann für sich wirken – frei nach dem bekannten konstruktivistischen Motto: „Alles, was gesagt wird, wird von einem Beobachter gesagt!" – hierbei ist nicht der „Beobachter" allein das, worauf es ankommt, sondern das „*Sagen*". Indem wir uns in unseren Konstruktionen der Sprache und der Schrift bedienen, drückt sich das Individuum über ein Medium aus, in welchem eine eigene

Referenz – ich habe diese Textreferenz genannt – wirkt. Textreferenz überlagert Selbstreferenz und lässt die „Welt der Schrift", wie E. A. Havelock es ausdrückte, zur „Welt der Ontologie" werden (zit. nach Schmidt 1998, S. 96).

– Drittens schließlich nimmt uns diese Textreferenz auch nahezu vollständig „gefangen", und selbst unsere ganz subjektiv-eigensinnigen Motive, Gefühle, Eindrücke und Erfahrungen verlieren viel von ihrem „Eigensinn", wenn sie in Sprache gekleidet werden und von anderen rekonstruiert werden. Diese „Sprachgefangenheit" ist auch und gerade für die Wissenschaftssprache typisch, welche zudem beständig dazu tendiert, ihre Textkonstruktionen zu ontologisieren, d. h. die Beschreibung mit der Wirklichkeit selbst zu verwechseln. Dies erklärt auch die Streitlust und den Begriffspurismus, den auch einige unserer Kollegen immer wieder an den Tag legen, wie man u. a. bei den Berzbach'schen Bemühungen bestätigt findet, der durch Collagierung von aus dem Zusammenhang gerissenen Textstellen unseres Buches unsere mangelnde „Pädagogisierung von Begriffen" – was immer das auch sei – in einer selbst dem „Skandalierungs-/ Dramatisierungsmuster" folgenden Weise zum Ärgernis hochstilisiert (vgl. Berzbach 2005, S. 97).

Ivan Illich beleuchtete bereits 1979 in einem Vortrag vor der Columbia University die Fragwürdigkeiten der Öffentlichkeit konstituierenden Standardsprache und forderte ein „Recht auf gemeine Sprache", wobei er auch und gerade die begriffsstilisierende Wissenschaftssprache in ihrer Verengung und Verarmung kritisierte:

„Die vom Herrscher geregelte Sprache wird nunmehr zum einzigen *Produktionsmittel* politischer *Kommunikation* und damit wird das vernakuläre [2] Wort entmachtet. Staatlich gezwungene *Öffentlichkeit* löscht von nun an eine Gemeinheit (i. S. von Gewöhnlichkeit; d. V.) nach der anderen aus. (…) In den Schulen lernen die Menschen so zu sprechen, wie sie sollen. Es wird Geld ausgegeben, um die Armen so wie die Reichen sprechen zu lassen, die Kranken so wie die Gesunden; und die Minderheit so wie die Mehrheit. Wir bezahlen, um die Sprache der Kinder wie die ihrer Lehrer zu verbessern, zu korrigieren, anzureichern, zu modernisieren. Wir geben mehr für die professionellen Jargons aus, die in den Universitäten gelehrt werden, und noch mehr, um den Halbwüchsigen auf den Oberschulen einen Abglanz dieses Jargons zu vermitteln. (…) Wir gehen noch weiter: zuerst lassen wir zu, dass die Standardsprache die ethnische, Unterschicht- oder Hinterwäldlersprache degradiert, und dann geben wir Geld dafür aus, um deren Trugbilder als akademische Studienfächer zu lehren" (Illich 1982, S. 31 und 37).

Nimmt man diesen grundlegenden Gedanken von Illich, dessen Thema stets die Hinterfragung der von Europa so hoch gepriesenen „Errungenschaften" von

---

[2] Dieses für uns ungewöhnliche Wort hat nach Illich „(…) eine indogermanische Wurzel, die ›Verwurzelung‹ oder ›Wohnsitz‹ bedeutet. Das lateinische Wort *vernaculus* bezeichnet alles das, was im Haus geboren, im Haus gesponnen, im Haus herangezogen, im Haus gemacht war – im Gegensatz zu dem, was man durch formellen Tausch erlangte" (Illich 1982, S. 31). Der Wortgebrauch geht nach Illich auf Varro zurück. Der die vernakuläre Sprache („verba vernacula"), die aus Wörtern besteht, die „auf dem ›eigenen Mist‹ des Sprechers gewachsen sind", von deren Gegenteil, der „verba peregrina" (ebd.).

Aufklärung und Zivilisation gewesen ist, auf, so zeigt sich, dass wir zwar unsere
Wirklichkeit selbst konstruieren, wir dabei aber auf eine Sprache verwiesen sind,
die selbst von einer Sprachpolitik derer gesteuert ist, die eigene Vorstellungen
davon haben, was die Menschen be-greifen und letztlich denken sollen. So konstruieren wir zwar, indem wir uns wechselseitig auf die von uns „produzierten"
Texte beziehen, unsere Wirklichkeit in einer für andere prinzipiell decodierbaren
Art und Weise, doch sind die Artikulationsmöglichkeiten prinzipiell auf *die*
Sprachmöglichkeiten beschränkt, die es in unserer Sprachwelt – noch – gibt. Dieses „noch" ist durchaus wichtig; es verweist auf den Preis, den der Weg von der
„verba vernacula" zur „verba peregrina" (ebd., S. 37) uns[3] und unserem Bild
von der Welt abverlangt hat. Was dabei verloren ging, beschreibt Illich mit den
Worten:

„In den meisten Kulturen, so wissen wir, ging die Sprache aus den ins Alltagsleben einge-
betteten Gesprächen hervor, aus dem Zuhören bei Schimpfereien und Wiegenliedern,
Klatsch, Märchen und Träumen. Noch heute lernen die meisten Menschen in armen
Ländern alle ihre Sprachkenntnisse ganz ohne bezahlte Belehrung, ohne dass irgend
jemand versuchte, sie zu lehren, wie sie sprechen sollen. Und sie lernen auf eine Art zu
sprechen, die sich in keiner Hinsicht mit jenem befangenen, wichtigtuerischen, farblo-
sen Geschwätz vergleichen lässt, dass mich immer erschreckt, wenn ich nach einem län-
geren Aufenthalt in Dörfern Südamerikas oder Südostasiens ein amerikanisches College
besuche. Mir tun diese Studenten leid, die durch Erziehung ausdruckstaub geworden
sind; sie haben die Fähigkeit verloren, den Unterschied zwischen den verdorrten Äußerungen der standardisierten Fernsehsprache und der lebendigen Sprache der Unver-
schulten zu begreifen. (…) Eine von rationaler Unterweisung frei gebliebene Sprache ist
ein ganz anderes Phänomen als eine Sprache, die zweckgerichtet gelehrt wird. Wo die
unbelehrte Sprache dazu dient, die Dinge einer gemeinsamen Welt zu bezeichnen, wird
die Welt gemeistert. Durch die gelieferte Sprache wird die vom Lieferanten bestimmte
Wirklichkeit beschildert: Das Sprechen stellt nun nicht mehr den Sprechenden in den
Mittelpunkt seiner eigenen Welt, sondern macht ihn zum Sprachgefangenen" (ebd.,
S. 41).

Solche Überlegungen rücken *die* Schattenseiten von Literacy und die kulturellen
„Kosten" standardsprachlicher und textbezogener Öffentlichkeit in den Blick,
die wir kaum noch gewohnt sind zu sehen – und wohl auch kaum mehr durchge-
hen lassen. Ist es aber völlig abwegig, auch bildungstheoretisch einmal nach den
verschütteten Bildungsgehalten der – um Illichs Sprachgebrauch aufzugreifen –
„vernakulären Sprache" und „der Möglichkeit ihrer Wiedergewinnung" (Illich

---

[3] Identitätsbildung ist auf Text angewiesen, da Selbstinszenierung als eigener Text an die gesellschaftlich vorge-
fertigten Begründungsmuster und Lesarten angeschlossen werden muss – koste es, was es wolle. Manuel Castells schreibt: „Die Identität ist die Quelle von Sinn und Erfahrung für die Menschen" (Castells 2003, S. 8), und
seine Studie ist der Versuch, den neuen Codes, welche im Kontext „vielförmige(r) Netzwerke abseits der Korri-
dore der Macht" (ebd.) kulturell-symbolische Kräfte entfalten, nachzuspüren. Mir scheint, die Frage nach der
Identitätskonstruktion ist nicht von der nach der Textlichkeit zu trennen, d. h. mit den ›neuen‹ Identitätsformen
werden keine ›neuen‹ Inszenierungsmuster des Biographischen entstehen, vielmehr verändern sich deren Aus-
druckformen, welche vermehrt das Textliche und Textgebundene transzendieren und zu teilweise urtümlichen
Symbolisierungsweisen – wie sie der vernakulären Sprache Illichs eigen waren - zurückkehren.

1982, S. 33) zu fragen, ohne sogleich in den Verdacht von Unzeitgemäßheit und Antimodernismus zu geraten? Und wie sind in diesem Zusammenhang die neu entstehenden Identitäten und deren sprachliche Inszenierungsformen zu beurteilen, von denen Castells spricht?

„In (den) Hinterhöfen der Gesellschaft, ob in alternativen elektronischen Netzwerken oder in basisverbundenen Netzwerken kommunalen Widerstandes habe ich die Embryonen der neuen Gesellschaft gespürt, mit denen die Macht der Identität auf den Feldern der Geschichte in Wehen liegt" (Castells 2003, S. 8).

Zugegeben, lieber Horst, damit habe ich den Bogen weit in eine spekulative Zukunftsperspektive hinein gespannt. Kurz gesagt ging es mir doch eigentlich nur um zweierlei: Zum einen um den Gedanken, dass die Selbstreferenzialität des autopoietisch geschlossenen Subjektes sich nur durch Textreferenzialität überformt Ausdruck zu verschaffen mag, weshalb eine Verständigung über Wirklichkeitsbeschreibungen möglich ist, nicht aber über die Wirklichkeiten selbst. Und zum anderen wollte ich den Gedanken „erproben", ob und in wie weit die durch standardisierten Sprachgebrauch entstandene Öffentlichkeit nicht etwas – auch aus erwachsenenpädagogischer Perspektive – durchaus ambivalent zu Beurteilendes ist, da die Gefangenheit im Sprachgebrauch die möglichen und zulässigen Wirklichkeitskonstruktionen einengt und ebenfalls standardisiert. An diesen Standardisierungen von Sprache und Denken haben wir mit unserem Buch ganz behutsam gerüttelt. Deshalb empfinde ich es als ein Lob, wenn Berzbach zu unserem Buch feststellt:

„Die Nivellierung der Quellen eröffnet einen weiten Innovationsraum, da die Bindungen an die eigene Profession und die Wissenschaft gelockert werden" (Berzbach 2005, S. 97).

Diese „Lockerung" ist das, was wir m. E. benötigen, wenn wir Bildung und insbesondere die Bildung Erwachsener wirklich in ihrem unhintergehbaren Verwobensein in die Prozesse sprachgebundener sowie selbstreferenziell geschlossener Suchbewegungen verstehen wollen. „Displaced Literacy" ist das, was uns dabei beständig „in die Quere" kommt – sowohl bei unseren inhaltlichen Erwartungen an eine solche Bildung, als auch in der Art, wie wir beobachten, denken und schreiben sowie diskutieren. Vielleicht brauchen wir – und ich weiß, das klingt vollmundig – in der Theorie wie für die Praxis der Erwachsenenbildung eine „andere Intelligenz" (Mutius 2004), wie sie Bernhard von Mutius beschreibt:

„Wer sich mit Mustern und Gestalten beschäftigt und in Beziehungen denkt, wird dahin kommen, *gleichzeitig* streng und phantasievoll vorzugehen, exakt und unscharf zu beobachten, abstrakt Formalisierbares und sinnlich Wahrnehmbares zu erkennen, quantitativ und qualitativ zu arbeiten, das regelhaft Allgemeine und das abweichend Besondere zu erfassen" (ebd., S. 20 f.).

Gerne würde ich mit Dir ausloten, was dies für die Bildung Erwachsener, die gesellschaftliche Konstruktion von Öffentlichkeit sowie die Reflexion des reifenden Subjektes, dessen Selbstreferenzialität durch tiefere, dem sprachgebundenem Denken allein nur schwer zugängliche Schichten bestimmt wird, bedeuten kann. Zudem würde ich gerne auf dieser Basis die Disziplinfrage der Erwachsenenpädagogik („Welches ist der Gegenstand der Erwachsenenpädagogik und wie kann sie diesen erforschen?" ausloten. Hättest Du dazu Lust?

Liebe Grüße

Rolf

Literatur

Berzbach, F.: Der neue Jargon normativer Pädagogik. Empirische Befunde zum Normativitätsproblem konstruktivistischer Erwachsenendidaktik. In: REPORT, 1/2005, S. 95–101.

Garz, D./Kraimer, K.: Die Welt als Text. Zum Problem einer hermeneutisch-rekonstruktiven Sozialwissenschaft. In: ders. (Hrsg.): Die Welt als Text. Theorie, Kritik und Praxis der objektiven Hermeneutik. Frankfurt 1994, S. 7–22.

Illich, I.: Vom Recht auf Gemeinheit. Reinbek b. Hamburg 1982.

Janota, J./Riha, K.: „Sprechen" und „Hören", „Lesen" und "Schreiben" als kommunikative literarische Akte. Funkkolleg Literatur. Studienbegleitbrief 2. Tübingen 1976.

Maturana, H.: Was ist erkennen? München 1996.

Negt, O./Kluge, A.: Öffentlichkeit und Erfahrung. Zur Organisationsanalyse von bürgerlicher und proletarischer Öffentlichkeit. Frankfurt 1972.

Schmidt, S. J.: Die Zähmung des Blicks. Konstruktivismus – Empirie – Wissenschaft. Frankfurt 1998.

Schmidt, S. J.: Wir verstehen uns doch? Von der Unwahrscheinlichkeit gelingender Kommunikation. In: Funkkolleg Medien und Kommunikation. Konstruktionen von Wirklichkeit. Studienbrief 1. Tübingen 1990, S. 50–78.

Tröhler, D.: Geschichte und Sprache der Pädagogik. In: Zeitschrift für Pädagogik, 51 (2005), 2, S. 218–235.

Zehnter Brief:

Erzählen, Schreiben und Lesen als Modi der Wirklichkeitskonstruktion

19.04.2005

Lieber Rolf!

Deine Überlegungen zur Wirklichkeitskonstruktion durch (Schrift-)Sprache und – damit zusammenhängend zur Überwindung des Dualismus von Selbstreferenz und Fremdreferenz – verweisen auf ein Schlüsselthema, das in der Konstruktivismus-Literatur eher „mitlaufend" und „en passant" behandelt wird.

Erzählen

Für den amerikanischen „Sozialkonstruktionisten" Kenneth Gergen ist das Erzählen die Brücke zwischen biografisch-individueller Selbstreferenz und sozial-kultureller Fremdreferenz. Vor allem das mündliche Erzählen von Lebensgeschichten ist Identitätskonstruktion und „ko-evolutive" Verständigung mit anderen. Erzählen ist Vergewisserung der eigenen Lebenswelt, aber auch Differenzerfahrung durch die Resonanz signifikanter Anderer.

Charakteristisch für mündliches Erzählen ist der situative Kontext: wie und was man erzählt, hängt immer auch von den Zuhörern und von der Situation ab. Erzählt werden Geschichten, Ereignisse, keine Regeln, Theorien oder Begriffe. Die mündliche Sprache ist emotional gefärbt. Nicht nur das gesprochene Wort, auch die Gestik, Mimik, Lautstärke, Tonhöhe, das Augenzwinkern, der Blickkontakt machen die Mitteilung aus. Erzählen ist dialogisch, aber auch doppelt kontigent. Der andere „denkt sich seinen Teil", auch ohne seine Meinung immer zu äußern. Vieles bleibt latent, unausgesprochen. Die mündliche Sprache ist flüchtig, der Erzählende kann sich korrigieren, auf Nachfrage Informationen ergänzen. Erzählungen erfordern doppelte Anschlussfähigkeit: an die Selbstreferenz der Erzähler und der Zuhörer. Doch diese Selbstreferenzen sind für den anderen jeweils Fremdreferenzen; es gibt kein gemeinsames Drittes (z. B. einen Text), auf den sich beide beziehen können.

Für K. Gergen ist das „individuelle Selbst sozial definiert", und unsere Sprache ist das gemeinsame Medium, das soziale Koppelungen und „Ko-konstruktionen" ermöglicht. Zwischen Denken und Sprechen gibt es ebenso einen engen Zusammenhang wie zwischen Sprechen und Handeln.

Auch die Erinnerung ist keineswegs nur eine individuelle, persönliche Rückbesinnung; auch Erinnerung ereignet sich in sozialen und historischen Kontexten.

Erinnerungen sind Bestandteil eines kollektiven Gedächtnisses. An dieser Stelle wird der unschätzbare Wert der Schriftkultur deutlich. Zwar ist auch heute noch die mündliche Überlieferung bei vielen Völkern Grundlage kultureller und ethnischer Identität – unsere europäische Moderne ist aber vor allem das Ergebnis unserer Schriftkultur.

Schriftkultur

Siegfried Schmidt beschreibt die Differenz zwischen oralen und literalen Kulturen in seinem Buch „Die Zähmung des Blicks" pointiert und präzise. Die moderne Schriftkultur, die durch den Buchdruck ermöglicht wurde, fördert und fordert generalisierendes, abstraktes, logisch-analytisches, schrittweises Denken. Die Welt wird durch die Schriftsprache nicht abgebildet, sondern geordnet und gestaltet. Jeder Begriff – auch „der Baum" – ist eine Verallgemeinerung, ein Wirklichkeitsmodell. Durch die Schrift wird die Sprache verdinglicht, S. Schmidt schreibt: ontologisiert. Schriftsprache suggeriert einen höheren Wahrheitsanspruch als das gesprochene Wort. Was geschrieben steht – so glaubte man lange Zeit – erweckt den Anschein des Objektiven, des Richtigen und Wahren. Die Welt wird in Enzyklopädien und Wörterbüchern klassifiziert, objektiviert, quantifiziert, auch vereinheitlicht und reglementiert. Wer über die Definitionsmacht verfügt, vermag seine Interessen durchzusetzen. Die Sprache der Bürokratie, der Jurisprudenz, der Ökonomie, der politischen Systeme, des Klerus, auch der Wissenschaften sind immer auch Wirklichkeitskonstruktionen mit Herrschaftsansprüchen.

Wie S. Schmidt betont,

„ist Schreiben kein bloßes Anhängsel des Sprechens, sondern eine vollkommen künstliche Technologie, die das menschliche Bewusstsein radikal verändert hat. Zwar steigert Schrift die Bewusstseinsentwicklung, Abstraktion, das Denken in Kausalketten und Relationen usw., aber sie entfernt die Menschen auch von ihren sozialen Milieus (von der 'lebendigen Welt') und der Organisation des Wissens … Die Textmaterialität wirkt zugleich auch widerspenstig und autoritär: Was geschrieben steht, das beansprucht auch wahr zu sein in einem autonomen Diskurs – Orthodoxie und Dogmatismus sind Kinder der Literalität" (Schmidt 1998, S. 96 f.).

Die Schriftsprache ist öffentliche Sprache, verbunden mit einem – wie Du es treffend bezeichnest – „zivilisatorischen Vorteil": Im Prinzip können (fast) alle die Texte lesen, kritisieren, darüber diskutieren. Texte enthalten Beobachtungen von Wirklichkeit, die sich relativieren lassen („Das sehe ich ganz anders!"). Selbst die kirchliche und politische Zensur, die missliebige Bücher auf den Index gesetzt oder gar verbrannt hat, hat die Öffentlichkeit dieser Texte kaum verhindern können – eher im Gegenteil. Literalität als kulturelle Errungenschaft ist in der Tat ein zweischneidiges Schwert. Ich stimme Dir zu, dass es pädagogisch „an der Zeit" ist, andere Formen der Wirklichkeitskonstruktion (wieder) zu entdekken und aufzuwerten. Es ist auch nicht zu bestreiten, dass die Dominanz der

Schriftkultur in unserem Bildungssystem zur Privilegierung des Besitzbürgertums beigetragen hat.

Andererseits sind die Anfänge unserer neuzeitlichen Erwachsenenbildung seit 1790 Lesegesellschaften und Lesezirkel. Der Zugang zur wissenschaftlichen und fiktionalen Literatur, zu Reiseberichten und Romanen öffnete den Blick für neue Welten. Texte lesen zu können hieß: sein Selbst- und Wertverständnis und die Möglichkeiten des Handelns erweitern. Insbesondere den Frauen ermöglichten Bücher einen befreienden Blick nach draußen, aus der geistigen und moralischen Enge der häuslichen Welt hinaus.

Die in der konstruktivistischen Literatur vielzitierte und meist hochgelobte „Selbstreferenz" bedeutet ja auch – wie Du schreibst – Isolation, Begrenztheit des Horizonts, Selbstgenügsamkeit. Fremdreferenz muss nicht nur als gesellschaftlicher Zugang missbilligt werden, sondern kann auch Horizonterweiterungen, Perturbationen beinhalten und Aufgeschlossenheit für Fremdes bewirken. Dabei bleiben die Lesenden immer „Herr (oder Frau) der Lage", da sich LeserInnen ihre eigenen Gedanken machen. Ihre Fantasien und Träume werden durch das Buch nicht determiniert, aber angeregt. Man kann geradezu die Qualität eines Textes, z. B. eines Gedichts, danach beurteilen, ob es vielfältige Lesarten und Deutungen veranlasst.

Es kann ein Bildungserlebnis sein, sich auf einen Text einzulassen, gleichsam einzutauchen in die Gedankenwelt eines Autors, die Welt mit anderen Augen zu sehen.

Literatur

Einer der engagiertesten Befürworter einer Buchkultur und einer literarischen Bildung war Dietrich Schwanitz. Er beschreibt, dass und warum der realistische Prosaroman zur beherrschenden bürgerlichen Formensprache seit Beginn des 19. Jahrhunderts gehörte. Schwanitz, der durchaus konstruktivistisch argumentiert, interpretiert die europäische literarische Bildung als eine Emanzipation von der Kirche. Dichtung wurde nicht mehr als Abbildung und Nachahmung des Lebens begriffen, sondern die Literatur wurde originell, schöpferisch. Sie enthält neue, ungewöhnte Deutungsangebote. Die Literatur fördert eine kulturelle Selbstverständigung, einen Diskurs über Eigenes und Fremdes, über gelungenes Leben und über den Sinn des Lebens.

Die moderne Literatur wird in der Landessprache geschrieben. Sie ermöglicht dadurch eine nationale Identitätsfindung, aber sie enthält auch – so Schwanitz – die Gefahr eines „nationalen Provinzialismus". Dieser Gefahr entgehen Autoren wie Goethe, die sich an einem Ideal von „Weltliteratur" und das heißt auch: von Weltbürgertum, Toleranz und Urbanität orientieren. Schwanitz interpretiert Goethe als einen Dichter „exemplarischer Biografien", die die LeserInnen zur Besinnung auf ihre Identität und Lebensführung anregen. Goethes Romane enthalten Bildungsbiografien – mit allen Brüchen, Identitätskrisen, Dilemmata einer posttraditionalistischen Epoche. Lektüre als ästhetisches Vergnügen und als reflexiver Lern- und Erziehungsprozess verschmelzen zu einer Einheit.

D. Schwanitz resümiert:

„Literatur ist Geschichtsschreibung in der Form persönlicher Erlebnisse und Erfahrungen. Und diese Erfahrungen kristallisieren sich in bestimmten literarischen Figuren, die man nach der Lektüre besser kennt als sich selbst: Hamlet, Don Quijote, König Lear, Ophelia, Romeo und Julia, Don Juan, Robinson Crusoe, Tartuffe, Ahasver, Faust, Mephisto, Huckleberry Finn, Oliver Twist, Frankenstein, Dracula, Alice im Wunderland etc. Alle zusammen bilden den Bekannten- und Freundeskreis der Gebildeten" (Schwanitz 1999, S. 219).

Selbstverständlich weiß D. Schwanitz und wissen wir, dass dieses Bildungsideal sozialexklusiv und nur bedingt zukunftsfähig ist. Doch darum geht es an dieser Stelle nicht, sondern um die Stärkung der These: Unsere Schriftkultur enthält ein Reservoire an horizonterweiternden humanen Wirklichkeitskonstruktionen. Und: Die Auseinandersetzung mit Literatur vermag einer selbstgenügsamen Verengung der Selbstreferenz gegenzusteuern.

Komplexität und Differenzierung

Ein weiteres Argument für die Pflege der Schriftkultur: Die Differenziertheit der Sprache und die Komplexität der Welt bedingen sich wechselseitig. „Differenzierungsgewinne" ergeben sich aus einem erweiterten Wortschatz: die Eskimos, die 20 Wörter für Schnee verwenden, die Bewohner der Färöer-Inseln, die über 12 Bezeichnungen für Nebel verfügen, Inselbewohner im Südpazifik, die zahlreiche Varianten des Blau unterscheiden. Bekannt ist auch, dass die häufige Verwendung des „Selbst" typisch für die westlichen Gesellschaften mit hohem Individualisierungsgrad ist.

Die Differenzierung unserer Wirklichkeitskonstruktion wird auch durch unsere elaborierte Syntax und Grammatik ermöglicht: durch die Unterscheidung von Aktiv und Passiv (die Amerikaner bevorzugen das Aktiv, die „Tätigkeitsform"), Indikativ und Konjunktiv, durch die Herstellung von Zusammenhängen mit Hilfe von Kausal-, Final-, Konditional-, Konzessiv- und Relativsätzen ... Mit der Vernachlässigung der Schriftsprache ist ein Verlust an sprachlicher Differenzierung und – so vermute ich – eine zunehmende Vereinfachung und Dualisierung des Denkens verbunden.

Du hast an anderer Stelle darauf hingewiesen, dass eine Diskrepanz, manchmal auch eine Unverträglichkeit zwischen konstruktivistischem Denken und unserer ontologisierenden Alltags- und Wissenschaftssprache besteht. Unsere Wissenschaftssprache mit ihren Substantivierungen, Generalisierungen und Operationalisierungen suggeriert Eindeutigkeit, gesicherte Ergebnisse. Wissenschaftliche Sprache ist verdinglichende Sprache. Etwas ist richtig oder falsch, Ambivalenzen, Grauzonen, Irrtümer, Einsichten „bis auf Weiteres" sind suspekt. Weit verbreitet ist ein „versus-Denken", wie Du es genannt hast. Denken ist prozesshaft; das geschriebene Wort aber ist geronnen, in gewisser Weise irreversibel.

Auch unsere Alltagssprache bevorzugt ontologische Aussagen: „So 'ist' es" und nicht: „So nehme ich es wahr".

Andererseits sind wir traditionell an diese Denkfiguren und Sprachmuster gebunden. Wir können für zirkuläres Denken plädieren, aber wir können in einem wissenschaftlichen Text kaum zirkulär schreiben. Wenn wir aus konstruktivistischer Sicht über Denken und Lernen schreiben, verwenden wir vorwiegend eine metaphorische Sprache und weniger eindeutige Definitionen. Frank Berzbach hat zu Recht angemerkt, dass wir in unserem Konstruktivismusbuch auffällig viele Anführungszeichen, also Hinweise auf „uneigentliches Sprechen" verwenden. Konstruktivisten sind prinzipiell „Ironiker", sie „tun so als ob", sie fallen sich gleichsam selbst ins Wort.

Forschungskonsequenzen

Du fragst am Schluss Deines Briefes nach den Konsequenzen unserer Überlegungen für unsere Wissenschaftsdisziplin. Gelegentlich wird am Konstruktivismus ein Empirie-Defizit bemängelt. Dieser Vorwurf erscheint mir nicht unberechtigt. Selbstverständlich erforscht die Empirie nicht die Wirklichkeit, „wie sie wirklich ist". Ein noch so ausgeklügelter Mix an Forschungsmethoden ändert nichts daran, dass uns die Realität verborgen bleibt, dass unsere Welt beobachtungsabhängig ist. Empirie lässt sich deshalb als *Beobachtungsforschung* bezeichnen. WissenschaftlerInnen beobachten, wie Menschen sich selbst und ihre Umwelt beobachten. Wir haben seit 1970 in Hannover Lernforschungen in der Erwachsenenbildung durchgeführt. Wissen wir deshalb jetzt, nach 35 Jahren, was Lernen ist und wie Erwachsene lernen? Nein. Wir wissen etwas mehr als früher, wie Erwachsene Lernsituationen beschreiben, wie sie ihre Lerngeschichte rekonstruieren, welche Unterscheidungen sie treffen. Es ist ergiebig, durch biografische Rekonstruktionen zu ermitteln, wie Erwachsene ihre Wirklichkeit konstruieren, welche Bedeutung dabei der Schriftsprache, den audiovisuellen Medien, der ästhetischen Produktion, aber auch der metakognitiven Reflexion zukommt. In Anlehnung an die Lernstilforschung und die Milieuforschung könnte sich eine Typologie der Konstruktionsformen ergeben. Es kann sich dabei sicherlich nicht um eine repräsentative Befragung handeln, sondern um explorative Studien. Dabei wäre nicht nur zu erfragen, mit Hilfe welcher Erkenntnisformen Erwachsene ihre Welt beobachten und deuten, sondern diese Welt auch handelnd erzeugen.

Ich denke dabei an einen Vortrag von Jürgen Habermas, der sich kritisch mit den Neurowissenschaften auseinandersetzt. Habermas kritisiert eine „Naturalisierung des Geistes", d.h. den Anspruch, das Ich lediglich als eine Funktion der

Biochemie zu begreifen. Er unterscheidet zwischen neuronalen „Ursachen" und bewussten „Gründen" des Handelns. Nur durch diese Gründe ist Handeln frei (wenn auch neurophysiologisch bedingt).

Die handlungsleitenden Gründe lassen sich nicht biochemisch oder physikalisch „messen": das Geistige lässt sich „nur" an den kulturellen Leistungen, an der Sprache und an Taten erkennen. „Tatsächlich 'existiert' so etwas wie 'der Geist' nur dank seiner Verkörperung in akustisch oder optisch wahrnehmbaren materiellen Zeichensubstraten, also in beobachtbaren Handlungen und kommunikativen Äußerungen, in symbolischen Gegenständen oder Artefakten" (Habermas in FAZ vom 15.1.2004). Geist und Kognition – so Habermas – sind „vergesellschaftet", also kulturell geprägt. Diese Komplementarität von Gehirn und Geist – und das heißt auch: von Neurowissenschaften und Erkenntnisphilosophie – ist m. E. einleuchtend. Komplementarität heißt: beide Perspektiven, die neurobiologische und die philosophische nebeneinander zu akzeptieren und zu verschränken. So wird eine Verbindung zwischen Erkenntnistheorie und (kultureller) Handlungstheorie hergestellt.

Um also die Wirklichkeitskonstruktionen Erwachsener zu erforschen, sollten deshalb auch die geistigen Produkte, die „Artefakte" berücksichtigt werden. Also nicht nur: wie nehmen Menschen ihre Welt wahr? sondern auch: welche handlungsleitenden Gründe ergeben sich daraus?

Meine Frage – an Dich und an mich –: Verlassen wir mit einem solchen „Reentry" bewusster „Gründe" den Boden des Konstruktivismus?

Herzlichst

Horst

Literatur

Gergen, K.: Konstruierte Wirklichkeiten. Stuttgart 2002.
Schmidt, S:: Die Zähmung des Blicks. Frankfurt 1998.
Schwanitz, D.: Bildung. Frankfurt 1999.

Elfter Brief:

Zur emotionalen Konstruktion der Wirklichkeit

09.05.2005

Lieber Rolf!

Herzlichen Glückwunsch zu Deinem „opus magnum" über „Die emotionale Konstruktion der Wirklichkeit". Es ist sicherlich kein „leichter" Text. Der Leser muss Dir folgen auf zahlreichen Schleifen und Umwegen, er muss sich auch auf Deinen Lernprozess einlassen. Aber die Mühe lohnt sich. Man merkt dem Text an, dass er mit Leidenschaft geschrieben wurde und zugleich auf elaboriertem kognitivem Niveau. Es ist Dir offensichtlich „ernst" mit der Emotionalität. Auch hier entsteht erneut eine Sprachbarriere, die wir bereits mehrmals angesprochen haben: Um Emotionen wissenschaftlich zu thematisieren, müssen wir uns erneut einer begrifflich-abstrakten Sprache bedienen. Aber auch diese Sprache ist emotional.

Deine Ausgangsthese lautet: das Lernen Erwachsener vollzieht sich nicht nur auf der Grundlage kognitiver Deutungsmuster, sondern auch im Rahmen von Emotionsmustern. Die biografischen Erfahrungen haben nicht nur kognitive, sondern auch emotionale „Spurungen" hinterlassen. Die Strukturdeterminiertheit des Lernens ist gleichsam doppelt „codiert", nämlich kognitiv und emotional (eine mögliche dritte körperlich-psychosomatische Prägung, auf die vor allem A. Damasio hinweist, lasse ich hier außer Betracht.). Deine Formulierung einer „Viablität II. Ordnung" ist einprägsam: „Ich sehe, was ich aushalten kann, was mir vertraut ist." Identität ist also wesentlich Identitätsgefühl, „in der Welt sein" ist immer auch „sich in der Welt fühlen". Gefühle haben phylogenetisch und ontogenetisch eine Geschichte, sie sind im Großen und Ganzen lebensdienlich, ja lebensnotwendig, man kann von einer „Vernunft der Gefühle" sprechen, auch wenn wir unsere Affekte häufig kognitiv kontrollieren müssen. Unsere Konstruktion der Wirklichkeit ist stärker emotional „gesteuert", als es uns selbst bewusst ist.

Und diese Vorherrschaft der Emotionalität gilt nicht nur für die „lernenden TeilnehmerInnen", sondern mindestens ebenso für die Lehrenden und – nicht zuletzt – auch für uns „Wissenschaftler" und Autoren. Wir wissen dies aus eigenen Erfahrungen.

Ich erinnere mich, dass Du schon 1991 während einer Kommissionstagung der Deutschen Gesellschaft für Erziehungswissenschaft auf die ethische Dimension der Emotionalität hingewiesen hast. Ich bin mehr denn je überzeugt, dass eine reine Vernunftethik auf schwachen Füßen steht. Es ist eher die Ausnahme, dass jemand nur aus rationalen Gründen moralisch handelt. Eine Vernunftethik muss durch eine Gefühlsethik gestärkt werden, um praktisch folgenreich zu sein. Auf diese Verknüpfung von Ethik und Gefühl verweist auch unsere Umgangssprache: Wir sprechen von Mitgefühl, Verantwortungsgefühl, Gerechtigkeitsgefühl, auch von Ehrfurcht und Naturliebe. Diese moralischen Gefühle sind offenbar in einem langen Prozess der Evolution und der kulturellen Entwicklung entstanden und haben sich „bewährt", auch wenn sie immer wieder durch destruktive Gefühle überlagert werden.

Die Verknüpfung von Emotionspsychologie, Neurowissenschaften, Konstruktivismus und Didaktik finde ich überzeugend. Ich möchte einige Punkte aufgreifen, teils ergänzend, teils fragend.

Zur Frage der Inhaltlichkeit

Hier knüpfe ich an Deinem Beitrag über „die Emergenz der Kognition" an (S. 46ff.). Bildungsarbeit unterscheidet sich von Therapie und Meditation vor allem durch die Inhaltlichkeit (S. 47). Es geht um die Aneignung von kulturellem und wissenschaftlichem „Wissen", um die Auseinandersetzung mit „Gegenständen". Zwar müssen wir uns „auch gegenüber dem Fachwissen von der Illusion des Faktischen lösen" (S. 46), wir müssen uns auch „der Gefahr der Repräsentationsillusion" bewusst sein, aber es führt kein Weg daran vorbei, dass sachlogische Wissensstrukturen von den Lehrenden „präsentiert" und von den Lernenden „angeeignet" werden müssen (wobei ich Deine Vorbehalte gegenüber dem Aneignungsbegriff teile. Vielleicht ist der Begriff Rekonstruktion oder auch Rekonstellieren, wie Du vorschlägst, angemessener).

Aber: Bedeutungsvolles Wissen wird nicht transportiert, sondern entsteht in unseren Köpfen durch einen autopoietischen Prozess der Emergenz. Zwar lernen wir im Lauf des Lebens vieles, was uns unwichtig und bedeutungslos erscheint, aber dieses gelernte Wissen bleibt oberflächlich, „träge" – wie es die Kognitionspsychologen nennen.

Nachhaltiges Lernen ist bedeutungsvolles Lernen. Der Lerngegenstand wird „abgetastet", ob er etwas zur Identitätsentwicklung und zum Weltverständnis beiträgt. Er wird daraufhin überprüft, ob man sich mit ihm identifizieren kann. Wissen ist Realitätsdeutung und damit Identitätsangebot. Thomas Ziehe spricht vom „biografischen Zusammenschließen der Inhalte", „Inhalte werden für eigene Selbstentwürfe produktiv" gemacht (Ziehe 1982, S. 152). Wissen wird affektiv, psychodynamisch „besetzt". Wissen ist ein Gemisch aus Kognition und Emotion.

Durch diesen Identifikationsvorgang wird aus einem „Lerngegenstand" (also das, was uns „entgegen" steht) ein „Lerninhalt", d. h. Teil unseres „in der Welt Seins". Die Rolle von Lehrenden (aber auch von Freunden, Bezugspersonen,

Autoren) kann dabei wesentlich sein. Lehrende sind jedoch weniger Wissensvermittler (im Sinne eines Postboten), aber sie lösen Lern- und Deutungsprozesse aus. Das Wissen des Lehrers bleibt ein Angebot, über das der Lernende frei verfügt. Er entscheidet (meist unbewusst), ob er dem dargebotenen Wissen Bedeutung beimisst, oder ob das Wissen für ihn „kognitives Rauschen" ist.

Diese Lehr-Lernsituation – und damit komme ich zu Deinen Thesen zurück – ist emotionalisiert, und zwar in mehrfacher Hinsicht:

- Es hängt von der Gefühlslage (Ciompi spricht von „Affektlogik") des Lernenden ab, welche Themen ihm bekömmlich und zumutbar sind.

- Das Verhältnis zu dem Lehrenden ist affektiv geprägt. G. Roth weist darauf hin, dass sich oft in den ersten Sekunden des Kennenlernens entscheidet, ob man eine Person sympathisch findet.

- Ich habe in der 6. Klasse „nachhaltig" und mit Begeisterung Zeichensetzung gelernt, weil ich von dem Lehrer, der gerade aus der Kriegsgefangenschaft kam, begeistert war. (Die Änderungen der Zeichensetzung im Zuge der Rechtschreibreform habe ich als narzisstische Kränkung, auch als „Enteignung" erlebt.)

- Die Lernumgebung, das Ambiente, der soziale und räumliche Kontext beeinflussen wesentlich die Lernatmosphäre.

- Der Lerninhalt selber kann emotionalisiert sein. Das gilt z. B. auch für eine Fremdsprache: Der Lernerfolg wird auch von der gefühlsmäßigen Beziehung zu dem Land oder einer Person aus dem Land geprägt.

Zur Reinterpretation der Erlebniswelt

Deine „Annäherungen an eine Didaktik des Emotionalen" (S. 71ff.) haben bei mir Erinnerungen an die Erlebnispädagogik wachgerufen. Erlebnispädagogik muss nicht als Zugeständnis an einen hedonistischen Zeitgeist verstanden werden, sondern lässt sich auch als intensives Erleben des Ich und der Welt interpretieren. Durch die Erschließung eines neuen Inhalts wird eine „Wechselwirkung" von Subjekt und Welt erlebt. W. Klafki hat Bildung als doppelten Erschließungsprozess beschrieben: „Bildung ist Erschlossensein einer dinglichen und geistigen Wirklichkeit für einen Menschen … und: Erschlossensein dieses Menschen für diese seine Wirklichkeit."

Bildung wird so zum Erlebnis: In einem Bildungserlebnis fühlen wir uns in Einklang mit der Welt, wir empfinden eine Erweiterung unseres Horizonts. Themen werden so zu „generativen Themen" (P. Freire). Im Idealfall erleben wir ein Flow-Gefühl, wir sind mit Leib und Seele „bei der Sache". Emotionen sind der Leim, der Welt und Ich verbindet. Während die Diskussion über Erfahrungslernen sehr kognitivistisch geprägt war, berücksichtigt eine bildungstheoretisch fundierte Erlebnispädagogik den Zusammenhang von Kognitionen, Emotionen und körperlichen Empfindungen.

Erlebnispädagogische Konzepte erfordern multimediale Arrangements, auch attraktive Lernorte. Doch auch hier gilt das Prinzip der Strukturdeterminiertheit: Bildungserlebnisse können nur bedingt inszeniert werden. Was als nachhaltiges Erlebnis wahrgenommen wird, entscheidet jede/r selber. Voraussetzung für solche Erlebnisse ist die Bereitschaft, sich auch emotional auf Neues einzulassen, Fremdheitserfahrungen zuzulassen, gewohnte „Spuren" zu verlassen. Diese Offenheit für Ungewöhnliches erfordert eine emotionale Sicherheit, d. h. eine Zuversicht, von der Seminarleitung und der Gruppe unterstützt zu werden. Nachhaltige Lernerlebnisse sind nicht nur „beglückend", sondern oft auch verunsichernd. Deshalb erfordern solche Bildungsangebote psychohygienisch stabilisierende „Maßnahmen".

Zur Frage des transformativen emotionalen Lernens

Ich weiß, dass Du Dich seit längerem mit den Möglichkeiten eines transformativen, „strukturverändernden" Lernens beschäftigst. Vielleicht bin ich in diesem Punkt skeptischer als Du. Du zitierst zahlreiche Belege, die für eine Stabilität und biografische Konstanz der Emotionsmuster, der emotionalen Einspurungen sprechen. Wenn es schon schwierig ist, kognitive Stile zu verändern, so gilt das erst recht für die Affektlogiken. Diese affektiven Muster sind Grundlage unserer Identität, unserer Persönlichkeit, sie geben uns (scheinbar) Halt.

Selbstverständlich kann und sollte eine „emotionale Selbstreflexivität" (S. 251) gefördert werden. Aber können und sollten „andere und neue Emotionsmuster eingeübt" werden? Wenn Erwachsene mit ihrer Emotionalität nicht zufrieden sind, werden sie eher therapeutische Hilfen oder Meditationsangebote in Anspruch nehmen. Doch auch dann bin ich skeptisch, ob emotionale Strukturen dadurch verändert werden.

Reicht es nicht, dass Erwachsenenbildner für die eigene Emotionalität und die emotionale Verankerung des Lernens sensibilisiert werden und im übrigen die TeilnehmerInnen so akzeptieren, wie sie sind? Meine Skepsis richtet sich gegen ein „explizites Emotionslernen" als didaktisches Programm. Brauchen wir eine „transformative Erwachsenendidaktik des ... emotionalen Lernens"? (S. 249). Genügt es nicht, dass die Teilnehmenden neue emotionale Erfahrungen mit sich und der Lehr-Lernsituation machen?

Meine Vorbehalte richten sich nicht gegen emotionale erwachsenenpädagogische Kompetenzen, z. B. die von Dir vorgeschlagene „emotionale Gewandtheit". Es stellt sich mir die Frage, ob oder inwieweit Emotionalität durch kognitive (Selbst-) Steuerung verändert werden kann. Gehirnforscher wie G. Roth und W. Singer sind eher skeptisch. Du selber machst darauf aufmerksam, dass wir „klug über die eigene Innerlichkeit" reden (S. 253). Und warum und wie sollen Emotionen der TeilnehemerInnen verändert werden?

Einen Begriff verwendest Du relativ selten, nämlich den der Lernmotivation. Kann es sein, dass organisiertes Lehren und Lernen – trotz der emotionalen Verankerung – primär eine kognitive Aktivität ist, dass auch Lernfähigkeit eher auf kognitive Leistungen verweist, wohingegen die Lernmotivation (und auch die Beteiligungsmotivation) vorwiegend emotionsgesteuert ist? Zwar haben wir auch rationale Gründe, um an einer Bildungsveranstaltung teilzunehmen oder auch nicht. Folgt man Gerhard Roth, so rechtfertigen unsere Kognitionen eher nachträglich das, was unsere Emotionen bereits entschieden haben. Diese Emotionalität der Bildungsmotive und –barrieren wird von einer „Weiterbildungswerbung" ignoriert, die primär an Einsicht und Vernunft appelliert.

Ich habe den Eindruck, dass eine Motivationstheorie des lebenslangen Lernens vor dem Hintergrund der Emotionsforschung neu konzipiert werden müsste.

Dein Buch hat viele Gefühle und Gedanken in mir ausgelöst. Viele Kapitel muss ich in Ruhe noch einmal lesen. Ich lese Dein Buch nicht nur aus Pflicht, sondern auch mit Gewinn und Vergnügen.

Ich grüße Dich herzlichst,

Dein Horst

Zwölfter Brief:

Erwachsenenbildung als „Zähmung des Blickes"

08.05.2005

Lieber Horst,

danke für Deine beiden Schreiben: das erste, in dem Du meine sprachphilosophischen und begriffstheoretischen Argumentationen aufgreifst, und das zweite
mit Deiner Einschätzung meines Buches „Die emotionale Konstruktion der
Wirklichkeit" (Arnold 2005a).

– I –

Mit den sprachphilosophischen und begriffstheoretischen Betrachtungen sind
wir voll im Thema, nämlich der Frage, welche Funktionen die unterschiedlichen
Umgangsformen mit Sprachlichem (Erzählen, Schriftkultur, Literatur) für die
Identitätsentwicklung, bei welcher Erwachsenenbildung ja eine unterstützende
Rolle spielen will, bedeuten können. Dieses Thema kann nicht ohne einen
Bezug zu der Frage nach dem Bewusstsein erörtert werden. Auch Du siehst diesen Zusammenhang, wenn Du wissen möchtest, ob wir mit dem „Reentry"
bewusster „Gründe" den Boden des Konstruktivismus verlassen? Dazu würde
ich mir erlauben, darauf hinzuweisen, dass es ganz davon abhängt, was wir als
„bewusst" gelten lassen. Ist es das, was der Handelnde selbst über die Motive
und Ziele seines Handelns anzugeben vermag? Da hätte ich mit Blick auf meine
These von der emotionalen Konstruktion der Wirklichkeit so meine Zweifel.
Und ich empfinde die Habermassche Gegenüberstellung von „neuronalen Ursachen" und „bewussten Entscheidungen" als wenig erhellend, da ich mich frage,
ab wann eine Entscheidung „bewusst" ist (Dies ist zugleich die Frage, welcher
Beobachter denn darüber befinden kann). Handlungsgründe sind zumeist vor-
getragene, sind sich aber nur selten der emotionalen Tiefeneinspurungen, denen
sie folgen, wirklich bewusst. Jürgen Habermas, dessen Text ich genau nachgelesen habe, bleibt mit seinen Argumentationen m. E. hinter dem erreichten Dis-
kussionsstand im Zusammenhang mit der Hirnforschung zurück. Es geht dieser
nämlich m. E. gar nicht darum, verantwortliches Handeln auszuschließen, sie
fordert uns vielmehr auf, den eigentlichen Motiven unseres Handelns wirklich
auf die Spur zu kommen, da man nur „verantworten" kann, was man „verstanden" hat. Dies beinhaltet m. E. auch, dass man um die Banalität des Gewiss-
heitsgefühles „weiß", denn „gewiss" ist uns selten das, wofür wir die besten
„äußeren" Gründe, sondern das, wofür wir die besten „inneren" Gründe haben.

Erwachsenenbildung ist für mich nun ein Prozess, bei welchem es auch darum geht, die Selbsteinsicht in die „inneren" Gründe Schritt für Schritt zu erweitern – nicht, um deren Geltung „außer Kraft" zu setzen, sondern um sich der Konstruktivität des Eigenen bewusst zu werden und mehr und mehr ein Gefühl dafür zu entwickeln, dass man nicht ohne seine inneren Begründungen Wirklichkeit konstruieren und sich über Wirklichkeit verständigen kann. Als „erwachsen" hätte demnach zu gelten, wer seine Selbstreflexivität so weit hat entwickeln können, dass er die Spuren des Eigenen im Fremden zu erkennen vermag, und so auch – zumindest in einer sich mehr und mehr stabilisierenden Grundeinstellung – dem Eigenen des Gegenübers Raum zu geben in der Lage ist – eine Haltung, für die ich den Begriff der Gelassenheit verwende. Dies klingt nach einer ethischen Maxime, ist m. E. jedoch eine notwendige Folgerung aus den Funktionsmechanismen unserer Wahrnehmung, die uns niemals ganz aus dem Mechanismus des „Gewiss-ist-das, was-ich-(wieder)erkenne!" herauszuführen vermag. Stellt man sich der m. E. zunehmend bedeutsamen Aufgabe einer substanziellen Neufassung des Erwachsenenbegriffs, so liefert uns der Konstruktivismus – auch und gerade in der versuchten Weiterentwicklung als Emotionaler Konstruktivismus (Arnold 2005a) – hier eine wesentliche Begründungsdimension. Es geht m. E. darum, Inszenierungsformen für das Lernen Erwachsener zu entwickeln und zu erproben, in deren Rahmen Teilnehmer und Teilnehmerinnen die „Zähmung des Blicks" (Schmidt 1989) in ihren lebensweltlichen Kontexten einüben können. In diesem Zusammenhang teile ich zwar Deine Einschätzung, dass

„mit der Vernachlässigung der Schriftsprache ein Verlust an sprachlicher Differenzierung und" – wie Du vermutest – „eine zunehmende Vereinfachung und Dualisierung des Denkens verbunden (ist)",

doch glaube ich, dass diese Vernachlässigung der Schriftsprache auch gar nicht die Konsequenz ist, die sich abzeichnet. Mir geht es vielmehr darum, der uneingeschränkten Universalisierung des Schriftsprachlichen entgegenzuwirken, da auch dieses nicht ohne Verlust zu haben ist, wie meine Bezugnahmen auf Illich andeuten [1]. Es geht dabei gewissermaßen um einen „Verlust an konnotativer Differenzierung", wobei das Konnotative auf eine Substanz verweist, die stärker mit dem Alltagshandeln und den emotionalen Konstrukten, die dieses leiten, in Verbindung steht. Illich verweist auf die Verarmung des Ausdrucks, die daraus resultiert, dass wir immer ähnlicher sprechen, und seine Ausführungen lese ich auch als Hinweis darauf, dass wir mit dieser schriftsprachlichen Illusion auch einer Kolonialisierung des Bewusstseins Vorschub leisten, welche mit „Bildung" im Sinne einer Stärkung der Ich-Kräfte des Subjekts in seinen lebensweltlichen

---

[1] Man könnte sich in diesem Zusammenhang auch auf den Dekonstruktivismus von Jaques Derrida beziehen – ein erwachsenenpädagogisch bislang übersehener Denker –, für dessen radikale Unbestimmtheitslehre das Textliche eine ewig widersprüchliche Zeichenwelt konstituiert, zu deren ursprünglicher Bedeutung man nicht zurückgelangen könne (Derrida 1974).

Bezügen weniger zu tun hat, als wir erwarten. Aber vielleicht lese ich da auch mehr in den Illich hinein, als er wirklich selbst meint, und vielleicht liegt das daran, dass mir eine Differenzierung des Bewusstseins vorschwebt, welche sich nicht allein aus der sprachlichen, sondern auch aus der konnotativen Komplexität „speist". Das Subjekt ist für mich die Summe aller inneren Systemiken, mit welchen es sich mit den äußeren Systemiken – sprachlich bezeichnend und kommunizierend, aber auch intuitiv sich versichernd und emotional nach Stimmigkeit strebend auseinandersetzt. Dies ist mehr als in einer Syntax abbildbar ist. Bildung ist deshalb für mich eine Differenzierung des Bewusstseins, welche auch um die metasprachlichen Systemiken „weiß" und über Formen des sozialen Handelns verfügt, mit den eigenen bevorzugten Deutungen und Emotionseinspurungen „leidenschaftsloser", vielleicht „ironischer" – „sich selbst ins Wort fallend", wie Du so treffend schreibst – umzugehen – kurz: „den eigenen Blick zu zähmen" (ebd.).

Deine Überlegungen zur Überwindung des Dualismus von Selbstreferenz und Fremdreferenz gehen in dieselbe Richtung. Dabei ist Deine Charakterisierung des „Erzählens" als eines Modus des textlosen Sich-aufeinander-Beziehens erhellend, wobei mein Eindruck jedoch der ist, dass die Erzählsituationen, wie wir sie in Lehr-Lern-Prozessen antreffen, selten wirklich in dieser Weise als textlos angesehen werden können. Vielmehr ist das dortige Geschehen zumeist – zumindest implizit – durch all das charakterisiert, was Du über „das zweischneidige Schwert" der Literalität schreibst, welche ja – wie Du zu Recht betonst – für das Entstehen der Erwachsenenbildung von grundlegender historischer Relevanz gewesen ist. Die Formulierung „zweischneidiges Schwert" finde ich in diesem Zusammenhang hilfreich, da sie mir erlaubt, meine eigene Position gegenüber der Literalität genauer zu definieren. Mir geht es – wie ich versuchte deutlich zu machen – ja keineswegs darum, die Literalität in Frage zu stellen, zumal man ja die gesellschaftliche Bedeutung von Textreferentialität überhaupt nicht leugnen kann (auch, weil wir beide uns ja selbst textreferentiell verständigen). Mir ist es eher darum zu tun, nach den mit diesem Fortschritt verbundenen individuellen und gesellschaftlichen „Kosten" zu fragen, auf die auch Illich hinweist. Ein solch ungewohnter Blick auf die Textreferentialität unserer Öffentlichkeit – und Erwachsenenbildung ist ein Teil von ihr – ist nicht nur im Kontext der Postgutenberg-Moderne, welche sich bereits mehr herausgebildet hat, als wir in unseren Entwürfen wiederspiegeln, angezeigt, er ist m. E. auch deshalb notwendig, weil wir uns die Frage, aus welchen Quellen sich subjektives Gewissheitserleben und biographische Substanz zu speisen vermögen, nicht mehr materialiter beantworten können. Wir benötigen vielmehr reflexive Kategorien – so das Argument, welches Ulrich Beck ja schon länger in die Debatte bringt[2] –, und wir

---

[2] Beck schreibt: „Individualisierung ist ein Zwang, ein paradoxer Zwang allerdings zur Herstellung, Selbstgestaltung, Selbstinszenierung nicht nur der eigenen Biographie, auch ihrer Einbindungen und Netzwerke, und dies im Wechsel der Präferenzen der Entscheidungen und Lebensphasen. (...) So zwingen sie (die Vorgaben; R. A.) jeden und jede, auch innerhalb und unterhalb der Ehe, sich als individuelle Akteure und Konstrukteure der eigenen Biographie zu betätigen und durchzuhalten" (Beck 1993, S. 152f).

benötigen eine Antwort auf die Frage nach dem Erwachsenen und dessen Lern- und Suchbewegungen in der „reflexiven Moderne", welche sich in ihrer Substanz nicht länger aus differenztheoretischen Überlegungen zur Kindheit, sondern aus einer Bezugnahme auf den Umgang mit den inneren und äußeren Gründen in den fortgeschrittenen Lebenslaufphasen ableitet. Die Lebenslaufperspektive, welcher die systemtheoretischen Konzeptionen folgen, ist m. E. hierbei anregend und hilfreich, aber gleichwohl unvollständig, da sie *das innere Erwachsenensein*, die Quelle unserer Beobachtungs-„Brillen" und Wirklichkeitskonstruktionen ausblendet. Erwachsenenbildung als Begleitung kognitiv-emotionaler Wirklichkeitskonstruktion(en) bedarf allerdings beider Zugänge:

- des *lebenslauftheoretischen*, um die Formen des individuellen Umgangs mit den phasentypischen „Aufgaben" biographisch fortgeschrittener Lebenssituationen differenzierter beurteilen zu können (Ergebnis: „Modell phasentypischer Anforderungen"), und

- des *subjekttheoretischen*, um die unterschiedlichen Typen der kognitiv-emotionalen Verschränkung von „Eigensinn" und „Lebenslaufaufgabe" detaillierter beschreiben zu können (Ergebnis: „Grundformen des Erwachsenenseins").

Mit diesem Hinweis ist zugegebenermaßen ein Programm markiert, an dem derzeit nicht wirklich gearbeitet wird, obgleich es von grundlegender Bedeutung ist. Denn wie können wir über die Konstruktivität von Wahrnehmung und das sich daraus ergebende erwachsenenpädagogische Ziel der Einübung eines „gezähmten Blicks" (sensu Schmidt) nachdenken, wenn wir uns nicht zugleich der Frage stellen, wie dieses Ziel sich im Kontext lebensphasentypischer Aufgabenbewältigung einerseits und im Kontext „typischer" subjektiver Rekonstellierungsmuster andererseits darzustellen vermag?

Doch nun zurück zu Deinen Überlegungen und den beiden Thesen: „Unsere Schriftkultur enthält ein Reservoir an horizonterweiternden humanen Wirklichkeitskonstruktionen." Und: „Die Auseinandersetzung mit Literatur vermag einer selbstgenügsamen Verengung der Selbstreferenz gegenzusteuern". Beiden Thesen stimme ich ja durchaus zu, wollte nur auch darauf aufmerksam machen, dass Literatur nicht per se Selbstreflexivität anbahnt und fördert, sie „lebt" vielmehr auch von Identifikationsangeboten und Schablonen, welche zwar textreferentielle Öffentlichkeit, aber nicht immer Individuation, das – wie Hermann Hesse definiert – „Sichdurchkämpfen des Einzelnen aus der Masse heraus zur Persönlichkeit" (Hesse 2002, S. 10) gewährleisten kann. Literatur „verdankt" ihren Platz im Bildungskanon, wie Du weißt, vornehmlich der Humboldtschen Annahme, dass Bildung ihren Maßstab und Bezug in den geistigen Produkten der reifen Formen des Kulturausdrucks finde – eine Annahme, welche in dieser Pauschalität nicht nur, aber auch in den Epochen geistig-moralischer Verrohung überdeutlich ad absurdum geführt worden ist. Dies hat Theodor Litt in seiner

Studie „Das Bildungsideal der Deutschen Klassik und die moderne Arbeitswelt"
(1955) pointiert herausgearbeitet und dadurch wesentliche Argumente für eine
bildungstheoretische „Rehabilitierung" der bislang (bis heute!) immer noch im
Abseits stehenden berufsvorbereitenden bzw. berufsqualifizierenden Inhalte
geliefert (vgl. Litt 1955). Heute zeichnet sich, wenn ich es richtig beurteile, ein
veränderter Blick auf die tatsächliche kompetenzstiftende Relevanz von Inhalten ab, welcher uns auch in der Erwachsenenpädagogik zu einer größeren Nüchternheit und vielleicht auch zu einem allmählichen Abschied von der „intellektu-
alistischen Bildungsillusion" (Rauner) führen könnte. Nimmt man sich auch für
einen solchen Shift nochmals die Berufsbildungsforschung zum Modell, so stellt
man fest, dass diese in den vergangenen Jahren stärker einer Kompetenz- und
Domänenorientierung folgt, welche Rauner mit den Worten beschreibt:

> „Die beruflichen Domänen und ihr Wandel werden daher zu einem Bezugspunkt für die
> Begründung von Inhalten und Zielen beruflicher Bildung und, darin eingeschlossen, für
> die Zuteilung von Berechtigungen im Beschäftigungssystem. Während mit dem Abitur
> die Reife für ein Studium attestiert wird, bezieht sich die Zuteilung von Berechtigungen
> am Ende der Berufsausbildung oft auf sehr spezifische Kompetenzen, die zur Ausübung
> beruflicher Tätigkeiten befähigen. (…) Dies ist eine Besonderheit aller Formen beruf-
> licher Bildung, die auf den Erwerb der Berufsfähigkeit zur Ausübung spezifischer
> Berufe zielen. Der wissenschaftlichen Beschäftigung mit dem Lernen für den Beruf,
> erwachsen darauf besondere Anforderungen z. B. bei der Entschlüsselung des in der
> praktischen Berufsarbeit inkorporierten Wissens und Könnens sowie für das Überprü-
> fen und Bewerten beruflicher Kompetenzen" (Rauner 2005, S. 11).

Nun möchte ich keineswegs für eine durchgängige *Kompetenz- und Domänenorientierung in der Erwachsenenbildung* plädieren, halte es aber schon für notwendig, dass wir unsere Forschungen deutlicher von den zu gestaltenden
Lebens- und Lernsituationen Erwachsener (vgl. Havighurst 1972; Dreyfus/
Dreyfus 1987) her definieren; und auch die Zielgruppenorientierung sowie die
Programmentwicklung der Anbieter von Erwachsenenbildung könnte durch
eine solche Justierung wesentliche Anregungen erfahren. Mit diesen Überlegungen greife ich auch Deine Bemerkung zum vermeintlichen Empiriedefizit des
Konstruktivismus auf. Diese Einschätzung teile ich nur begrenzt, da – wie ich
verschiedentlich ausgeführt habe – das Verhältnis zwischen Beobachter und
„Realität" sowie insbesondere die wirklichkeitskonstituierenden Wirkungen der
Begrifflichkeiten, Beobachtungsformen, Forschungszugriffe sowie Forschungsinstrumente „Empirie" als solche zu einer erkenntnistheoretisch problemati-
schen Angelegenheit werden lässt. Vielleicht ist es deshalb „gut", dass wir uns
diesem aus der Welt des wissenschaftlichen Eindeutigkeitsglaubens kommenden
Vorwurf nicht unmittelbar stellen, sondern vielmehr nach angemessenen Wegen
der interaktiven Wirklichkeitskonstruktion – für welche es in der hermeneuti-
schen Tradition, aber auch in der systemischen Forschung zahlreiche Vorarbeiten
gibt (vgl. Pfeffer 2001; Rittelmeyer/Parmentier 2001) – suchen. Gleichzeitig sollten wir aber – so meine ich – das Wiedererstarken der empirisch-analytischen

Erziehungswissenschaft mutig bekämpfen, da diese recht gedankenlos ihre Konstrukte ontologisiert und sich um die politischen Folgen dieser Ontologisierung nicht wirklich kümmert (vgl. Arnold 2005b).

– II –

Danken möchte ich Dir auch für Deine ausführliche Auseinandersetzung mit meinem neuen Buch, in welchem ich versuche, in einer ersten Skizze einen Emotionalen Konstruktivismus zu fundieren und für die Erwachsenenbildung „fruchtbar" werden zu lassen. Deine Einschätzungen bestärken mich in diesem Versuch, obgleich ich auch eine grundlegende Skepsis herauslese, welche u. a. in Deiner Frage „Warum und wie sollen Emotionen der TeilnehmerInnen[3] verändert werden?" zum Ausdruck kommt. Zunächst einmal möchte ich zum „Warum" einige Gedanken nachtragen, weil das „Wie" noch eine eigene umfangreiche Anstrengung voraussetzt, die noch vor uns liegt (obgleich wir bereits einige Schritte absolviert haben). Das „Warum" ist ein bildungstheoretisches, wie ich bereits in meiner Argumentation zur schriftsprachlichen Bildung ausgeführt habe. Bildung zielt – wie man heute so schön sagt – auf „Selbstermächtigung" bzw. „Empowerment". Für mich bedeutet dies, dass Menschen – und dies ist ein durchaus aufklärerisches Ideal – die Möglichkeit erhalten, „Herren (bzw. – aber dann „passt" es konnotativ nicht recht –: Damen) im eigenen Haus" zu werden. Dies ist ohne eine Einbeziehung dessen, was eigentlich in uns wirkt, nicht möglich. Wenn Roth u. a. darauf verweisen, dass unsere Kognition lediglich nachträglich das rechtfertigt, „was unsere Emotionen bereits entschieden haben", dann wird die notwendige Begrenztheit unseres auf Kognition und Kognitionsdifferenzierung fokussierenden Bildungsverständnisses überdeutlich. Wir finden uns dann in einer Situation wieder, dass wir zwar so tun, als könnte eine Differenzierung der unser Handeln leitenden Deutungsmuster dieses selbst verändern und „verantwortlicher", „überlegter", „ethisch vertretbarer" etc. werden lassen, doch müssen wir gleichzeitig hinnehmen, dass uns die Hirn- und Emotionsforschung ständig eines Besseren belehrt.

Diese Schmach ist so gravierend, dass sich derzeit alle Anstrengungen darauf zu richten scheinen, so zu tun, als sei dem nicht so, als würde Roth nicht sagen, was er sagt und als stünde er mit seinen Forschungsergebnissen allein auf weiter Flur – was nicht so ist. Allenfalls ist man bereit, zu „kompromisslerischen" Formeln zu greifen und zuzugestehen, dass – wie dies Holzapfel (2004) tut – Kognition und Emotion „irgendwie" im Lernprozess zusammenwirken, während man gleichzeitig weiterhin an den didaktischen Vermittlungskonzepten bastelt und damit nur der einen Seite des 50:50%-Wirkungszusammenhangs Rechnung trägt. Die Folge ist, dass wir – immer unter impliziter Verengung unseres Bildungsdenkens auf das Literale bzw. den Glauben an die Überzeugungs-

---

[3] Es geht natürlich nicht nur um die TeilnehmerInnen, sondern auch um die Professionals und deren inneren Gründe für ihre So-und-nicht-anders-Reaktionen.

wirkung des besseren Argumentes – in der Erwachsenendidaktik weiterhin mit einem kognitivistischen Bias operieren, der uns daran hindert, die Tiefendimensionen des Bildungsprozesses wirklich – didaktisch substanziell – anzuerkennen und nach Inszenierungsformen zu suchen, denen ein Rekonstellierungspotenzial innewohnt. Man könnte m. E. so weit gehen zu sagen, dass Bildung zunächst eine emotionale Qualität ist, welche die „inneren Gründe", welche das Denken, Fühlen und Handeln motiviert, nicht einfach außer Kraft zu setzen vermag, aber um die Gegebenheit dieser Wirkung weiß.

„Emotional gewandt" ist jemand, der mehr und mehr dazu in der Lage ist, sich den anderen nicht einfach zuzumuten, und zudem in dem (Selbst-)Bewusstsein lebt, auch anders sein zu können. Zwar kann Emotionalität durch kognitive Selbststeuerung nicht einfach verändert werden, aber es ist nach meinem Eindruck so, dass allein das Wissen um die Wirkungsmechanismen des Selbst das kontrafaktische Lebensgefühl („Die Welt ist so, wie ich sie fühle") erheblich erodieren kann. Auf diesen Erodierungseffekt kommt es mir an. Ihn zu erreichen muss Schritt für Schritt angebahnt und vorbereitet werden. Dabei spielt „Emotional Literacy", d. h. der Aufbau einer Sprach- und Bezeichnungswelt für das Verständnis der eigenen Innerlichkeit eine große Rolle, denn auch für die Selbstreflexivität gilt: Ich kann nur begreifen, was ich begreifen kann bzw. wofür ich Begriffe habe. Und dann kann sich auch mehr und mehr ein Denken entwickeln, das „sich selbst ins Wort fällt" – dies ist Deine Formulierung, die mir sehr gut gefällt. Gleichzeitig vermag sich – nun wieder stärker philosophisch bzw. erkenntnistheoretisch gesehen – auf diesem Wege eine Beobachterposition herauszubilden, die mit einem Fünkchen Freiheitserleben einhergeht: „Ich kann zwar die Welt nur sehen, wie ich sie sehen und aushalten kann, aber ich weiß, wie ich dabei bevorzugt zu Werke gehe". Indem Bildung Anlässe und Möglichkeiten bietet, diese eigenen Mechanismen der Wirklichkeitskonstruktion kennen zu lernen, trägt sie dazu bei, dass die Subjekte sich aus ihren inneren Gefängnissen befreien können und lernen, es sich zu gestatten, anders zu sein bzw. Andere zu sein.

Didaktisch gewendet bedeutet dies, dass vieles, was die Debatten um einen Lernkulturwandel oder um die Ermöglichungsdidaktik in den Blick nehmen, eine weiterführende Begründung erfahren. Beide Tendenzen rücken die Aneignungsaktivitäten der Subjekte in den Mittelpunkt, ohne bislang allerdings die Aneignung selbst als das zu sehen, was sie auch ist: eine Rekonstruktion des Bekannten mit den bereits bekannten Mitteln. Diese Konstruktivität der Aneignung gilt es m. E. genauer zu erforschen. Dabei müssten wir auch die Aneignungskontexte stärker analysieren, denn Menschen eignen sich doch keine Inhalte, sondern Inhalte in Kontexten an. Und diese Kontexte konstruieren bzw. „erleben" sie nach den Maßgaben der in ihnen bereits verankerten Ähnlichkeitserfahrungen. Meine Vermutung ist, dass wir, wenn wir Lernen nicht mehr nur als Aneignung, sondern auch als Rekonstellierung von Kontexten zu sehen lernen, sowohl zu einer erwachsenenpädagogischen Rekonstellierungstypik gelangen könnten – mein Buch enthält hierzu ja zahlreiche Beispiele und Fallsituationen –, als auch zu einer genaueren Klärung der Frage, welches die produktiven (im Sinne der Entwicklung eines „gezähmten Blickes" bei den Subjekten) Formen des Umgangs mit diesen typischen Rekonstellierungsweisen sein könnten. Die Lernkulturdebatte hat in uns bereits den Blick dafür geschärft, dass die persönlichkeitsbildenden Effekte bislang über „Schmuggeltechniken"[4] (Simon 1999, S. 54) in die Lernprozesse hineingelangen; es geht m. E. darum, diese Techniken zu „legalisieren", d. h. das, was wir über die Wirkungsweisen des Heimlichen Curriculum wissen, als Baumaterial für die Entwicklung einer Erwachsenendidaktik zu nutzen, die auch eine Didaktik der Rekonstellierung ist.

Liebe Grüße

Rolf

Literatur

Arnold, R.: Die emotionale Konstruktion der Wirklichkeit. Baltmannsweiler 2005a.

Arnold, R.: Die Pisa-Lüge. Die Wiedererstarkung mechanistisch-linearer Pädagogik und ihrer Bildungspolitik. In: Friedrich-Jahresheft 2005b, S. 65–66.

Beck, U.: Die Erfindung des Politischen. Frankfurt 1993.

Dreyfus, H. L./Dreyfus, S. E.: Künstliche Intelligenz. Von den Grenzen der Denkmaschine und dem Wert der Intuition. Reinbek 1987.

Havighurst, R. J.: Development Tasks and Education. New York 1972.

Hesse, H.: Eigensinn macht Spass. Individuation und Anpassung. Ausgewählt von Volker Michels. Frankfurt a. M. 2002.

Holzapfel, G.: Mehr Selbstbewusstsein für die Pädagogik! Eine Replik zum Schwerpunkt „Gehirn und Lernen" des Literatur- und Forschungsreports 3/2003. In: Report, 27 (2004), 2, S. 87–98.

Litt, T.: Das Bildungsideal der deutschen Klassik und die moderne Arbeitswelt. Bonn 1955.

Pfeffer, T.: Das „zirkuläre Fragen" zur Luhmannschen Systemtheorie. Heidelberg 2001.

Rauner, F.: Berufsbildungsforschung – eine Einführung. In: Ders. (Hrsg.): Handbuch Berufsbildungsforschung. Bielfeld 2005, S. 9–16.

Rittelmeyer, C./ Parmentier, M.: Einführung in die pädagogische Hermeneutik. Darmstadt 2001.

Simon, F. B.: Einleitung. Wirklichkeitskonstruktionen in der systemischen Therapie. In: ders. 1999, S. 1–9.

Simon, F. B. (Hrsg.): Lebende Systeme. Wirklichkeitskonstruktionen in der systemischen Therapie. Frankfurt 1999.

---

[4] „Die meisten Erwachsenen haben vergessen, was sie an Datenwissen laut Lehrplan in der Schule hätten vermittelt bekommen sollen. Statt dessen erinnern sie sich aber noch, dass ihnen ein mehr oder weniger wohlmeinender Lehrer versucht hat, die Grundregeln der höheren Mathematik zu vermitteln, während sie dabei gelernt haben, dass sie Idioten sind, nichts wert oder gesellschaftlich randständig, dass sie sich unterwerfen oder katzbuckeln müssen. (…) Auf implizite Weise werden Botschaften über zwischenmenschliche Beziehungen, Menschenbilder sowie moralische und ethische Werte mit Schmuggeltechniken weitergereicht" (Simon 1999, S. 153 und 154).

Dreizehnter Brief:

Erwachsenenbildung und Selbstreflexivität

Juni 2005

Lieber Rolf!

Aus Deinem Brief möchte ich zunächst Deinen Kommentar zu dem von mir kritisierten „Empiriedefizit" des Konstruktivismus aufgreifen. Ich teile (selbstverständlich) Deine Kritik an einem objektivistischen, „ontologisierenden" Empiriebegriff. Auch die Ergebnisse der neurowissenschaftlichen Forschungen sind beobachtungs- und methodenabhängig. So interessant die Befunde der „bildgebenden Verfahren" über das Funktionieren unseres Gehirns sind – so darf nicht vergessen werden, dass wir „nur" das erkennen, was diese Messinstrumente messen. Vermutlich werden wir in 20 Jahren ganz andere Forschungsinstrumente und damit auch andere Ergebnisse haben.

In unserer sozial- und erziehungswissenschaftlichen Forschung sind die klassischen Maßstäbe der Objektivität und Reliabilität m. E. nicht nur unrealistisch, sondern auch „gegenstandsinadäquat": Eine Interviewsituation ist und bleibt eine einmalige, so nicht wiederholbare Interaktionssituation, die nicht nur von dem Interviewleitfaden, sondern auch von dem Kontext geprägt wird.

Ich plädiere jedoch nicht für einen Verzicht auf empirische Forschung, sondern – und darin sind wir uns vermutlich einig – für die Profilierung eines konstruktivistischen Empiriekonzepts. Siegfried Schmidt schlägt in seiner „Zähmung des Blicks" vor, „ganz unterschiedliche Argumente und Diskurselemente im Ordnungsrahmen konstruktivistischer Grundannahmen auf ihre gegenseitige Kompatibilität wie auf ihren Anregungscharakter hin zu testen. Der leitende Gesichtspunkt ist also nicht 'Wahrheit' sondern 'Problemlösungskapazität'." (1998, S. 8).

Die konstruktivistische Literatur hat bisher die These gestärkt, *dass* Menschen ihre Wirklichkeiten nach Maßgabe der Viabilität konstruieren. Mit Blick auf die Praxis der Erwachsenenbildung ist es wichtig mehr darüber zu erfahren, *wie* Lehrende, Teilnehmer, Nicht-Teilnehmer und Veranstalter lebenslanges Lernen konstruieren, welche Themen ihnen relevant und interessant erscheinen, wie sie – für sich und für andere – die Notwendigkeit lebenslangen Lernens begründen, wie sie ihre eigene Lerngeschichte rekonstruieren. Empirische Erwachsenenbildungsforschung hat so die methodengeleitete Rekonstruktion der pädagogisch relevanten Konstruktionsprozesse zum Ziel. Dazu gehören nicht nur Interviews, sondern auch teilnehmende Beobachtungen und (quasiexperimentelle) Feldforschungen. Du selber hast dazu mehrere Beiträge geleistet – ich denke z. B. an die empirische Studie „Lehren und Lernen im Modus der Auslegung". Thema einer reflexiven empirischen Forschung ist aber auch die Rekonstruktion der Selbstbeschreibungen unserer Disziplin.

Ein „Schlüsselsatz" Deines letzten Briefs ist für mich: „Erwachsenenbildung ist für mich nun ein Prozess, bei welchem es auch darum geht, die Selbsteinsicht in die ‚inneren' Gründe Schritt für Schritt zu erweitern". In diesem Zusammenhang verknüpfst Du Erwachsensein mit „Selbstreflexivität". Zur Selbstreflexivität gehört, „die Spuren des Eigenen im Fremden zu erkennen". Ich finde diese Konstruktion bedenkenswert. Ich frage mich: Ist das Deine persönliche Meinung oder eine allgemeingültige Maxime der Erwachsenenbildung? Ist die Wertschätzung der Selbstreflexivität vielleicht typisch für „unser" Milieu? Welches Menschenbild verbirgt sich hinter der erwünschten „Selbsteinsicht in die inneren Gründe"? Welche ungewollten Nebenwirkungen können mit dieser Selbstreflexivität verbunden sein? Macht diese Selbstreflexivität glücklich, vielleicht sogar moralischer und politisch verantwortlicher? Vor allem – und hier könnte die Empirie ansetzen – konstruieren Teilnehmer, Nichtteilnehmer, Kursleiter, Volkshochschulleiter Erwachsensein und Erwachsenenbildung ähnlich?

In einem Forschungsseminar habe ich gemeinsam mit Studierenden 74 halbstandardisierte Interviews über subjektive Lerntheorien, insbesondere zum lebenslangen Lernen durchgeführt. Es gab kaum zwei Personen, die die Notwendigkeit oder Nutzlosigkeit von Erwachsenenbildung völlig übereinstimmend interpretierten. Andererseits waren die objektivistischen (gesellschaftlichen, ökonomischen) Begründungen des pädagogischen „Establishments" in den subjektiven Problemsichten der Adressaten kaum wiederzufinden. Eine empirische Frage ist aber auch: Wenn Selbstreflexivität ein allgemein anerkanntes Lernziel ist – wie lässt sich ein entsprechendes Lernen didaktisch-methodisch unterstützen? Welche Zielgruppen bevorzugen Gespräche, Texte, Vorträge, Collagen ...? Lassen sich reflexionsförderliche Lehrverhaltensweisen beobachten?

Auch die von Dir angeregte „Rekonstruktion" (oder auch Dekonstruktion?) des Erwachsenenbegriffs ist vermutlich nicht ohne empirisches Material möglich. Ist Erwachsensein noch eine konsensfähige Leitidee in unserer Gesellschaft? Oder auch nur in unserer „scientific community"? Auch wenn in meiner Frage Skepsis anklingt, so ist die Frage nach dem Erwachsenen und seiner/ihrer Bildung sicherlich eine Schlüsselfrage der „Erwachsenenbildung". Erwachsensein hat drei Zeitdimensionen: Eine biografische Dimension im Sinne einer Vergewisserung und Bewahrung der eigenen Kindheit. Eine Zukunftsdimension mit Blick auf Endlichkeit, aber auch auf noch nicht gelebtes Leben. Und einen Gegenwartsbezug als „kluge Lebensführung" hier und jetzt. Eine solche „Biografizität" (Peter Alheit) kann gelernt werden. Dieses Lernen erfordert nicht nur Reflexion und Dialog, sondern auch Wissen.

Bildung, Erwachsensein, Selbstreflexivität lassen sich als „Einheit der Differenz" begreifen. Vielleicht sollten wir diese drei Schlüsselbegriffe aus konstruktivistischer Sicht zu schärfen versuchen. Selbstreflexivität ist dann Selbstbeobachtung, „Beobachtung II. Ordnung", die Fähigkeit zu beobachten, *wie* man beobachtet. Da wir aber nicht sehen, was wir nicht sehen, da wir selber für uns (meist) ein „blinder Fleck" sind, ist eine solche Metabeobachtung eher ungewöhnlich und erfordert vertrauensvolle „Gesprächspartner".

Allerdings können die Neuro- und Kognitionswissenschaften eine spezifische metakognitive Gehirntätigkeit bisher nicht nachweisen. Selbstbewusstsein ist somit keine neue („höhere") Qualität des Bewusstseins, sondern das Selbst ist ein Konstrukt unserer kognitiven und emotionalen Tätigkeit. Das Selbst ist keine autonome Instanz unseres Menschseins, es ist weder im Gehirn, noch in anderen Körperteilen zu lokalisieren. Unser Selbst ist unser Selbstbild, d. h. ein Bild, das wir uns von uns machen. Unser Selbstbild ist nicht richtig oder falsch, es ist wie es ist. Dass dieses Selbstbild nicht deckungsgleich mit den Fremdbildern unserer sozialen Umwelt ist, versteht sich von selber. Selbstreflexivität kann so als die Bereitschaft und Fähigkeit verstanden werden, unser Selbstbild mit unseren Fremdbildern zu vergleichen, relevante Unterschiede als Perturbation wahrzunehmen und ggfs. die Selbstbeobachtung zu korrigieren. Eine solche Korrektur oder auch Erweiterung des Selbst wird dann begünstigt, wenn dieser Wandel „viabel" erscheint. Dabei ist eine Veränderung des Selbstbildes nicht prinzipiell einer Bestätigung unseres Selbst vorzuziehen. Veränderung ist kein Selbstzweck, auch führt eine solche Selbstreflexion nicht unbedingt zu einem „besseren" Menschsein. Man kann als Folge dieser Selbstbeobachtung durchaus zu der Konsequenz gelangen, egoistischer eigene Interessen durchsetzen zu sollen, vielleicht auch: zu empfindsam für diese Welt zu sein.

Im Sinne einer „De-Normativierung" der Pädagogik muss jeder einzelne entscheiden, wie weit er die Selbstbeobachtung voran treibt und welche Folgerungen er daraus zieht. Vereinfacht gesagt: nach einer selbstreflexiven Phase fühlt er sich nicht unbedingt wohler.

Selbstreflexion wird meist als eine abstrakte, inhaltsneutrale Kompetenz begriffen. Mir scheint es sinnvoll, Selbstreflexion an den Begriff Wissen zu koppeln und damit für Bildungsarbeit handhabbar zu machen. (Ich klammere die Frage aus, ob „Wissen" systemtheoretisch als „Medium" des Systems Erwachsenenbildung interpretiert werden kann.) Selbstreflexion – so mein Plädoyer – erfolgt nicht wissensunabhängig, sondern „mitlaufend" bei der Beschäftigung mit „generativen Themen", z. B. Literatur, Geschichte, Gesundheit, Philosophie, Psychologie, Gesellschaftstheorie … Durch diese themengebundene Selbstreflexion wird das „Fachliche" zu identitätsrelevanten Inhalten. Selbstreflexion ist so gesehen eine Dimension der Aneignung von Wissen.

Und andererseits: die Auseinandersetzung mit (außersubjektivem) Wissen trägt zur Konstruktion und Rekonstruktion des Selbst bei. Ich bin mir nicht sicher, ob diese Überlegungen weiterführend sind. Vielleicht sind sie auch nur flüchtiger Ausdruck momentaner Stimmungen.

Bis bald.

Herzliche Grüße,

Dein Horst

Vierzehnter Brief:

Zwischen Gütekriterien, Leitdifferenzsuche und lebensphiloso-phischer Rahmung: Leerstellen im Theoriediskurs

Juli 2005

Lieber Horst,

– I –

ich sitze im Zug von München nach Mannheim, habe Deinen Brief und die neue Nr. der Zeitschrift für Pädagogik vor mir – eine echte Herausforderung: Zu was soll ich greifen? Die ZfPäd verspricht zur „Theoriediskussion in der Weiterbildung" beizutragen, in Deinem Brief bewegt mich so einiges, insbesondere, wenn Du „Problemlösungskapazität" als eigentlichen Referenzpunkt – oder kann man sagen: Gütekriterium? – der Erwachsenenbildungswissenschaft stark machst, ganz so, wie Franz Horváth in der neuen Zeitschrift „Weiterbildung" (vormals GdWZ), einen „Paradigmenwechsel zur Nutzerorientierung" fordert und feststellt:

„Viele sind auch heute noch der Meinung, zuerst komme die gründliche Analyse durch den Experten und dann müsse das Ergebnis nur noch an die richtigen Leute gebracht werden. Dafür reiche es, verständliche Artikel zu schreiben oder von Wissenschaftsjournalisten schreiben zu lassen oder Transferstellen einzurichten. Die Forschenden hätten sich dagegen der wissenschaftlichen Diskussion in der Scientific Community zu widmen. Die Vermittlung an die Nutznießer der Ergebnisse sei nicht ihre Sache. Sie hätten sich um ihre wissenschaftliche Arbeit zu kümmern und sollten sich durch den Transfer nicht in ihrer Arbeit aufhalten lassen.

Mit der Expansion der Wissenschaft hat aber ein Paradigmenwechsel zur Nutzerorientierung stattgefunden. Viele Forschende entwickeln heute ihre Fragen in enger Kooperation mit der Praxis. Allein schon um ihre Forschung finanzieren zu können, müssen sie auf die Anliegen von Betroffenen eingehen und mit ihnen in Dialog treten. Das Publikum muss die Wissenschaftler verstehen, aber auch die Wissenschaftler müssen ihr Publikum verstehen. Schließlich sind alle außerhalb ihres Spezialgebietes Laien. Will ein Wissenschaftler eine Frage aus der Praxis beantworten, muss er das Kontextwissen der dort Beschäftigten einbeziehen und dabei zuerst selbst etwas lernen" (Horváth 2005, S. 36).

Solche Überlegungen sprechen mir ebenso aus dem Herzen wie Deine These von der Problemlösungsfähigkeit, denn ich komme gerade von einem Train-the-Trainer-Kurs, in welchem ich als Dozent mitwirkend bemüht war, Kolleginnen und Kollegen aus Vietnam, Kambodscha, Laos und Tibet erwachsenenpädagogisches Know-How nahe zu bringen, welches eine erkennbare Problemlösungskapazität für ihre Handlungskontexte hat (und ich darf Dir verraten, dass da so manches „durchfällt"). Es ist aufschlussreich, dass wir die Frage nach dem Referenzpunkt unserer Disziplin so wenig in den Fachdebatten erörtert finden. Es geht eher komplizierter zu, so etwa, wenn Jochen Kade „Weiterbildung als Wissenskommunikation" erörtert und dabei den Blick in ganz andere Gefilde lenkt (vgl. Kade 2005) – nämlich in die der Catch-all-Metaphern, deren ontologisierender Kraft sich Kade m. E. jedoch nicht genügend in den Weg stellt. Gibt es die Wissensgesellschaft oder „gibt" es sie erst, seit wir diesen Begriff gebrauchen und uns gar nicht erst der Mühe unterziehen, diesen zu definieren? Denn ist es klärend, wenn wir bei Kade lesen, dass es sich bei der Erwachsenenbildung/Weiterbildung um eine der Institutionen handelt, „die das vorhandene Wissen in der gesellschaftlichen Kommunikation erhält" (ebd., S. 499) und darin sogar – wie er feststellt – „eine privilegierte Position einnimmt, insofern als die Kommunikation von Wissen ihre spezifische Funktion ist" (ebd.), worüber man durchaus geteilter Meinung sein kann, stellt sich uns doch die Erwachsenenbildung als ein ganzheitliches Geschehen dar, welches bisweilen mehr von der Überschätzung der Wissenskommunikation als von ihrer tatsächlichen Problemlösungskraft lebt. Ulkigerweise wirkt hier Jochen Kade an der Fortschreibung eines m. E. recht konventionellen – inhaltsfixierten – Verständnisses von Erwachsenenbildung mit (oder verstehe ich seinen Wissensbegriff falsch).

Unkonstruktivistisch ist das Ganze ohnehin, was Kade wohl egal sein mag, nicht aber der Hinweis, dass vieles, was er da so schreibt, systemtheoretisch kaum „denkbar" und begründbar ist, obgleich er sich doch gleichzeitig – wenn ich es recht verstehe – selbst auf die Systemtheorie beruft. So verstehe ich letztlich nicht, was Kade meint, wenn er feststellt:

> „So wie beim Übergang von der einfachen zur aneignungszentrierten Wissenskommunikation der Vermittlungs- gegenüber dem Mitteilungsaspekt in den Hintergrund tritt, so tritt nunmehr die Wissens- gegenüber der Informationsseite der Kommunikation hervor" (ebd., S. 500),

so als stünde dies alles zur Disposition und man könne beliebig hin- und herschalten. Mir geht es so, dass ich sowohl das eine wie auch das andere hirnphysiologisch, aber auch systemtheoretisch für unbegründet halte. So folgt m. E. jede Kommunikation einer Aneignungslogik und was von der letztlich bei Kade auch undeutlich bleibenden „Vermittlungslogik" zu halten ist, habe ich ja schon ausgeführt. Diese klingt linear-mechanistischer als dies Kade selbst lieb sein kann. Völlig unvorstellbar bleibt für mich, wie man von etwas zu etwas anderem übergehen kann, was auch früher allenfalls behauptet, aber de facto nicht realisiert werden konnte: „der Mitteilungsaspekt". Was kann ein autopoietisch geschlossenes System einem anderen wirklich „mitteilen"; da fällt mir doch Maturana ein: „Ich bin zwar verantwortlich dafür, was ich schreibe, nicht jedoch dafür, was ich lese" (habe ich schon oben verschiedentlich zitiert).

Nun ja, auf diesem Niveau beschäftigt uns also die „Zeitschrift für Pädagogik"
mit einer vermeintlichen „Theoriediskussion in der Erwachsenenbildung/Wei-
terbildung". Doch bei Kade geht es mir immer so, dass gerade dann, wenn ich
ihn aus der Hand legen möchte, mir dann doch noch eine Formulierung begeg-
net, wo ich dann sagen würde: „Ja, das ist es!" Dies ist z. B. der Fall, wenn Kade
zu dem von ihm erwähnten Übergang (der m. E. keiner ist) schreibt:

„Zugleich wird die für Information kennzeichnende Differenz neu/alt – bzw. bezogen
auf Wissen: bekannt/unbekannt – durch das Kriterium der Lebenslaufbedeutsamkeit
des Wissens ersetzt" (ebd.).

„Na bravo!" – ist man versucht zu rufen. „Der Berg kreißt und ..." – sind wir also
nach 20 Jahren wieder bei Enno Schmitz gelandet, der uns die Erwachsenenbildung – durchaus konstruktivistisch anschlussfähig – als einen „lebensweltbezo-
genen Erkenntnisprozess" begründete? Wie gesagt, bei Kade geht es mir so, dass
er die gewonnene Klarheit stets immer wieder selbst zunichte macht, indem er
unmittelbar anschließend feststellt:

„Mit Wissensvermittlung wird in diesem Fall nicht nur eine Aneignungserwartung kommuniziert, sondern darüber hinaus noch eine personenbezogene Veränderungserwar-
tung" (ebd.).

Nun „Vermittlung" ist nun wirklich zu mechanistisch, als dass wir darüber weiter
debattieren sollten; aber was bitteschön ist eine „Aneignungserwartung"? Und
wie wird diese kommuniziert? Und wie erfüllen selbstorganisierte Systeme eine
Aneignungserwartung anders als paradox? Ist es vielleicht so, dass Erwachsenenbildung allenfalls Nicht-Aneignungserwartungen kommunizieren kann, die
dann auch wirklich zu dem „erwarteten" Resultat führen. Und: Welcher
Beobachter erwartet da was, wenn eine Aneignungserwartung kommuniziert
wird? Weißt Du, wie man eine Aneignungserwartung kommuniziert – ich nicht?
Könnte es sein, dass niemand Kade wirklich versteht und er deshalb schreiben
kann, was er schreibt? Sind wir für unsere Begriffskonstrukte und deren implizite Wirklichkeitsbilder verantwortlich? In diesem Zusammenhang fällt mir
Heinz von Foerster ein, der „Systemik" als eine Haltung – auch eine des begrifflichen Handelns (bzw. „Hantierens") versteht, woraus sich für ihn die Anforde-
rung ergibt,

„(...) die Sprache so zu verwenden, dass immer wieder neue Verbindungen entstehen,
Inseln. Die den semantischen Raum bereichern und aus denen sich neue Verbindungen
ergeben usw. Es ist eine Disziplin: Ich muss ununterbrochen aufpassen, immer so zu
sprechen" (von Foerster 2004, S. 68).

Passen wir auf, ob und inwieweit wir systemisch „sprechen"? Für 99 % der
Erwachsenenpädagogen in der Welt ist das, was wir in der ZfPäd lesen können,
alles nicht anschlussfähig, und – legt man das Kriterium der Problemlösungskapazität zugrunde – auch nicht wirklich wissenschaftlich, wenn Wissenschaft wirk-

lich Problemlösung und nicht „Berücksichtigung all dessen, was sonst noch eine Rolle spielen könnte" bedeutet. Meine vietnamesischen, kambodschanischen oder laotischen Erwachsenenbildner können dem allen wirklich nichts abgewinnen, doch auch die deutsche Erwachsenenbildung wird da so ihre Mühen haben, wie ich aus vielen Gesprächen mit Praktikern weiß. Und trotzdem „hat" die Kade'sche Rede von dem „(pädagogischen) Umgang mit Veränderungszumutungen" (ebd., S. 502) durchaus „was" – wenn er bloß nicht so fürchterlich mechanistisch klingen würde. Seine differenztheoretischen Annahmen („vermittelbar/ nicht-vermittelbar") sind grobschlächtig und unglaublich unspektakulär, und man erfährt überhaupt nichts von ihm zur Frage zum Umgang mit selbstreferenziell-biographischer Geschlossenheit – der zentralen Frage des Erwachsenenlernens.

Im Juni war ich mehrfach in Sachen „Qualifizierung von Erwachsenenpädagogen" unterwegs (deshalb auch mein längeres Schweigen): vor fünf Wochen ein Training in Österreich, vor drei Wochen war ich in Bern, um mit Dozentinnen und Dozenten aus unterschiedlichen Praxiskontexten der Erwachsenenbildung über „Neue Formen der Erwachsenendidaktik" zu arbeiten. Dabei konnte ich erleben, wie sich die „Problemlösungsfähigkeit" unserer vom Konstruktivismus inspirierten Konzepte an der Praxis messen (lässt), was unterschiedlichste Reaktionen auslöst. Diese reichen von erfahrungsbestätigter Zustimmung bis hin zu überwertigen Ablehnungen – beide Reaktionsmuster bestätigen im Kern das Muster des „Ich kann nur sehen (und für plausibel halten), was ich zu sehen (und für plausibel zu halten) gelernt habe". Im Kern berühren diese Begegnungen das Theorie-Praxis-Problem, an welchem auch wir nicht vorbeikommen, doch stellt uns dieses – wie ich meine – beim Konstruktivismus vor andere und grundlegendere Fragen als dies gemeinhin im verbreiteten Anwendungsparadigma („Theorie muss Praxis erhellen und orientieren") der Fall ist.

Von Ralf St.Clair las ich einen Artikel mit dem schönen Titel „A beautiful friendship? The relationship of research to pactice in adult education" (St.Clair 2004). In diesem Artikel spürt St. Clair der verbreiteten These nach, Theorie und Forschung müsse der Praxis nutzen und plädiert für ein „lockers" Verhältnis zwischen beiden Instanzen. Seine Argumentation ist einleuchtend. Auch mein Eindruck ist der, dass Wissenschaft und Praxis durchaus derselben Erkenntnislogik verpflichtet sind, d. h. auch Wissenschaftlerinnen und Wissenschaftler verfügen nicht per se über einen privilegierteren Zugang zur Wirklichkeit. Auch ihr Erkennen folgt den Bahnen ihrer Wahrnehmungs- und Denkgewohnheiten, und auch sie können nur das begreifen, wofür sie Begriffe haben. Deshalb neige ich seit einiger Zeit stark dazu, das Begriffliche auch im wissenschaftlichen Diskurs als das ins Spiel bringen, was es ist: Es sind behutsame Versuche, Bilder mittels Worten zu konfigurieren – stets wissend, dass diese dazu tendieren, sich zu ontologisieren. Wenn Jochen Kade noch öfters von der „Aneignungserwartung"

spricht, gibt es sie wohlmöglich irgendwann (so, wie es die „Ermöglichungsdidaktik" mittlerweile gibt, wie ich erschrocken festgestellt habe[1]), und wir werden Forschungen darüber anstellen können, wie welche Milieus mit dieser
umzugehen vermögen. Diese Bemerkung hat m. E. viel mit Deinem Vorschlag,
ein konstruktivistisches Empiriekonzept zu profilieren, zu tun. „Empirie" ist
das, was durch unsere Begriffsbrillen und unsere methodischen Zugriffe zu uns
spricht; wir dürfen dies niemals mit „der" Wirklichkeit verwechseln. Was uns –
auch im Blick auf Problemlösungsfähigkeit – weiter zu bringen vermag, ist m. E.
eine „Verschränkung" der Blicke: „Real" ist – auch wissenschaftlich – das,
worauf wir uns verständigen bzw. das, was wir gemeinsam bzw. in gemeinsamer
Sprache – bezeichnen. Damit schließe ich unübersehbar an Martin Buber an,
den man nun wahrlich nicht als Konstruktivist verdächtigen kann[2] – oder vielleicht doch? Immerhin klingt es sozialkonstruktivistisch, um nicht zu sagen emo-
tionalkonstruktivistisch – mit einiger Substanz für eine wahrhaft lebenslauftheo-
retische Begründung der Erwachsenenbildung, wie ich noch zeigen werde –,
wenn Buber schreibt:

„Aber nicht Erfahrung allein bringen die Welt dem Menschen zu. Denn sie bringen ihm
nur eine Welt zu, die aus Es und Es, aus Er und Er und Sie und Sie und Es besteht. Ich
erfahre Etwas. Daran wird nichts geändert, wenn man zu den ›äußeren‹ die ›inneren‹
Erfahrungen fügt, der unewigen Scheidung folgend, die der Begier des menschlichen
Geschlechts entstammt, das Geheimnis des Todes abzustumpfen. Innendinge wie
Außendinge, Dinge unter Dingen!" (Buber 1984, S. 9)

Hieraus ergeben sich vielfältige Anregungen für eine Begründung der Erwachsenenpädagogik, die dem Kriterium der Problemlösungsfähigkeit Rechnung trägt.
Denn Erwachsenenbildung ist eine Praxis im Ich-Du-Bezug und folgt als solche
den Grundmechanismen des menschlichen Weltumgangs und Welterlebens.
Mein eigenes Gespür für die Wirklichkeitssubstanz derer, die – in unterschiedlichen Praxiskontexten – unsere Unterstützung und Kooperation suchen (vielleicht auch, weil sie von Wissenschaft mehr erwarten als diese zu leisten vermag
oder leisten möchte?) sagt mir, dass ErwachsenenbildnerInnen ihre Praxis weitgehend nach Maßgaben der mechanistischen Weltsicht aufordnen – leicht verle-
gen sich doch letztlich den Zumutungen und Erwartungen stellend, mit denen sie
sich selbst konfrontiert sehen. Und wer sich unter Handlungsdruck sieht, der
neigt auch dazu, die eigene Rolle im Lehr-Lehrgeschehen zu überschätzen. Du

---

[1] Vgl. Fußnoten 6 und 13.
[2] Von Commichau kann man über die erwachsenenpädagogische Relevanz von Martin Buber viel lernen, wie ich
aus einigen Gesprächen im Umfeld des „Fernstudiums Erwachsenenbildung" in Kaiserslautern, an welchem er
beteiligt ist, weiß (vgl. Commichau 1998). In seinen „Reden über Erziehung" nimmt Buber die konstruktivistische Erfahrung, in welcher sich nach seinen Worten ein „Urhebertrieb" (Buber 1986, S. 16) artikuliert, zum
Ausgangspunkt seiner erziehungstheoretischen Überlegungen – ein bislang noch nicht aufgegriffener konstruktivistischer Bezug: „Eine hohe Äußerung dieses Triebs ist die Art, wie Kinder von geistiger Leidenschaft
die Sprache hervorbringen, in Wahrheit nicht als etwas Übernommenes, sondern mit den stürzenden Gewalten
des Erstmaligen (…). Es ist wichtig, den Urhebertrieb in seiner Selbständigkeit und Unableitbarkeit zu erkennen" (Buber 1986, S. 16f).

schreibst selbst, was hier gefragt ist, indem Du forderst: „Empirische Erwachsenenbildungsforschung hat so die methodengeleitete Rekonstruktion der pädagogisch relevanten Konstruktionsprozesse zum Ziel". Und dazu gehört m. E. auch ein kritischer Blick auf die Art und Weise, wie die Ergebnisse der empirisch-analytischen Bildungsforschung vielfach zustande kommen. Im Rahmen des Seminars, welches ich gerade durchführte, waren zwei Studierende einer benachbarten Universität damit beschäftigt, die Teilnehmer beständig zu Interviews zu bitten, ihnen jeden Tag einen anderen Fragebogen vorzulegen (oft mit dem entschuldigenden Hinweis: „Er hat nur zwei Seiten"). Welche Art von hypothesenbestätigender Forschung findet da statt, wenn Probanden solchermaßen genötigt Daten liefern[3]? Wir sollten lernen, leidenschaftslos und konzentriert das Geschehen zu beobachten, vielleicht auch zu begleiten, ohne immer und immer wieder der Illusion aufzusitzen, die Daten seien irgendwie „objektiver", wenn sie nur dem Teilnehmer selbst „abgerungen" wurden und wir zudem mit dem Glaubwürdigkeitsvorteil hoher Fallzahlen operieren können. Vielfach ist das genaue Gegenteil der Fall. Nur die zurückhaltende Beobachtung und das teilnehmende Forschen vermögen uns unverstellte Einblicke zu liefern – selbst wenn es sich dabei um unsere eigenen Beobachtungen handelt. So habe ich schon lange damit begonnen, meine eigenen Fälle aufzuschreiben, zu reflektieren und auszuwerten, wie Du vielleicht in der „Emotionale(n) Konstruktion der Wirklichkeit" gemerkt hast.

Ja, Dein Hinweis auf die möglicherweise überschätzende Fokussierung der Selbstreflexivität hat mich einiges Nachdenken gekostet (zumal Du recht streng fragst, ob das meine „persönliche Meinung" oder eine „allgemeingültige Maxime der Erwachsenenbildung" sei.). Außerdem rückst Du dieses Thema in einen Kontext, der grundsätzlich lebensphilosophischer Art ist, zu dem man so oder anders, aber sicherlich nicht im Sinne „allgemeingültiger Maximen" Stellung nehmen kann. Und ich finde, auch Erwachsenenpädagogik ist auf die Frage zurückgeworfen, „was Menschsein eigentlich bedeutet" (wie es – glaube ich – Wilhelm von Humboldt ausdrückte). Langer Rede kurzer Sinne: Es geht um „Bildung", und so undeutlich und deshalb ungeliebt dieser Begriff auch sein mag, so kann man doch nicht umhin, ihn genauer zu betrachten, um dann auch zu erkennen, dass dieser Begriff stets auch die Potenzialität des menschlichen Lebens in den Blick rückte. Zwar ging es in der Geschichte zunehmend weniger darum, den Menschen nach dem Bilde Gottes zu formen, doch war stets der Gedanke präsent, ihn zu seinen eigenen Möglichkeiten, kurz: zu sich selbst zu führen bzw. die Voraussetzungen dafür bereit zu stellen, dass Bildung als ein sich

---

[3] Letzthin habe ich einen Fragebogen zur Hochschulforschung von ca. 20 Seiten an den Forscher zurückgesandt mit dem Hinweis, dass er dadurch nur von solchen Hochschullehrern Daten erhalte, die selbst nicht viel zu tun hätten und vielleicht gerade dadurch eben nicht typisch für die von ihm in den Blick genommene Population seien. Solche Forschung erzeugt sich das, was ihr kategorialer Rahmen sowie ihr Durchführungskontext „hergibt"; es ist nicht die Wirklichkeit selbst, der wir damit eine Chance geben, sich zu artikulieren.

selbst entgrenzendes Lernen gelingen kann. Natürlich muss ich Dir zugeben, dass dieser Gedanke Dimensionen berührt, die in der alltäglichen Vielfalt der Erwachsenenbildung keineswegs beständig im Blick sein können. Doch können wir bildend wirken, ohne – zumindest ein keimhaft ausgeprägtes – Bild von Leben und Tod, Kompetenz und Unsicherheit sowie Wachstum und Verfall entwickelt zu haben? Nicht weit ist dann der Gedanke, der alles integriert, wenn wir das uns alle verbindende Lebendige in den Blick nehmen. Dies ist der Gedanke der „Biophilie" (Erich Fromm), der Liebe zum Lebendigen, zu der wir uns nicht entscheiden müssen, sondern zu der wir bereits stets entschieden sind, wenn wir uns nicht bereits aufgegeben haben und als zynische Bildungswissenschaftler unterwegs sind, die sich in Designs immer neuer „Qualifikationscollagen" (wie Karlheinz Geissler diese mal nannte) versuchen, was etwa genauso wirkungsvoll sein dürfte, wie wenn ein Theologe die Satanischen Verse vertreibt.

Mit dieser Art des Eingehens auf Deine Nachfrage weiche ich Deiner Vorlage etwas aus: „Nein, es ist keine persönliche Meinung, sondern eine fachliche Überlegung und hat etwas mit der Konstruktion unseres Gegenstandes zu tun hat!" – möchte ich Dir zurufen, in der Hoffnung, dass auch Du die Auffassung teilst, dass „Bildung" stets und immer eine Bezugnahme auf das Menschenmögliche beinhaltet. Und mir geht es bei diesem „Menschenmöglichen" keineswegs, wie Du weißt, um Gigantomanisches, sondern um das „innere Menschsein", welches – so zumindest versuche ich den Erwachsenenbegriff seit einiger Zeit zu „füllen" – viel mit der biographischen Dimension, welche Du ins Gespräch bringst, zu tun hat. Ebenso, wie die „Vergewisserung und Bewahrung der eigenen Kindheit" oder die „Zukunftsdimension mit Blick auf Endlichkeit, aber auch auf noch nicht gelebtes Leben" bezieht auch der „Gegenwartsbezug als kluge Lebensführung" seine Substanz aus einer persönlichen Tiefe, die man nicht einfach gewinnt (oder nicht gewinnt), indem man älter wird. Wir beide kennen eine ganze Reihe älterer Kolleginnen und Kollegen, von denen wir niemals sagen würden, dass diese Tiefe im Blick auf die Reflexion ihrer Vergangenheit bzw. im Blick auf die zum Letzten fortrinnende Lebenszeit entwickelt hätten. Wie kann man den Erwachsenen konstruieren, ohne die Dimension seiner Abschiedlichkeit (ein Wort von V. Kast) ins Spiel zu bringen, und wie können Erwachsenenbildungswissenschaftler über die Situation des Erwachsenen forschen, die selbst diese Abschiedlichkeit verdrängt oder vorwiegend ausgeblendet haben?

Vor dem Hintergrund solcher Überlegungen greift m. E. auch die Alheitsche „Biographizität" zu kurz, denn diese stellt sich nicht einfach mit dem Älterwerden ein, und sie kann auch nicht einfach nur „gelernt" werden. Der „Biographizität" fehlt – wenn Du so willst – die ethische bzw. philosophische Verwurzelung. In konstruktivistisch-systemischer Sprache würde ich feststellen: *Älterwerden allein „langt" nicht, dieses zu „begleiten" stiftet der Erwachsenenpädagogik noch keine Identität.* Es geht vielmehr um ein letztlich systemisches Tiefenbe-

wusstsein des Wozu – wofür ich den Frommschen Begriff der „Biophilie" vorgeschlagen habe, welche ich niemals als normative Grundmaxime für die Erwachsenenbildung einfordern würde, obgleich von diesem eine unser Denken und
Handeln prägende Kraft ausgeht. Fast würde ich sagen: „Erwachsen" in einem
psychosozial ganzheitlichen Sinne ist derjenige, der aus der seelischen Einsicht
heraus zu leben vermag, dass er seine endgültige Größe bereits erreicht hat oder
in mittelfristiger Perspektive erreicht haben wird und dann nicht mehr größer
und stärker, sondern schwächer und „kleiner" werden wird – eine vielleicht ja
ausbaubare neue These, mit der wir auch die andere Seite des Aufbruchs und
Wachstums, nämlich das Abrunden und Zu-Ende-Gehen bei gleichzeitiger Reifung der bewussten Menschlichkeit (i. S. eines Durchspürens der Conditio
Humana) als konstitutiven Bestandteil des Erwachsenenseins wieder stärker[4] in
den Blick nehmen könnten.

Um solche Gedanken pädagogisch zu profilieren, kann man auf Comenius
zurückgreifen, bei dem mir kürzlich eine Passage begegnete, die mich nachdenklich stimmte – auch, weil sie uns Material für eine Neubestimmung des Erwachsenenseins zu liefern, aber zugleich auch die ethische Dimension der Erwachsenenbildung neu in den Blick zu rücken vermag:

„Zuletzt sah ich den Tod durch ihre Reihen schreiten; mit einer scharfen Sense und mit
Pfeil und Bogen ausgerüstet, mahnte er sie mit lauter Stimme, nicht zu vergessen, dass
ein jeder sterben müsse. Doch niemand achtete auf seinen Ruf, ein jeder blieb in seiner
Torheit und trieb unbekümmert seinen Unfug weiter. So drang er denn mit seiner Sense
auf sie ein und schoss nach allen Seiten seine Pfeile ab; und wer getroffen wurde, er
mochte jung oder alt, arm oder reich, gelehrt oder ungelehrt sein, brach sofort zusammen; wer verwundet war, schrie, jammerte und brüllte; die welche gerade vorübergin-
gen, prallten etwas zurück, als sie die Wunden sahen, doch fielen sie gleich wieder in die
alte Sorglosigkeit zurück. Manche traten an den Verwundeten heran, hörten ihn röcheln
und sahen, wie er die Beine anzog und verschied; hierauf versammelten sie sich an seinem Grabe und sangen, aßen, tranken und jubilierten; nur einige weinten dabei ein
wenig. Sodann ergriffen sie den Toten, schleppten ihn hinaus und warfen ihn dann über
den Zaun in jenen finsteren Abgrund, der die Welt umgibt. Und kaum waren sie von
dort zurückgekehrt, gaben sie sich gleich wieder dem wüsten Treiben hin. Dem Tod
selbst wich niemand aus, doch ihm ins Aug' zu sehen wurde geflissentlich vermieden,
wiewohl er oft ganz knapp an ihnen vorüberging" (Comenius 2004, S. 32 f).

„Selbstreflexivität" ist für mich nun eine das Erwachsenenbildungsgeschehen
durchwirkende Anspruchlichkeit, die auch darum bemüht ist, „das, was Menschsein eigentlich bedeutet", in den Horizont des bildenden Umgangs mit Menschen zu bringen, die in ihrem Lebenslauf bereits fortgeschritten und sich nach-
drücklicher mit der eigenen Endlichkeit konfrontiert sehen. Dabei geht es nicht
darum, in einer neuen Anmaßung Themen und Lesarten in den erwachsenen-

---

[4] „Wieder" heißt, dass es in der Geschichte der Erwachsenenbildung durchaus entsprechende Thematisierungen
gab, man denke nur an die Begründungen der Erwachsenenbildung durch Wilhelm Flitner, der Erwachsenenbildung auch als lebensgleitende Reflexion verstand, die den einzelnen „(…) an unsere Stelle in einer Welt von
Personen (verweist), mit denen wir verbunden sind, mitverantwortlich für den anderen, mitschuldig an unserer
Vergangenheit und schuldig, das Leben sinnvoll zu führen" (Flitner 1982, S. 12).

bildnerischen Dialog einfließen zu lassen, die von den Lernenden selbst überhaupt nicht nachgefragt oder gar verdrängt werden. Es geht vielmehr darum, die
Thematisierung von Inhalten, die Kooperation untereinander sowie das Sich-
Beziehen auf den lernend um Einsicht und Kompetenzzuwachs bemühten
Erwachsenen im Lichte der sich aus den Überlegungen von Comenius ergeben-
den Relevanzstrukturen zu gestalten. An anderer Stelle habe ich immer wieder
versucht, ähnliche Anforderungen – angesichts der Gefangenheit in Rückbezüg-
lichkeiten – an die pädagogische Professionalität mit dem Begriff der „pragmati-
schen Gelassenheit" – so auch in unserer „Konstruktivistischen Erwachsenenbildung" (Arnold/Siebert 2004, S. 21 f) – zu markieren. Dort heißt es:

„Wenn der Mensch nämlich überhaupt nicht anders kann als die Welt nach Maßgaben
seiner internen kognitiven Selbstdifferenzierung zu deuten, dann müssen Erwachsenenbildungswissenschaft wie Erwachsenenbildungspraxis sich gleichermaßen von allen the-
oretisch-begrifflichen Objektivierungen lösen, weil solche Objektivierungen gerade das
verhindern, worauf es ankommt, nämlich die Einstellung auf die individuelle Selbstorganisation und die jeweils konkreten Deutungen der Lernenden. Pragmatische Gelassenheit bedeutet jedoch noch mehr: Gemeint ist damit auch die Loslösung von den
Gewissheits- und Allmachtsphantasien einer instrumentellen Einflussnahme und Belehrung des Erwachsenen. Nicht Kenntnis und Gewissheit, sondern Umgang mit Ungewissheit ist das Kennzeichen von Erwachsenenbildung, weshalb für die Erwachsenenbildung
in Theorie und Praxis auch das Motiv einer ›vernehmenden Vernunft‹ leitend sein sollte,
die nicht nur handlungsleitend ist, sondern auch zum ›Unterlassungshandeln‹ auf(fordert)" (Siebert 1993, S. 106)" (Arnold/Siebert 2004, S. 21).

Dies würde ich auch heute noch so sehen, wobei mir Dein Begriff von der „vernehmenden Vernunft" (Siebert 1993, S. 106) in diesem Zusammenhang gut
gefällt, da Du mit diesem den Blick auf das „Unterlassungshandeln" (ebd.)
lenkst. Dieses ist jedoch nicht nur systemisch-konstruktivistisch – angesichts der
vielfachen Ungesicherheit unserer Wahrnehmungen – geboten, es vermag m. E.
auch die prinzipiellen Begrenztheiten des „In-der-Welt-Seins" aufzugreifen und
uns von Lesarten des Erwachsenenlernens zu befreien, die weitgehend unreflektiert eine neue rhetorische Verkleidung für Anforderungen, Anpassungszwänge,
Getriebenheiten und Geschäftigkeiten des Erwachsenen liefern, zu denen schon
Comenius befand:

„Es war für mich ein wehmütiger Anblick zu sehen, wie ein zur Unsterblichkeit berufe-
nes Geschöpf so kläglich, so unerwartet und auf so mannigfache Art dem Tod verfiel,
zumal als ich bemerkte, dass fast immer dann, wenn einer sich gerade anschickte, so
recht sein Leben zu genießen, wenn er Freunde sich erworben, seine Angelegenheiten
wohlgeordnet, sein Haus bestellt, Geld zusammengescharrt, kurz alle nur denkbare Vor-
sorge getroffen hatte, der Tod ihn überraschte und allem ein jähes Ende bereitete, und
wer sich auf dieser Welt aufs beste gebettet zu haben glaubte, ward plötzlich aus seinem
Traum gerissen und merkte, dass alle seine Pläne zunichte wurden; wenn aber nun ein
anderer an seine Stelle trat, da widerfuhr ihm ganz genau dasselbe Schicksal, dem drit-
ten ebenso gut wie dem zehnten und hundertsten" (Comenius 2004, S. 33).

Solche Argumentationen geben der Lebenslauforientierung eine zusätzliche Tie-
fendimension, die uns auch zur Selbstreflexivität führt. Diese kann man kaum

„lehren", obgleich es andererseits auch so ist, dass man schon besser in dieser Frage vorankommt, wenn man einiges weiß, z. B. die eigenen Ablenkungsmechanismen kennt, um die begrenzte Substanz der bevorzugten Sinnstiftungsaktivitäten weiß und vielleicht das Golemansche „Selfscience"- Curriculum durchlaufen hat (von dem ich wirklich etwas halte). Letztlich bin ich der Auffassung, dass zu Gebildetsein auch gehört, dass wir in der Lage sind, unser Handeln nicht nur aus dem Bewusstsein der Konstruktivität aller Wahrnehmung, sondern auch aus dem Bewusstsein der recht überschaubaren Endlichkeit unseres Daseins zu speisen (vgl. Taureck 2004), wie Comenius, aber auch andere bereits deutlich sahen[5]. Hieraus folgt m. E. u. a., dass wir lernen, uns den anderen Menschen nicht einfach zuzumuten, wie wir sind, sondern wahrhaft versuchen, mit ihnen – im Sinne Bubers – in Beziehung zu treten. Hierzu muss das „eigene Rauschen" – wie die Psychologen sagen – zunächst einmal als solches wahrgenommen werden, um es dann auch aus unseren Beziehungen heraus nehmen zu können. Deshalb bin ich auch nicht ganz der Auffassung, dass „unser Selbstbild nicht richtig oder falsch (ist), sondern es ist wie es ist (ist)", da in einer solchen Sicht alle Bewusstseinsformen irgendwie gleichwertig nebeneinander stehen: das Denken, Fühlen und Handeln desjenigen, der sich beständig verfolgt fühlt und innerlich immer noch in den Anerkennungskampf seines Herkunftskontext verstrickt ist, neben der selbstreflexiv um ihre bevorzugten Denk- und Fühlweisen wissenden Frau, Kollegin oder Freundin, die einen im Dialog wirklich nicht mit irgendetwas aus der eigenen Vergangenheit verwechselt. Du weißt, dass Pädagogen stets dazu neigen, Menschen auch da zu sich selbst zu befreien, wo diese sich gut in ihren neurotischen Mustern eingerichtet haben und hinter ihren Möglichkeiten spürbar zurückbleiben. Nach meinem Eindruck können wir einen solche Perspektive nicht völlig aufgeben, da ihr ja nicht der Versuch zugrunde liegt, eine beliebig entscheidbare Weltsicht „durchzudrücken"; es geht vielmehr um Reifungsgrade des Erwachsenenseins, die gerade auch darin ihren Ausdruck finden, wie Erwachsene selbst mit zugemuteten Ansprüchen in der Lage sind umzugehen. Bildung ist demnach auch Individuierung – worauf Günther Bittner zu recht hingewiesen hat. Hieraus bilanziert er (ganz in meinem Sinne und durchaus nicht mit überholtem teleologischem Gestus) eine Orientierung für die Erwachsenenbildung, der ich mich in wesentlichen Teilen anzuschließen vermag:

„Erwachsenenbildung in einem aktualisierten ›lebensphilosophischen‹ Verständnis setzt voraus, dass *das Leben das pädagogisch-andragogisch primär Gegebene* und der Bezugspunkt jeder Art von ›Bildung‹ ist. ›Leben‹ rangiert zeitlich und wesensmäßig vor ›Lernen‹, vor ›Bildung‹. Die anthropologische Grundaussage vom Menschen als einem ›lebenslang lernenden‹ Wesen, die manche Andragogen heute noch vertreten, müsste ersetzt werden durch die Aussage, der Mensch sei ein ›lebenslang lebendes‹ Wesen – oder er sollte es doch sein. (…). Wenn die erste Grundkategorie von Erwachsenen-

---

[5] Taureck markiert eine durchaus (erwachsenen)pädagogisch wegweisende Orientierung, wenn er feststellt: „Unseren Tod wissend streben wir – unerreichbar – danach, auch so zu scheinen, wie wir sind" (Taureck 2004, S. 10). Taureck entwirft ein Verständnis von Philosophie als der Bemühung, Sterben zu lernen, und schreibt: „Wenn Sterben wegen seiner Nichtgegenwärtigkeit und seiner Beendigung von Erfahrungen kein Lerngegenstand sein kann, dann ist damit nicht ausgeschlossen, dass gelernt werden kann, dass es sich so verhält" (S. 30).

bildung ›Leben‹ und nicht ›Lernen‹ heißt, verändern sich alle weiteren Fragestellungen. An Stelle der unendlichen Diskurse darüber, wie Erwachsene *lernen,* müsste die grundlegende Frage erörtert werden, wie *Erwachsene leben*" (Bittner 2001, S. 230).

Und mit einer solchen lebensphilosophischen Begründung der Erwachsenenbildung, mit deren Hilfe unsere Rede von „dem Erwachsenen" oder „der Erwachsenenbildung" wieder eine neue Substanz erhalten könnte, wären wir auch in der Lage, das ›Wozu?‹ und ›Wohin?‹ des Lernens Erwachsener anders als normatisch-teleologisch oder gesellschaftlich-funktionalistisch zu erörtern – beides eigentümlich hohl bleibende Bemühungen ohne ethisch sinnstiftende Orientierung.

– II –

Nun ist der Brief an Dich einige Zeit liegen geblieben, und die Aktivitäten des zuende gehenden Semesters ließen mir nicht genügend Ruhe, um auf Deine Überlegungen wirklich nochmals vertiefend einzugehen. Wie gesagt: Besonders nachdenklich stimmte mich Dein Hinweis auf die Notwendigkeit, den konstruktivistischen Empiriebegriff genauer zu präzisieren. Da habe ich mich zunächst gefragt, ob nicht alle unsere brieflichen Überlegungen letztlich diesem Zwecke irgendwie dienten. Es geht doch auch in der Forschung um den Referenzpunkt der – natürlich methodisch geleiteten und an Standards orientierten – Frage um Konstruktion von Wirklichkeit. Gleichwohl ist es eine gute Frage zu überlegen, wie wir denn in unseren Arbeiten „die Wirklichkeit zur Sprache bringen". Dabei fallen mir insbesondere unsere eigenen Arbeiten zum Qualitätsthema ein: Auch dieses Thema wurde nach meinem Eindruck von der Wissenschaft bzw. Wissenschaftlern „konstruiert". Und nur, weil diese den aus der Ökonomie daher kommenden Begriff aufgriffen und mit diesem auch die Evaluierungs- und Managementaspekte von markorientierter Weiterbildung konzeptionell zu bündeln versuchten, konnte er auch mehr und mehr in den erwachsenenpädagogischen Diskurs infiltrieren.

Während ich diese Zeilen formuliere sitze ich bei Ekki Nuissl in Paganico auf der Terasse und erinnere mich, welche Debatten wir in den 1990er Jahren diesbezüglich führten (auch im Kontext der DGfE-Kommission Erwachsenenbildung). Und ich lese interessiert, dass Peter Faulstich sich in der neuen Zeitschrift für Pädagogik mit einem Denker auseinandersetzt, der konstruktivistisch in hohem Maße anschlussfähig ist, da er sich dem Pragmatismus verpflichtet weiß, zu dem wir schon in unserer „Konstruktivistischen Erwachsenenbildung" schrieben, dass dieser eine Art logischer Konsequenz des Konstruktivismus darstelle – eine Einschätzung, die auch Kersten Reich teilt. In seiner „Systemisch-konstruktivistischen Pädagogik" bezeichnet Kersten Reich John Dewey als einen „Wegbereiter einer konstruktivistischen Pädagogik" (Reich 1996, S. 197) und „wohl ausgewiesenste(n) implizite(n) Konstruktivisten" (ebd., S. XI)[6], weshalb es zumindest überraschend ist, wenn Peter Faulstich, ein eher der kritischen Theorie anhängender Denker, sich in der erwähnten Zeitschrift für Pädagogik mit Dewey auseinandersetzt. Er rückt diesen – unter Bezug auf Horkheimer – m. E. zu überspitzt in die Tradition von Experimentalismus und Positivismus, gegenüber der sich „kritische Vernunft" dadurch abgrenzt, dass sie sich nicht „auf die Faktizität des Bestehenden, sondern auf die Potenziale des Möglichen" (Faulstich 2005, S. 536) richtet.

Zwar sieht auch Faulstich die Parallelität der „kritischen Kategorie des Möglichen" und der Diltheyschen Kategorie des „Zukünftigen" (ebd.), doch ist diese

---

[6] vgl. hierzu auch die Aktivitäten des Dewey-Centers an der Universität Köln, welches Kersten Reich gegründet hat (vgl. www.uni-koeln.de/ew-fak/paedagogik/dewey).

Parallelität m. E. nur vordergründig. Die entscheidende Differenz ist die der Maßstäbe des Urteilens und Wertens. Diese transportiert Horkheimer aus einem normativen Gesamtentwurf „einer künftigen Gesellschaft als der Gemeinschaft freier Menschen" (zit. nach ebd.), während Dilthey seinen Entwurf mehr aus der Logik des Erkennens, Denkens und Handelns ableitet und seine Pädagogik auch die einer Stärkung dieser Konstruktions- und Gestaltungsfähigkeiten *im* Subjekt zum Ziele hat. Seine Erkenntnistheorie wehrt sich gegen jegliche „Fixation of Beliefs", deren Kernaussage Oelkers und Horlacher mit den Worten zusammenfassen:

„Wer Überzeugungen ein für allemal fixieren will, muss Zweifel still stellen, und das verlangt eine außermenschliche und unerreichbare Autorität, ›in which the conception of truth as something public is not yet developed‹" (Oelkers/Horlacher 2003, S. 145).

Faulstich belässt es bei dem Hinweis auf die Parallelität von „Möglichem" und „Zukünftigem", ohne Dewey vollständig von dem Positivismusverdacht frei zu sprechen und dabei vielleicht auch dessen Bezüge zur Begründung einer konstruktivistischen Pädagogik freizulegen. Diese ergibt sich – wenn ich es recht sehe - aus den Deweyschen Arbeiten zur Bedeutungs- und Begriffstheorie[7], den Bausteinen einer Beobachtungstheorie, in denen Dewey auch den kritischen Status seines Denkens offen legt. Dessen Maßstäbe ergeben sich nämlich keineswegs aus einer technizistischen Funktionsprüfung allein, sondern aus dem spezifischen Entwicklungskonzept des Pragmatismus, welches er mit dem Satz „Wir lösen Fragen nicht: wir lassen sie hinter uns" (zit. nach Schreier 1986, S. 30) markiert. Anders als dem Horkheimerschen Denken wird die Substanz des „Möglichen" bzw. „Zukünftigen" nicht als „Kritik der Gegenwart" (Horkheimer, zit. nach Faulstich 1986, S. 536), sondern – so könnte man sagen – als „Potenzial" zur Konstruktion von Biographie aus den verfügbaren Bedeutungen, Gegebenheiten und subjektiven Lagen sichtbar, demnach nicht materialiter (auch im Sinne der Negation des Gegebenen), sondern formaliter (als stets subjektive Fähigkeit zur Erfahrung, Erprobung, Konstruktion und Gestaltung) bestimmt. Diese formale Fähigkeit zur erfahrungsbasierten und –reflektierten Konstruktion ist umfassender, sie beinhaltet Negation und Gegenentwurf zwar auch, aber nicht als einzige Substanz der Reflexion. Deshalb ist Dewey weder Positivist, noch Konstruktivist, sondern ein Denker, der uns – wie mir scheint – einen anderen Erfahrungsbegriff zugänglich macht, der für das konstruktivistische Denken hoch anschlussfähig ist und den Subjekttheorien, welche Faulstich u. a. von der Gesellschaftstheorie her beleben wollen (vgl. Faulstich/Ludwig 2004), wofür sich der Grenzgänger Klaus Holzkamp anbietet, gewissermaßen das Subjekt hinterher tragen. Denn dieses ist als Beobachter sowie Gestalter seines Lebens

---

[7] Mein Lieblingszitat in diesem Zusammenhang: „Jede Bedeutung, die genügend ausgeprägt ist, um direkt verstanden und leicht angewandt zu werden und durch ein Wort fixiert ist, stellt einen Begriff dar" (Dewey 2002, S. 93). – Können wir dies konstruktivistisch klarer sagen?

der Maßstabverwalter für das, was wir mit dem Bildungsbegriff immer wieder neu zu fassen versuchen.

Soviel für heute.

Gruß Rolf

Literatur

Buber, M.: Das dialogische Prinzip Heidelberg 1984.

Buber, M.: Reden über Erziehung. Heidelberg 1986.

Comenius, J. A.: Das Labyrinth der Welt und andere Meisterstücke. Ausgewählt und mit einem Nachwort von Klaus Schaller. München 2004.

Commichau, W.: Jüdische Erwachsenenbildung im heutigen Deutschland. Köln u. a. 1998.

Dewey, J.: Wie wir denken. Mit einem Nachwort neu herausgegeben von R. Horlacher und J. Oelkers. Zürich 2002.

Faulstich, P.: Lernen Erwachsener in kritisch-pragmatischer Perspektive. In: Zeitschrift für Pädagogik, 51 (2005), 4, S. 528–542.

Faulstich, P./Ludwig, J. (Hrsg.): Expansives Lernen. Baltmannsweiler 2004.

Foerster, H.v./Floyd, C.: Systemik oder: Zusammenhänge sehen. In: Mutius, B. v. (Hrsg.): Die andere Intelligenz. Wie wir morgen denken werden. Stuttgart 2004, S. 57–74.

Flitner, W.: Erwachsenenbildung. Paderborn u. a. 1982.

Horváth, F.: Dialog außerhalb des Elfenbeinturms. In: Weiterbildung 4/2005, S. 36–39.

Kade, J.: Wissen und Zertifikate. Erwachsenenbildung/ Weiterbildung als Wissenskommunikation. In: Zeitschrift für Pädagogik, 51 (2005), 4, S. 498–512.

Oelkers, J./Horlacher, R.: ›Freedom and Culture‹ im Kontext der Entwicklung des Pragmatismus. Nachwort. In: Dewey, J.: Freiheit und Kultur. Zürich 2003, S. 137–157.

Reich, K.: Systemisch-konstruktivistische Pädagogik. Einführung in Grundlagen einer interaktionistisch-konstruktivistischen Pädagogik. Neuwied 1996.

Schreier, H.: Einleitung. In: Dewey, J.: Erziehung durch Erfahrung. Stuttgart 1986, S. 9–88.

Siebert, H.: Erwachsenenbildung als Bildungshilfe. Bad Heilbrunmn/OBB 1983.

St. Clair, R.: A beautiful friendship? The relationship of research to pactice in adult education. In: Adult Education Quarterly, 54(2004), 5, S. 224–241.

Taureck, B. II. F.: Philosophieren: Sterben lernen? Frankfurt 2004.

Fünfzehnter Brief:

Verantwortungsethik und Nutzerorientierung

Lieber Rolf!

Vielleicht sollten wir der vielgeschmähten Deutschen Bundesbahn einen Dankesbrief schicken für den „Lernort Intercity". Ich habe mich über Deinen Brief und die Denkanstöße gefreut. Ich möchte auf vier Punkte eingehen, die offenbar zusammen hängen, nämlich die Wissensgesellschaft, die Nutzerorientierung, die Selbstreflexivität und das Erwachsensein.

– I –

Wissensgesellschaft ist ein beobachtungsabhängiges Konstrukt – wie die postindustrielle, die globale, die multikulturelle, die postmoderne, die therapeutische Gesellschaft. Solche Konstrukte sind keine willkürlichen oder beliebigen Erfindungen, sondern sie verweisen auf empirisch belegbare sozioökonomische und soziokulturelle Veränderungen. Dabei ist die „Zeitdiagnose Wissensgesellschaft" pädagogisch besonders ergiebig, weil Schule und Erwachsenenbildung nicht nur, aber auch mit „Wissenskommunikation" beschäftigt sind.

Nicht *dass* Wissensgesellschaft ein Konstrukt ist, ist bemerkenswert, sondern *wie*, d. h. aus welcher Perspektive sie beobachtet wird. Dass immer mehr Wissen produziert wird und dass die Veralterungsrate (das „Obsoleszenztempo") des Wissens steigt, ist ein Merkmal der Moderne. Vor ziemlich genau 200 Jahren lässt J. W. von Goethe in den „Wahlverwandtschaften" Eduard klagen: „'Es ist schlimm genug', rief Eduard, 'dass man jetzt nichts mehr für sein ganzes Leben lernen kann. Unsere Vorfahren hielten sich an den Unterricht, den sie in ihrer Jugend empfangen; wir aber müssen jetzt alle fünf Jahre umlernen, wenn wir nicht ganz aus der Mode kommen wollen.'"

Übrigens wird diese Behauptung zwei Jahrhunderte später als bemerkenswertes wissenschaftliches Forschungsergebnis präsentiert.

Dass die Wissensgesellschaft auch ein *Politikum* ist, wird im 19. Jahrhundert in der Arbeiterbewegung thematisiert. Wilhelm Liebknecht hält 1872 zur Eröffnung des Dresdener Arbeiterbildungsvereins eine Festrede zum Thema „Wissen ist Macht – Macht ist Wissen", wobei er eine Formulierung des englischen Philosophen Francis Bacon aufgreift. Liebknecht argumentiert, dass die Verfügung über wissenschaftliches Wissen, also die Produktion, Verbreitung und Kontrolle des Wissens auch eine Machtfrage ist. Der Zugang zu Wissen – so würden wir heute sagen, ist mit sozialer Exklusion und Inklusion verbunden. Liebknecht stellt fest: „Wissen ist Macht, Wissen *gibt* Macht, und *weil* es Macht gibt, haben die Wissenden und Mächtigen von jeher das Wissen als ihr Kasten-, ihr Standes-, ihr Klassenmonopol zu bewahren, und den Nichtwissenden, Ohnmächtigen – von jeher die Masse des Volkes – vorzuenthalten gesucht ... Es hat noch nie eine herrschende Kaste, einen herrschenden Stand, eine herrschende Klasse gegeben, die ihr Wissen und ihre Macht zur Aufklärung, Bildung, Erziehung der Beherrschten benutzt und nicht, im Gegenteil, systematisch die echte Bildung, die Bildung, welche frei macht, abgeschnitten hätte" (S. 60 f.).

Ich will hier nicht erörtern, ob diese systemkritische These in dieser Form noch berechtigt ist. Ich möchte lediglich darauf aufmerksam machen, dass die politische Beobachtungsperspektive der Wissensgesellschaft heute von einer ökonomischen Blickrichtung abgelöst worden ist. Die herrschende Semantik des Wissensdiskurses ist eine ökonomische: Wissen ist eine Produktivkraft, eine Humanressource, Ruhestand bedeutet Know-how-Verlust, Organisationsentwicklung ist Wissensmanagement usw.

Der pädagogisch – lebensweltliche Blick, auf den Du zu Recht hinweist, kommt zu kurz: Wissen ist auch Grundlage intelligenter Lebensführung und sinnvoller Persönlichkeitsentwicklung.

Und es ist m. E. eine *verantwortungsethische Perspektive* verloren gegangen, auf die z. B. Hans Jonas aufmerksam gemacht hat: Modernes Wissen ist gefährlich, prekär, riskant. Dieses Wissen kann zur (Selbst-)Zerstörung und Ausbeutung verwendet werden. Es gibt ein Zerstörungswissen, das den Planeten und die Menschheit insgesamt bedroht. Wir können gegenüber der nachwachsenden Generation nicht behaupten, wir hätten nicht gewusst, wie riskant unsere Produktion, unser Umgang mit den ärmsten Ländern, unser Lebensstil sind.

Hans Jonas' Forderung ist weiterhin aktuell: „Für die Grundlegung einer Zukunftsethik ergeben sich daraus zwei Ansätze: 1. das Wissen um die Folgen unseres Tuns zu maximieren im Hinblick darauf, wie sie das künftige Menschenlos bestimmen und gefährden können, und 2. im Lichte dieses Wissens, d. h. des präzendenzlos Neuen, das sein könnte, ein neues Wissen von dem zu erarbeiten, was sein darf und nicht sein darf, was zuzulassen und was zu vermeiden ist: also letztlich und positiv ein Wissen vom Guten" (Jonas 1986, S. 1).

Verantwortlichkeit ist auch geboten, weil der Zuwachs an Wissen stets mit einer Zunahme an Nichtwissen gekoppelt ist. Jedes Forschungsprojekt wirft mehr neue Fragen auf, als Antworten gegeben werden. Die Wissensgesellschaft ist also zugleich eine Nichtwissensgesellschaft. Auch damit sind ethische Konsequenzen verknüpft: Angesichts der Vorläufigkeit und Unsicherheit des vorhandenen Wissens sind Entscheidungen zu vermeiden, die irreversibel sind und von denen viele Menschen und künftige Generationen betroffen sind.

Wissensgesellschaft in Zeiten der Ungewissheit heißt: Viele Entscheidungen sind mit ungewollten und z. T. unkalkulierbaren Nebenwirkungen verbunden. Auch

dies gehört zu unserer Welt der „ungeahnten Möglichkeiten": alles kann auch
anders kommen als geplant. Oft lassen sich Folgewirkungen aber auch antizipie-
ren: Ich wohne in der Nähe einer Bundesstraße, auf die seit Einführung der
Autobahn-Maut-Gebühr ein Großteil der Lastwagen ausweicht. Dieser Effekt
war aber bei der Maut-Einführung vorhersehbar.

Der Club of Rome hat in den 1970er Jahren ein Gutachten über die „Zukunfts-
chance lernen" veröffentlicht. Er begründete damals schon die Überlebensnot-
wendigkeit lebenslangen Lernens. Die ökologisch gefährdete Welt – so der Club
– erfordert zwei Lernkompetenzen, nämlich *partizipatives* und *antizipatorisches*
Lernen. Partizipatives Lernen ist prozedurales, strategisches Lernen: zu wissen,
warum, wann, wo und wie man sich einmischt, Verantwortung übernimmt, sich
engagiert. Antizipatorisches Lernen meint vorsichtiges, vorausschauendes Denken, angesichts von Unplanbarkeit unterschiedliche Entwicklungen berücksichtigen, keine „vollendeten Tatsachen" schaffen, auch: systemisch, d. h. kontext-
gebunden denken und handeln. Zum antizipatorischen Lernen gehört auch das
von Dir betonte Bewusstsein von Endlichkeit und Vergänglichkeit.

Verantwortungsethik in unserer Wissensgesellschaft ist – so H. Jonas – Zukunftsethik. Die konstruktivistische Erkenntnistheorie mit ihrer Schlüsselkategorie
Beobachtungsabhängigkeit ist eher gegenwartsorientiert. Unsere Beobachtungen beziehen sich vor allem auf das Hier und Jetzt. Gelegentlich wird das Augenmerk auch auf die Vergangenheit gerichtet – z. B. auf die eigene Biografie als
Konstruktion. Vernachlässigt wird in der Literatur dagegen die Konstruktion der
Zukunft. Wir lernen und leben immer auch mit Blick auf die Zukunft. Für diese
prognostische Wirklichkeitskonstruktion reicht der Beobachtungsbegriff nicht
aus. Zukunft beobachten wir nicht, sondern Zukunft stellen wir uns vor. In diesem Sinn spricht Schopenhauer von der „Welt als Wille und *Vorstellung*". J. P.
Sartre betont die Imagination, das Imaginäre (K. Reich hat diesen Begriff für
den pädagogischen Konstruktivismus fruchtbar gemacht.) Auch der Begriff der
Intuition gehört in diesen Zusammenhang: Intuition ist ein Gespür für das, was
kommt. Intuition stützt sich auf Erfahrungen, auf implizites, also eher verborge-
nes Wissen („tacit knowledge"). In Zukunftswerkstätten kann eine solche Phan-
tasie für Möglichkeiten angeregt werden. (Vielleicht ist es kein Zufall, dass in der
letzten Zeit nur noch selten solche Zukunftswerkstätten angeboten und nachgefragt werden.)

Das Leben in der Wissensgesellschaft ist keineswegs sicherer und kalkulierbarer
geworden. Wissensproduktion und Wissenschaftsveröffentlichungen tragen
nicht nur zur Orientierung, sondern auch zur Desorientierung, gelegentlich auch
zur Entmündigung bei. Zu vielen Gutachten gibt es mehrere Gegengutachten,
und alle Gutachter berufen sich auf angeblich gesicherte Erkenntnisse.

Angesichts dieser Relativierung wissenschaftlicher Erkenntnisse hat der Konstruktivismus den „common sense", den „gesunden Menschenverstand" wieder-

Bescheidwissens: „Wer sagt ›ich weiß‹, ›ich weiß Bescheid‹, fühlt sich im Besitz der Wahrheit und ist dadurch lernresistent", schreibst Du, und Du berührst damit einen empfindlichen Punkt des Streits um den Konstruktivismus. Wie kann jemand, der davon ausgeht, dass Welt sich unserem Bescheidwissen erschließt, sich mit jemandem konstruktiv auseinandersetzen, der genau dies bestreitet. Und wie kann man sich mit Beiträgen auseinandersetzen, deren Stoßrichtung „erwartungsgemäß" ist, da man den Autor kennt und weiß, welche Standpunkte er üblicherweise vertritt – einer Erkenntnis- und Psychologik verpflichtet, die er selbst nicht zum Thema werden lässt.

Diese Erwartungsgemäßheit des Argumentes zeigt uns die bisweilen banale Vordergründigkeit unserer Diskurse. Ihnen geht es um Bescheidwissen und Rechthaben, nicht um den mühsamen Prozess, mit den generellen und ganz eigenen Festgelegtheiten unseres Erkenntnisvermögens selbstreflexiv und offen, d. h. Anschlussfähigkeit suchend, umzugehen. Die Psychologik des Beobachtens bleibt ausgeklammert, was ich in meinem ersten Brief bereits ausführlich dargelegt habe. Kann man wirklich so selbstbewusst auftrumpfend und verurteilend[1] operieren, wie dies immer wieder – auch und gerade in der Auseinandersetzung mit dem Konstruktivismus – anzutreffen ist? Diese Frage kam mir bei der Lektüre des Buches von Ludwig A. Pongratz „Untiefen im Mainstream. Zur Kritik konstruktivistisch-systhemtheoretischer Pädagogik" (Pongratz 2005), der die Beobachtungsabhängigkeit der Wirklichkeit ablehnt, weil er dies schon immer getan hat. Zwar fragt Pongratz in einer Fußnote ironisch, wo es „die naiven Realisten, die immer noch glauben, sie könnten der Unmittelbarkeit des Augenscheins trauen" (ebd., S. 41), eigentlich noch gäbe, nicht ohne sich sogleich jedoch selbst als ein solcher zu enttarnen, da er es für „nicht einsehbar" (ebd., S. 62) hält,

„warum nicht davon gesprochen werden sollte, dass ein Nervensystem Informationen aufnimmt und dadurch Repräsentationen (sic!) seiner jeweiligen Umwelt erstellt" (ebd.)[2].

[1] Pongratz nimmt den Konstruktivismus in eine Generalhaftung für alle Unbillen der Zeit. Für die „neoliberale Umsteuerung im Bildungssektor" (Pongratz 2005, S. 19), den „ethischen Relativismus" (ebd., S. 26) unserer Zeit, der hilft, den „strukturellen Gewaltzusammenhang" (ebd.) zu kaschieren, und die „subtil sozio-technischen Instrumentierung(en)" (ebd., S. 40).

[2] Pongratz argumentiert m.E. unsauber, wenn er einige Abschnitte weiter in einer für den Konstruktivismus anschließbaren – genau dies aber als unüberwindbare Hürde ausgebenden – Form feststellt, „(…) dass es nämlich ›lebenden Systemen‹ möglich ist, in Korrespondenz zu treten zu einer wahrnehmbaren Realität, mit der sie (die Menschen; R. A.) Erfahrungen machen können und die sie gestalten können" (ebd., S. 63f). Was nun eigentlich, ist man geneigt nachzufragen: „Repräsentation" oder „Korrespondenz"? – beides ist ja nun nicht dasselbe. „Strukturelle Koppelung" beschreibt nach meinem Verständnis genau dieses korrespondierende Verhältnis zur Wirklichkeit, welches ja nicht Identität, sondern gestaltenden – viablen – Umgang zur Grundlage hat. Und dieser Umgang ist von den bisherigen Deutungsmustern vermittelt und geprägt, was Pongratz dann wiederum an anderer Stelle auch so sieht, wo er – durchaus konstruktivistisch – feststellt: „Wir halten niemals die Unmittelbarkeit des Gegebenen in der Hand, denn dieses stellt sich immer schon als durch sein anderes, eben durch Subjektivität Vermitteltes, heraus" (ebd., S. 86f) – ein Hin-und-Her-der Argumentation, welches den Eindruck stärkt, hier ginge es um gezielte Naivisierung des Konstruktivismus, um ihm dann besser entgenhalten zu können, was dieser selbst doch vertritt.

Erwartungsgemässheit des Urteils und Selbstwidersprüchlichkeiten allenthalben, wodurch eine Argumentationsstruktur entsteht, die um die implizite Selektivität und Normativität des Blicks nicht weiß, mehr noch: diese ist ihr kein Thema. Mit dem eigenen Urteil geht das Bescheidwissen einher und die von Dir erwähnte „epistemische Verschlossenheit", welche – dies ist auch mein Eindruck – „oft mit Dogmatismus und Rechthaberei verbunden (ist)", was bei Pongratz durchaus mit semantischen Ausschmückungen einhergeht, die das Tendenziöse seiner Beobachtungsweise nicht nur implizit deutlich zum Ausdruck bringen:

> „Es ist die Aura einer neuen Freiheits- und Reformpädagogik, die die konstruktivistische Pädagogik durchweht. Entsprechend nehmen die Texte konstruktivistischer Pädagogen oftmals einen animierenden Charakter an: Sie wollen eine neue Sichtweise nahe legen, sie wollen in eine neue Gesinnung und Haltung einstimmen. Statt über den Mangel an ›Durchgriffsrechten‹ zu lamentieren, propagiert Arnold eine neue ›pädagogische Gelassenheit‹. Diese Gelassenheit setzt in erster Linie nicht auf neue fachliche Kompetenzen, sondern auf ›eine andere Haltung‹ zum Fachwissen. Die konstruktivistische Pädagogik gewinnt geradezu spirituelle Qualitäten, wenn sie dazu aufruft, sich von der Illusion der Machbarkeit zu verabschieden, und stattdessen ein ›evolutionsgerechtes Verhalten‹ zu praktizieren, dem ›eine gelassene Konzentration und ein humanistisches Menschenbild zugrunde liegen‹" (ebd., S. 123).

„Aura", „durchweht", „propagieren", „spirituell" – all dies sind tendenziöse Bezeichnungen, mit denen nicht in eine Sachargumentation eingetreten, sondern Argumentationen banalisiert (um nicht zu sagen: idiotisiert) werden. Dies ist keine anschlussfähige Beobachtung; hier werden Gleichgläubige bedient, keine Erkenntnisfortschritte gesucht. Dass dies alles zu dem von jemandem vorgetragen wird, dem seine eigene Beobachterposition kein Nachdenken (und schon keine reflexive Auslotung!) wert ist, weil er – unter „treuer" Fortschreibung seiner Lebensargumentation – „Bescheid weiß", verstärkt bei mir den Eindruck, dass wir über solche Formen der Auseinandersetzung nicht wirklich weiter kommen. Hier geht es um „Sich-treu-bleiben", nicht um eine beobachtertheoretisch vertretbare Reflexion der eigenen Konstruktionen von Wirklichkeit. Was dabei heraus kommt, ist ein Amalgam von Belegstellen für das, was man schon immer dachte, welche von Adorno über Kant bis zu Pongratz selbst reichen: Eine hermetische Selbstreferenz, die uns – frei nach dem viel geschmähten Watzlawick – „mehr desselben, nämlich nichts" bringt – zumindest nicht für das eigen Suchen bei dem wir als Beobachter unterwegs sind, die sich von der impliziten Selektivität und Normativität ihres Blicks nur durch das Bewusstsein, dass dem so ist, und in der Auseinandersetzung mit „critical friends", die ihrerseits wissen, dass das (bei ihnen selbst und beim Gegenüber) so ist, teilweise (!) zu lösen vermögen.

Das Pongratzsche Vorgehen nenne ich *kryptorealistisch*: Man „ziert sich", grenzt sich einerseits von „naiven Realisten" (Pongratz 2005, S. 41) ab, „weist" nach, dass alles doch so neu nicht sei, nur um dann selbst wiederum die alten Konsequenzen zu ziehen und dem „Erklärungspfad der Objektivität" (Maturana 1996, S. 43) zu folgen. Besonders deutlich wird dies bei Ralf Nüse, einem der Gewährsleute von Pongratz, dem er wohl auch die Rede vom „naiven Realismus" (Nüse 1995, S. 76) verdankt. Nüse analysiert die erkenntnistheoretischen Prämissen des (?) Konstruktivismus, in denen er nichts wirklich bahnbrechend Neues zu entdecken vermag, was jedoch auch unübersehbar an der Eigentümlichkeit seiner Rezeption liegt. Denn er meint, in diesen Grundlagen die Unterstellung zu entdecken, „dass man grundsätzlich *nichts* (Realitätsadäquates?) über die Wirklichkeit aussagen kann" (ebd., S. 80), was insofern irreführend ist, da das Viabilitätskonzept des Konstruktivismus genau auf diese Adäquanz verweist, der zufolge eine Deutung als vorläufig „wahr" angesehen werden kann, insofern sie funktionales Handeln ermöglicht. Die Parallelen zum „Hypothesenfallibilismus" sind – wie Ralf Nüse zu recht vermerkt (ebd., S. 79) – unübersehbar, allerdings sprechen diese weniger für das kryptorealistische Konzept, sondern zeigen bloß, dass Popper seinerseits wohl konstruktivistisch-pragmatistischer gewesen ist als seine Rezipienten es erkennen konnten (oder wollten). Karl Popper hat dies in dem mit John C. Eccles gemeinsam publizierten Werk „Das Ich und sein Gehirn" folgendermaßen ausgedrückt:

„Aber wir alle neigen dazu, etwas, dessen Existenz vermutet wird, als tatsächlich existierend anzunehmen, wenn seine Existenz durch neue Gründe bestätigt wird; zum Beispiel durch die Entdeckung von Wirkungen, die wir erwarten würden, falls das fragliche Ding wirklich existierte. Wir können jedoch sagen, dass eine solche Bestätigung zuerst einmal anzeigt, dass es *etwas* gibt; zumindest die Tatsache dieser Bestätigung muss durch jede zukünftige Theorie erklärt werden. Zweitens zeigt die Bewährung, dass die Theorie, die Hypothese, dass jene Dinge existieren, vielleicht wahr ist oder doch der Wahrheit nahe kommt: dass sie Wahrheitsähnlichkeit besitzt. Es ist daher vielleicht besser von der Wahrheit oder Wahrheitsähnlichkeit von Theorien zu sprechen als von der Existenz von Dingen, weil ja der Satz, der die Existenz eines Dinges ausspricht, ein Teil der Theorie, also der Hypothese, einer Vermutung ist" (Popper 2000, S. 29).

„Wahrheitsähnlichkeit" ist das, worum es dem Konstruktivismus m. E. geht. Die autopoietisch geschlossen operierenden Kognitionen, welche stärker auf ihre eigenen Zustände als auf das Äußere reagieren – wobei der Psychologik des Beobachters eine bis dato nicht wirklich ausgeleuchtete Bedeutung zukommt (vgl. Solms/Turnbull 2004) – können die Wirklichkeit nicht erkennen, sie können nur lernen, mit dieser funktional umzugehen, wobei die diesen Umgang bestimmende Logik in den Satz gefasst werden kann: „Wer dysfunktional deutet, den bestraft das Leben!" Und auch der Hinweis Poppers, dass es auf diese Weise lediglich um die „Wahrheitsähnlichkeit" von Theorien, nicht von Dingen ginge, ist konstruktivistisch anschlussfähig, da Theorien Konstrukte und keine Realitäten sind. Diese feinen Unterscheidungen übersehen die Kryptorealisten Nüse und Pongratz m. E. und verkaufen uns deshalb ihre Theorien bzw. ihre „Sicht der Wirklichkeit" als die Realität, ohne jedoch zu erklären, wie sie von dieser etwas wissen können.

Das Diskussionsniveau von Popper und Eccles wird von Nüse und Pongratz deutlich unterboten. In seinem Beitrag mit der trotzigen Überschrift „Und es funktioniert doch: Der Zugang des Gehirns zur Welt und die Kausaltheorie der Wahrnehmung" bemüht sich Nüse darum, die „Kausale Theorie der Wahrnehmung" wiederzubeleben und gelangt zu der deutlichen Folgerung, dass die unterschiedlichen Formen der subjektiven Repräsentation der Wirklichkeit „nicht den Schluss (rechtfertigen), dass die Realität nicht *erkannt* werden kann" (Nüse 1995, S. 192). Letztlich ist es Begriffsunsauberkeit, aus der sich Gegensätzlichkeiten speisen: Es wird von „Realität" gesprochen, aber so argumentiert, als ginge es um Wirklichkeitsähnlichkeit, was etwas anderes ist. Und so kommt es, dass Nüse streckenweise konstruktivistischer argumentiert als ihm selbst bewusst ist. Er spricht z. B. bei seinen wahrnehmungstheoretischen Überlegungen von dem „Richtigen" in einer Art und Weise, die mit der konstruktivistischen Rede von der Viabilität weitgehend übereinstimmt, so dass völlig undeutlich bleibt, worum der Streit eigentlich geht:

„Natürlich ist dieser ›eingebaute‹ Schluss von der Wirkung auf die Ursache nicht ›todsicher‹ bzw. ›wasserdicht‹. Trotzdem ist er aber sicher genug, um in den normalen Fällen, für die er auch von der Evolution gebaut ist (also die, wo sich der Organismus in seinem normalen Zustand in seiner normalen Umgebung befindet), das Richtige über die Welt zu sagen. (…) Das heißt: Der vom Gehirn ausgeführte ›Schluss‹ von der Wirkung auf die Ursache ist nicht *tod*sicher; dies ist aber insofern nicht tragisch, weil er für die normalen Zwecke der Wahrnehmung sicher genug ist. Aus der Nichtwasserdichtheit eines Schlusses darf man aber nicht schließen, dass er vollkommen unbrauchbar sei" (ebd., S. 189).

So weit, so gut. Ich denke, bis hierhin sind die Ausführungen durchaus konstruktivistisch lesbar: Der Mensch verfügt über evolutionsgeschichtlich eingespurte Deutungs- und Erklärungsroutinen, für deren Berechtigung spricht, dass sie funktionieren – bis auf weiteres. Was bei Nüses Argumentationen allerdings stört, ist, dass er so tut, als sei dies in allen Wirklichkeitsbereichen gleichermaßen eindeutig und konsensual so, wie im Bereich des Umgangs mit der Natur und ihren Gesetzmäßigkeiten, weshalb er auch pauschal folgert:

„Und mit derselben Sicherheit, mit der wir abends an den nächsten Morgen glauben, können wir auch unsere Wahrnehmung als Abbild (sic!; R. A.) der Welt ansehen" (ebd.).

Diese Generalisierung ist für den Bereich des sozialen Handeln, welches „ein sinnhaft motiviertes Handeln" (Max Weber) ist, unbrauchbar. Denn in diesem Bereich haben wir es mit unschiedlichen sinnhaften Bedeutungszuschreibungen zu tun, und wir sind in unseren Möglichkeiten des gesellschaftlichen Handelns bestimmt, aber nicht eingeschränkt durch das, was auf uns wirkt. Dies ist ein fundamentaler Unterschied, und an dieser Stelle zeigt sich m. E. auch die Verbindung zwischen Konstruktivismus und Kritischer Theorie: Zuerst muss man um die taditionale und gesellschaftliche Konstruktion der Wirklichkeit wissen, um andere Entwürfe des eigenen und gesellschaftlichen Lebens zu wagen und zur Wirklichkeit werden zu lassen. Während man den Tag- und Nachrhythmus nicht durch eine Veränderung der Konzepte verändern kann, ist dies, was die Formen des Zusammenlebens anbelangt, durchaus möglich. Utopien sind genauso Konstrukte, wie die Amerikanische Unabhängigkeitserklärung. Ähnliches gilt für den Wandel der Lernkulturen, man muss Lernen zuerst anders konstruieren, um es sodann in der Erfahrungswelt auch anders gestalten zu können.

<u>Zu B:</u> Die *Forschungslogik* ist die Logik des Beobachtens bzw. des systematischen und reflektierten Beobachtens, welches sich stets der Tatsache bewusst ist, dass – wie es Maturana feststellte – „Erklären ein *erzeugender* Mechanismus ist" (Maturana 1996, S. 41). Wer in diesem Bewusstsein beobachtet, tut dies nicht mehr unbefangen, sondern er weiß um die konstruktive Relevanz seines Blicks *auf* sowie seines Zugangs *zur* Wirklichkeit. Maturana spricht in diesem Sinne von der Notwendigkeit einer „epistemologische(n) Reflexion", welcher es um die Fragen geht: „Wie verhalten wir uns als Beobachter, und wie können wir überhaupt etwas beobachten?" (ebd., S. 37). Maturana plädiert für einen „doppelten Blick" (ebd.) und stellt fest:

„Wer die Beobachter-Frage stellt, muss auch einen faktischen oder begrifflichen Entstehungsmechanismus für den Beobachter, das heißt einen Ablauf, angeben, der zum Beobachten führt. Wer die Frage dagegen verwirft, setzt das Beobachtungsvermögen einfach als Grundausstattung oder Eigenschaft voraus. Eigenschaften müssen nicht erklärt werden. (…) Wer die Gretchenfrage verwirft, setzt dadurch implizit oder explizit voraus, trotz seiner konstitutiven Beobachterrolle eine unabhängige Außenwelt zu erklären" (ebd., S. 41)

Die Forschungslogik „lebt" m. E. davon, wie man mit der Gretchenfrage Maturanas umgeht. Dabei ist der Status des Beobachters sowie seines Instrumentariums der Beobachtung von grundlegender Bedeutung. Wie ich zu zeigen versucht habe, sind wir selbst als Erwachsenenbildungsforscher „erwachsen", und wir sehen mit unseren Erfahrungen, was wir sehen. Aus diesem Grunde ist es prinzipiell verkürzend, ohne eine Reflexion dieser unhintergehbaren Vorprägungen sich definierend, strukturierend oder kategorisierend als Beobachter ins Spiel zu bringen, zumal sich der Gegenstand selbst sofort ändert, sobald wir uns ihm nähern und er dieses spürt. Forschung ist für mich ein Umgehen mit diesen Beschränkungen und den ungewollten Effekten unserer Einmischung in einer Form, die nicht nur den Inhalt, sondern auch den Prozess des Geschehens offen hält und sich vom Geschehen steuern lässt, wie wir dies u. a. in unseren Qualitätsuntersuchungen versucht haben (Arnold 2000). Die ErwachsenenbildnerInnen, die wir mit der Qualitätsfrage in Kontakt brachten, wussten zunächst mit dieser wenig anzufangen, da diese nicht zu ihrer Sprachwelt gehörte (damals noch nicht). Sie begannen, ihre bisherigen Bemühungen um eine „gute" Arbeit zu reformulieren, sich dabei auch mit dem zu befassen, was anderorts diskutiert wird, und erkannten, was sie von dem bereits selbst praktizierten und was nicht. Für diesen Prozess der Reformulierung und perspektivischen Sichtung des Bisherigen waren mehrere Gesprächsrunden erforderlich, in denen wir auch lernten, besser zu verstehen, was Anspruch und Realität sowie Begrenzungen der Arbeit dieser Kollegen und Kolleginnen waren. Das Feld veränderte sich, es erschien uns anders, je mehr wir uns mit den sprachlichen Welten, in die wir eintauchten, auseinander setzten und lernten, den Gegenstand mit anderen Augen zu sehen. Dabei veränderte sich auch die Forschungsfrage. Nun kann man sagen, dass dies ja alles bereits bekannt sei, weshalb die qualitativen Forschungsansätze prinzipiell offener und interpretativer vorgehen. Mir geht es allerdings um etwas anderes: Ich meine, dass jegliche Forschung, die wirklich Zusammenhänge erhellen und Veränderungsperspektiven ausloten möchte, in einer konstruktivistischen Offenheit ansetzen muss und die epistemologische Reflexion Maturanas nicht aus dem Blick verlieren darf. Es sind die Probanden, die den Gegenstand mit ihren Deutungen, Interpretationen und Erläuterungen konstruieren. Und indem sie diesen so als real definieren, existiert er als „real", wie wir seit dem Symbolischen Interaktionismus wissen. Wir reichen nur an diese Wirklichkeitsebenen heran, wenn wir unsere Forschungslogik mehr als ein Bemühen um die Rekonstruktion der Wirklichkeitskonstruktionen, mit denen wir es zu tun haben, realisieren. Und dies gelingt uns nur, wenn wir unsere eigenen bevorzugten Weisen der Wirklichkeitskonstruktion beobachten und reflektieren. Verständigung ist auf der Ebene der Textreferenz möglich, d. h. man kann aufschreiben, was man beobachtet und es mit den Beobachteten besprechen, verändern und weiterentwickeln. Und solche Texte erlangen eine eigene Wirkung, die nicht intendiert war, aber substanzieller ist als Fremdbeobachtungen aus einer fremden Logik heraus.

Zu C: Damit bin ich bereits bei der *Verwendungslogik*. Diese ist die Logik des Professionellen. Zwar ist in dem erziehungswissenschaftlichen Diskurs die Brauchbarkeitsfrage durchaus umstritten (vgl. Heid 2005), da bisweilen eine vollständige Zweckorientierung von Bildung und Bildungsforschung befürchtet wird. Du weißt, dass ich der Gleichsetzung von Zweckfreiheit und Bildung schon stets skeptisch gegenüberstand – ich habe gerade in der beruflichen Bildung nie verstanden, wieso man deren Betriebsorientierung mit bloßer Verzweckung gleichsetzte –, doch kann man andererseits auch nicht die Gefahren einer Ökonomisierung des Bildungswesens völlig von der Hand weisen, wie dies Heinz-Elmar Tenorth in seinem Beitrag in DIE ZEIT vom 6.10.2005 tut (Du hast das sicherlich gelesen). Es gilt aber auch das Umgekehrte nicht uneingeschränkt: Die Frage nach der Brauchbarkeit transportiert – wie wir schon diskutierten – ein Gütekriterium der Pädagogik. Letztlich sind wahre Aussagen als solche nicht nützlich, aber nützliche Aussagen sollten sich als „wahr" im Sinne des von Klaus Beck markierten „komparativen Wahrheitsmaßstabes" (Beck 2005, S. 81) ff) erweisen, für welche der „Bewährungsgrad von Aussagen" (ebd., S. 83) von grundlegender Bedeutung ist. Ist dies etwas anderes als es das konstruktivistische Viabilitätskonzept nahe legt? Ich vermag die Unterschiede nicht zu erkennen, möchte aber noch ergänzen, dass für mich die Verwendungslogik immer etwas mit der Zustimmung in kommunikativen Kontexten zu tun hat. Diejenigen, die Praxis gestalten, müssen letztlich über die Verwendung oder Nichtverwendung von Aussagen entscheiden und diese kommunikativ validieren, indem sie diese zu Bestandteilen ihrer geteilten Konstruktion von Wirklichkeit machen. Erwachsenenbildungsforschung ist deshalb dort, wo sie auf Verwendung zielt, m. E. notwendig kleinräumige und kommunikative Forschung – eine Konsequenz, die – wie einleitend beschrieben – bereits Hans Tietgens markierte. Je losgelöster Forschung von den Anwendungskontexten ist, desto verselbständigter sind ihre Diskurse – oft ohne erkennbare Bezüge zu den die Akteure verbindenden Fragen und Problemen.

Literatur

Arnold, R. (unter Mitarbeit von Uwe Wieckenberg): Qualitätsverständnis und Qualitätssicherung bei kirchlichen Trägern der Erwachsenenbildung. Erste Tendenzen und Interpretationen – ein Forschungsbericht. Heft 6 der Pädagogischen Materialien der Universität Kaiserslautern. Kaiserslautern 2000.

Beck, K.: Wahrheit und Brauchbarkeit wissenschaftlicher Aussagen. In: Heid/Harteis 2005, S. 79–116.

Heid, H./Harteis, C. (Hrsg.): Verwertbarkeit. Ein Qualitätskriterium (erziehungs-)wissenschaftlichen Wissen? Wiesbaden 2005

Maturana, H: Was ist erkennen? München/Zürich 1996.

Nüse, R.: Über die Erfindung/en des Radikalen Konstruktivismus. Kritische Gegenargumente aus psychologischer Sicht. 2. überarbeitete und erweiterte Auflage. Weinheim 1995.

Nüse, R.: Und es funktioniert doch: Der Zugang des Gehirns zur Welt und die Kausaltheorie der Wahrnehmung. In: Fischer, H. R. (Hrsg.): Die Wirklichkeit des Konstruktivismus. Zur Auseinandersetzung um ein neues Paradigma. Heidelberg 1995, S. 177–194.

Pongratz, L. A.: Untiefen im Mainstream. Zur Kritik konstruktivistisch-systemtheoretischer Pädagogik. Wetzlar 2005.

Popper, K. R./Eccles, J. C.: Das Ich und sein Gehirn. 7. Auflage. München 2000.

Solms, O./Turnbull, O.: Das Gehirn und die innere Welt. Neurowissenschaft und Psychoanalyse. Düsseldorf und Zürich 2004.

Wittpoth, J.: Autonomie, Feld und Habitus. Anmerkungen zum Zustand der Erwachsenenbildung in der Perspektive Bourdieus. In: Hessische Blätter für Volksbildung (2005) 1, S. 26–36.

Siebzehnter Brief:

Das Biographische der Erkenntnis

7.11.05

Lieber Rolf!

Wir haben gelegentlich darüber gesprochen, wie wir den systemisch-konstrukti-vistischen Denkansatz für uns entdeckt haben, wie unsere konstruktivistischen Überlegungen biografisch verankert sind. Für uns beide waren die Texte Maturanas, Varelas, Glasersfelds, Schmidts einerseits neu und perturbierend, anderer-seits anschlussfähig an Hermeneutik, Deutungsmusteransatz, symbolischen Interaktionismus …

Bei der mehr als 10jährigen Beschäftigung mit konstruktivistischen Thesen spielt unsere Freundschaft für mich eine nicht unwesentliche Rolle. Nicht nur wegen zahlreicher Literaturtipps und Denkanstöße, sondern auch aus psychohygieni-schen Gründen. Wenn ich mich mit einem solchen relativ ungewöhnlichen und auch umstrittenen Konzept beschäftige, benötige ich eine „Vertrauensperson" zur Vergewisserung, zur Ermutigung, zur Bestätigung, auch als Korrektiv. Unsere (überwiegend telefonischen) Gespräche waren und sind „Probehand-lungen", wechselseitige Suchbewegungen, auch Zweifel und Rückfragen. Auch wenn ich einen Artikel zu diesem Thema geschrieben habe, warst Du oft mein „heimlicher" Gesprächspartner.

Darüber hinaus hat die Beschäftigung mit dem Konstruktivismus noch tiefer lie-gende biografische Wurzeln, denn es handelt sich ja nicht nur um irgendeine neue Theorie, sondern um eine Selbst- und Weltsicht, die uns selbst, unser Den-ken, Fühlen und Handeln verändert hat. Auch für uns ist die Welt nicht mehr so, wie sie mal (vor 1990) war.

Wenn ich darüber nachdenke, warum mich die Veröffentlichungen über den Konstruktivismus fasziniert haben, so fällt mir zunächst mein Studium der Lite-raturwissenschaft ein. Literatur, Poesie ist per se Erfindung von Welten, Kon-struktion von Wirklichkeiten. „Facts" und „fiction" verschmelzen zu einer Ein-heit. Und Hermeneutik ist die Methode des Sinnverstehens, der Textinterpreta-tion, der ständigen Re-Konstruktion eines literarischen Werkes. Hermeneutik – so hat Gadamer es formuliert – ist die Einsicht, dass auch der/die Andere Recht haben könnte.

Eine andere existenzielle Erfahrung war für mich die 68er Studentenbewegung. Aus meiner „linksliberalen" politischen Haltung fühlte ich mich zugehörig zu dieser Reformbewegung, wie ich sie als Assistent an der Ruhr-Universität

Bochum von 1966 bis 1970 erlebte. Gleichzeitig wurde ich aber verunsichert und auch eingeschüchtert durch den Dogmatismus und die Selbstsicherheit vieler „Linker". Einige marxistische Studentengruppen, aber auch einige Hochschullehrer verkörperten für mich in einer autoritären Weise das „richtige Bewusstsein" und attackierten diejenigen, denen sie ein „falsches Bewusstsein" bescheinigten. Ich hatte ständig das Gefühl, mich rechtfertigen und entschuldigen zu müssen, weil ich Marx und Mao noch nicht richtig verstanden hatte.

Ende der 60er Jahre schrieb ich meine Habilitationsschrift über „Erwachsenenbildung in der Erziehungsgesellschaft der DDR" – übrigens in einer Zeit, in der die Springer-Presse von DDR nur in Anführungszeichen und mit dem Zusatz „sog.", am liebsten aber von SBZ (sowjetische Besatzungszone) schrieb. Mir wurde bei dieser Arbeit deutlich, dass die ideologische Umerziehung der DDR-Bevölkerung weitgehend kontraproduktiv war. Mir wurde klar: „autopoietische Systeme" sind lernfähig, aber unbelehrbar. Diese Erfahrung bekräftigte meine Skepsis gegenüber dem, was ich verkürzt „normative Pädagogik" nenne, nämlich eine Stellvertreterpädagogik der angeblich „Aufgeklärten" für die „Unaufgeklärten". Dieses Unbehagen wurde verstärkt durch einen Ost-West-Schulbuchvergleich. Ich analysierte die Staatsbürgerkundelehrbücher der DDR und die gängigen Schulbücher zur politischen Bildung in der BRD. Überraschend für mich waren die erstaunlichen Parallelen in der dualisierenden Selbstbild-Fremdbild-Konstruktion. Die negativ aufgeladenen Heterostereotype unterschieden sich in den DDR- und BRD-Schulbüchern nur graduell.

Eine weitere alltagskonstruktivistische Erfahrung machte ich in der Umweltbildung. Ich war überzeugt, dass das Umweltbewusstsein der Erwachsenen so verändert werden müsste, wie wir es für richtig hielten. In ökologischen Bildungsurlaubsseminaren für VW-Beschäftigte lernte ich hautnah deren existenzielle Ängste gegenüber einer radikal ökologischen Energie- und Verkehrspolitik kennen. Je nach den materiellen Lebensverhältnissen unterscheiden sich Wirklichkeitskonstruktionen offenbar wesentlich. Aufschlussreich waren auch empirische Untersuchungen, denen zufolge die alltägliche ökologische Bilanz (Ressourcenverbrauch, Emissionen, Flugkilometer) des „grünen Milieus" (Mittelschicht, besserverdienend, urlaubsintensiv) deutlich schlechter war als die der finanzschwächeren, aber ökologisch eher unaufgeklärten „Unterschicht". Auch diese Erfahrungen bewirkten eine „Perturbation" meines ökologischen Bewusstseins.

Die Beschäftigung mit der systemisch-konstruktivistischen Erkenntnistheorie erleichterte mir angesichts dieser Irritationen eine Neuorientierung. Konzepte wie die „Selbstreferenz autopoietischer Systeme", die „Beobachtungsabhängigkeit der Wirklichkeit", die „Kontextabhängigkeit unseres Erkennens", die „Strukturdeterminiertheit kognitiver Systeme" stellten auch mein bisheriges, von der Curriculumtheorie geprägtes pädagogisches Verständnis in Frage. Der

Curriculumtheorie liegt – vereinfacht gesagt – ein linear-technologisches Päd-
agogikverständnis zugrunde. Operationalisierung der Lernziele, Programmie-
rung der Lernschritte, ständige Überprüfung der Lernfortschritte, Homogenisierung der Lerngruppe – diese Regulierung des Lernens schien damals der
Schlüssel zur Optimierung der Bildungsarbeit zu sein. Inzwischen bin ich der
Auffassung, dass diese perfektionistische Steuerung des Lernens nur bei der Vermittlung deklarativen Wissens und messbarer „Skills" erfolgversprechend ist.

So sympathisch mir viele Ideen des Konstruktivismus sind, so fremd war mir
doch zunächst dieser relativierende, zirkuläre, zum Paradoxen neigende Denk-
stil. Ich bin in einer Beamtenfamilie aufgewachsen, in der das Bemühen um Ord-
nung, Eindeutigkeit, gleichsam um „klare Verhältnisse" selbstverständlich war.
Das Denken in Ambivalenzen, in den Zwischenräumen, das Aushalten von
Mehrdeutigkeiten war – und ist immer noch – für mich gewöhnungsbedürftig.
Aber ich bin überzeugt, dass es keinen Weg zurück in eine Welt der endgültigen
Wahrheiten und Antworten gibt. Aber wer weiß?

Konkreter Anlass für meine Beschäftigung mit dem Konstruktivismus war ein
Seminar mit Diplomstudierenden über die Philosophie der Postmoderne. Wir
lasen Texte von Lyotard und diskutierten seine These eines Endes der „Metaerzählungen". Lyotard sprach von einer „Dekadenz", also einem Verfall der Idee
objektiver Wahrheit, historischer Teleologie und kultureller Universalität. Das
Einheits- und Identitätsdenken schien durch eine Anerkennung von Vielfalt und
Differenz abgelöst zu werden. Wolfgang Welsch plädierte für eine Pluralität als
politischen und ethischen Wert. Er hielt an dem (abendländischen) Vernunftbe-
griff fest, begründete aber eine Differenzierung des Vernunftbegriffs, eine Vielfalt der Rationalitäten.

Postmodernes Denken, das als reflexive Modernisierung verstanden werden
konnte, schien eine angemessene Antwort auf Globalisierungsprozesse, ökologische Krisen, „Grenzen des Wachstums" und einen technologischen Fort-
schrittsoptimismus, aber auch auf multikulturelle Gesellschaften zu sein. Die
Kritik an eurozentrischen Höherwertigkeitsvorstellungen legte eine Mehrper-
spektivität und eine Anerkennung von Minderheiten nahe.

Damit aber stellten sich uns erkenntnistheoretische und erkenntnispsychologi-
sche Fragen, und wir entdeckten ein Vortragsmanuskript von Siegfried Schmidt
über Konstruktivismus und Postmoderne. Und dann machtest Du mich auf das
Buch von F. Varela „Kognitionswissenschaft – Kognitionstechnik" aufmerksam
…

Herzliche Grüße

Dein Horst.

Achtzehnter Brief:

In Memoriam Francisco Varela

20.11.2005

Lieber Horst,

die Koinzidenz der Ereignisse: Gestern war ich mit meiner Frau im Kino, um den
Film "Monte Grande – Was ist Leben?", eine Biographie über Francisco Varela,
zu sehen. Als ich nach Hause kam, fand ich Deinen elektronischen Brief vor, in
dem Du an unsere „Entdeckung" von Varela für die erwachsenenpädagogische
Debatte erinnerst. Ich erinnere mich noch gut an die Zeit, als ich Ende der
1980er/Anfang der 1990er Jahre begann, mich mit den Selbstorganisationskon-
zepten sowie den systemischen Zugängen zu Fragen der betrieblichen Organisationsentwicklung zu beschäftigen (Arnold 1991) – zunächst im Kontext der
Unternehmenskulturdebatten[1]. Auf konstruktivistische Konzepte stieß ich
allerdings durch meine interkulturellen Erfahrungen (vgl. Arnold 1989), welche
mir – wie so oft in meinem Leben – auch Anregung und Rahmung für meine
erwachsenenpädagogischen Überlegungen wurden (vgl. Arnold 1992), wobei
mir durchaus einiges, was ich zuvor gedacht und geschrieben hatte, unvollständig und revisionsbedürftig erschien. Einiges aus dieser Zeit deutet deshalb
bereits auf eine Weiterentwicklung des Deutungsmusteransatzes hin, wie mir
erst die rückblickende Vergewisserung offenbart.

– I –

Das Jahr 1992 stellt für die Konstruktivistische Erwachsenenbildung in vielfacher Hinsicht eine Zäsur dar (es ist übrigens auch das Jahr, in welchem „The
Embodied Mind" von Varela u. a. auf deutsch erschien!). Die Deutsche Erwachsenenpädagogik stand gewissermaßen zwischen den Transformationsfragen im
Kontext der Deutschen Einigung einerseits und der aufkommenden Qualitäts-

---

[1] Hans Tietgens schrieb damals im Vorwort zur „Betrieblichen Weiterbildung", die in der Schriftenreihe der PAS
erschien: „Den Deutungsmusteransatz in konstruktivistischem Sinne weiterzuführen, wie in diesem Buch
angekündigt, könnte nicht nur einer Annäherung der ›Verständigungssysteme‹ und der Aufhebung des Schis-
mas (gemeint: zwischen Berufs- und Erwachsenenbildung), sondern auch der Erwachsenenbildung und ihrer
Wissenschaft insgesamt zugute kommen" (Tietgens, in: Arnold 1991, S. 9). Anregend war für mich dabei u. a.
die Auseinandersetzung mit Walter Dürr von der FU Berlin, der seiner Disziplin, der Berufs- und Wirtschaftspädagogik, um gut zehn Jahre voraus war und u. a. Wegweisendes aus den quantentheoretischen Überlegungen
von Carl Friedrich von Weizsäcker abzuleiten wusste. In einem Beitrag von 1989 (wieder abgedruckt in Dürr
1997) Plädiert er bereits für eine selbsteinschließende Beobachtung und zitiert von Weizsäcker sinngemäß:
„Die Quantentheorie, sagt von Weizsäcker, ist holistisch. Sie leugnet die Endgültigkeit aller Teilungen. Jede
entscheidbare Alternative hängt in Wahrheit mit jeder anderen zusammen. Die Welt ist nicht aus Objekten
zusammengesetzt; nur der endliche Verstand des Menschen zerlegt das Ganze in Objekte, um sich zurechtzufin-
den" (Dürr 1997, S. 107).

debatte andererseits, es war (noch) kein Raum für wissenschafts- und erkenntnistheoretische oder gar beobachtungstheoretische Fragen. Die Kommission
Erwachsenenbildung der Deutschen Gesellschaft tagte im Herbst bei herrlichem
Wetter in Freiburg, und ich referierte zum Thema „Konstruktivistische Perspektiven zur Erwachsenenbildung. Umgang mit Fremdsein als Merkmal erwachsenenpädagogischer Deutungsarbeit" (Arnold 1993) – erstmalig wagte ich mich
mit meinen Thesen hervor, die Reaktion der Kolleginnen und Kollegen war verhalten, von Skepsis, aber auch bereits von überwertiger Ablehnung geprägt –
eine Haltung, die wir ja bestens kennen; es ist – etwas polemisch apostrophiert –
die Haltung der „Gewissheitssurfer", wie Du sie ja schon in der Studentenbewegung erlebt hast, die sich der erkenntnistreibenden Strukturdeterminiertheiten
ihres Selbst nicht wirklich bewusst sind. Meine konstruktivistischen Anregungen
verpufften weitgehend, ganz ähnlich wie Deine Überlegungen zur Frage
„Kommt Bewegung in die lernpsychologische Erwachsenenbildungsforschung?", welche Du bereits ein Jahr zuvor auf der Kaiserslauterer Sektionstagung aufgeworfen hattest (Siebert 1992).

Dieser Vortrag der Kaiserslauterer Sektionstagung ist für mich der eigentliche
Beginn der Entstehung unseres Konzeptes einer Konstruktivistischen Erwachsenenbildung. Einige Wochen vorher hatten wir telephoniert – unsere Sonntagvor-
mittaggespräche, die auch mir in den letzten Jahren zunehmend wichtiger wurden! – und ich hatte gerade das Büchlein „Kognitionswissenschaft – Kognitionstechnik. Eine Skizze aktueller Perspektiven" von Varela gelesen (Varela 1990),
in welchem dieser seine auch bildungstheoretisch hoch anregende Konzeption
der Subjektivität als einer emergenten Eigenschaft knapp und präzise
beschreibt. Sein Grundgedanke besteht darin,

„(…) dass kognitive Fähigkeiten untrennbar mit einer Lebensgeschichte verflochten
sind, wie ein Weg, der als solcher nicht existiert, sondern durch den Prozess des Gehens
erst entsteht. Daraus folgt, dass meine Auffassung der Kognition nicht darin besteht,
dass diese mithilfe von Repräsentationen Probleme löst, sondern dass sie vielmehr in
kreativer Weise eine Welt hervorbringt, für die die einzige geforderte Bedingung die ist,
dass sie erfolgreiche Handlungen ermöglicht: sie gewährleistet die Fortsetzung der Existenz des betroffenen Systems mit seiner spezifischen Identität" (Varela 1990, S. 110).

Auf der Basis dieser Konnektivismusthese von Varela[2] hast Du damals in Kaiserslautern Überlegungen zum Zusammenhang von Konstruktivismus und Weis-
heitsforschung formuliert und dabei das „konstruktivistische Lernen" in den
Zusammenhang mit späteren Lebensphasen (gewissermaßen auf der Basis einer
„reichen Lebensgeschichte") gebracht, was Du heute so einschränkend wohl so
nicht mehr tun würdest. Denn Varelas Konzept löst die gängigen Vorstellungen
eines Abbildlernens vollständig auf, nicht nur für das fortgeschrittene Erwachse-

---

[2] S.J. Schmidt hebt in seinem Vorwort zu Varela die Bedeutung dieses Konnektivismus hervor: „In dieser Konzeption spielen Konzepte der Symbolverarbeitung und Repräsentation keine entscheidende Rolle mehr. Intelligenz wird nicht länger verstanden als Fähigkeit des Problemlösens, sondern als Fähigkeit ›… in eine mit anderen geteilte Welt einzutreten. Zum zweiten ist der Begriff des evolutionären Prozesses an die Stelle der zweck-
rationalen Konstruktion zu setzen‹" (Schmidt 1990, S. 13).

nenalter. Autopoietisch geschlossene Kognitionen, so das, was uns Varela zeigt, können sich nur verbinden, nicht anpassen. Für mich haben sich diese Einsichten insbesondere durch unsere Arbeiten zum Deutungslernen (Arnold u. a. 1998; Schüssler 2000) weiter verfestigt und nicht unwesentlich die Herausbildung einer systemisch-konstruktivistischen Konzeption des Erwachsenenlernens geprägt.

Auch Varela geht es nicht allein um Kognition, sondern um ein Gespür für die – teilweise hektischen und überheblichen – Bewegungen des eigenen Geistes. Zumindest verstehe ich seine Bezugnahmen auf die buddhistischen Meditationslehren in dieser Weise. Es handelt sich dabei nicht um eine esoterische Entgleisung Varelas, sondern um eine Radikalisierung seiner beobachtertheoretischen Reflexionen. Diese finde ich am eindrucksvollsten in dem Buch „Der mittlere Weg der Erkenntnis" („The Embodied Mind"), welches Varela mit Evan Thompson und Eleanor Rosch gemeinsam vorgelegt hat, begründet. In diesem Werk überschreiten Varela u. a. deutlich die abendländischen Formen des Vernunftgebrauches, welche für ihn durch das „Fehlen einer selbsteinschließenden Reflexion" (Varela u. a. 1992, S. 50) verkürzt sind, und skizziert Kognitionsforschung als eine notwendig reflexive – auf den Beobachter und dessen Erfahrung rückbezogene – theoretische Bemühung. „Wir erkennen vieles, aber wir erkennen nicht, wie wir erkennen!" – so die Quintessenz dieser reflexiven Wendung auf dem Klappentext des zitierten Werkes.

Für mich markiert diese *reflexive Erkenntnistheorie* das eigentlich ergiebige Kernanliegen des Konstruktivismus, da sie uns zu einer Neubestimmung des Verhältnisses von Denken und Erfahrung zu führen vermag und damit auch das erwachsenenpädagogische Motiv zentral berührt. Nebenbei bemerkt liefert uns diese reflexive Erkenntnistheorie auch das zentrale Gegenargument gegen zahlreiche Kritiker, die ihre Statements gewissheitsgetränkt und bisweilen unerträglich angriffig vorbringen: Diesen Statements fehlt nicht nur – wie bereits erwähnt – die „selbsteinschließende Reflexion" (ebd.), sie werfen vielmehr Andersdenkenden „grobe Fahrlässigkeit" vor, indem sie diese für Fremdenfeindlichkeit und Rechtradikalismus glauben mitverantwortlich machen zu können. Hier entgleitet die Ausblendung der „selbsteinschließenden Reflexion" unbemerkt in egozentrisch-totalitäre Weltaufordnung, welche primitiven Schwarz-Weiß-Mustern folgt, die mit Aufklärung und politischer Bildung gar nichts zu tun haben. Das Notwendige zu diesen Alheimschen Entgleisungen haben wir ja an anderer Stelle bereits festgestellt (vgl. Arnold/Siebert 2005, S. 61 ff), es lohnt sich überhaupt nicht, hierauf weiter einzugehen, da sich diese Vollmundigkeiten selbst als das entlarven, was sie sind: Laute Bescheidwisserei, die Gefolgschaften, aber keinen Diskurs zu initiieren vermag (und bezüglich der in diesen Inszenierungen zum Ausdruck kommenden Selbstanteile erschreckend unbewusst sind): „Sie glauben, vieles zu erkennen" – so könnte man frei nach Varela sagen –, „aber sie erkennen nicht, wie sie erkennen!"

Mir geht es im folgenden darum, dem „relativ wenig beachteten Buch mit dem Titel ›Der Mittlere Weg der Erkenntnis‹ (ebd., S. 59) etwas mehr Beachtung zuteil werden zu lassen, da sich in ihm das konstruktivistische Motiv der „selbst-einschließenden Reflexion" in einer auch erwachsenenpädagogisch anschlussfä-higen Weise ausgearbeitet findet. Dieses Motiv berührt auch das erwachsenen-pädagogische Denken selbst, dessen Interesse sich in den letzten Jahren „(...) verstärkt auf die Bedingungen des Zustandekommens und die Konsequenzen wissenschaftlicher Erkenntnis" (Wittpoth 2005, S. 17) gerichtet hat – eine Beobachtung, die auch S. J. Schmidt in seinem unlängst erschienenen – ersten – Pädagogik-Buch teilt. Man merkt diesem Buch an, dass es von jemandem geschrieben wurde, der die erziehungswissenschaftlichen Debatten gewisserma-ßen bloß aus der Vogelperspektive kennt und wichtige Debattenstränge samt ihrer historischen Vorläufer übersieht. Die darin markierte reflexive Postion zur Erkenntnisfrage ist für uns beide nicht sonderlich weiterführend, für die naiven oder Krypto-Realisten, von denen es ja noch viele gibt, jedoch schon, weshalb das Buch wohl doch wichtig ist. S. J. Schmidt schreibt:

„Gesellschaftliche Entwicklungen brauchen eine semantisch formulierbare bzw. eine diskursiv darstellbare Selbstbeobachtung, um Selbstbewusstsein entwickeln zu können und um intersubjektiv beschreibbar zu werden; und wissenschaftliche Theorien liefern sowohl die Begründung für sich durchsetzende Semantiken als auch Begründungen für den Zusammenhang zwischen gesellschaftlichen Entwicklungen und speziellen Seman-tiken" (Schmidt 2005, S. 11).

Hier entdeckt S. J. Schmidt – etwas verspätet – das Reflexive der Erziehungswis-senschaft (vgl. Lenzen 1996), verbleibt aber auf der Ebene der Textreferenz, wie ich dies in meinem Neunten Brief an Dich genannt habe. Ihm entgeht deshalb die Strukturdeterminiertheit des Beobachters, die mehr umfasst und tiefer geht als das Textliche. Könnten man nicht die in der folgenden Abbildung grob unter-schiedenen Stufen der Reflexivität von Beobachtung unterscheiden? Und müsste man S. J. Schmidt dann nicht dahingehend kritisieren, dass er zwar kon-struktivistisch argumentiert, aber im „linguistic turn" gewissermaßen „hängen" bleibt und nicht wirklich in der Lage ist, in seinen erkenntnistheoretischen Argu-mentationen die Selbsteinschließung des Beobachters zu verankern?

Erkenntnistheorie	Beobachtungsreflexivität	Folgerungen
1. (Latenter) Objektivis-mus	Naiver Realismus	Die Welt ist abbildbar.
2. Semantischer bzw. diskursiver Konstruktivis-mus („linguistic turn")	Textreferentialität	Die Welt ist beschreibbar, und diese Beschreibungen sind (mit)teilbar
3. Selbsteinschließender Konstruktivismus	Selbstreferentialität	Wir beobachten die Welt durch unsere Emotions- und Deutungsmuster.

Abb. 11 Stufen der Beobachterreflexivität

S. J. Schmidt argumentiert zwar auf Ebene 3 („Selbsteinschließender Konstruktivismus"), verbleibt aber auf der Ebene 2 („Semantischer Konstruktivismus"), wie folgende Textstelle zeigt:

„Die Frage, ob ›die Realität‹ erkennbar ist oder nicht, ist irreführend, ebenso irreführend wie die bei Konstruktivisten beliebte Unterscheidung zwischen unerkennbarer Realität und erkannter Wirklichkeit. Wir leben immer in *der=unserer* Wirklichkeit. Die Welt ist immer genau unsere Welt, und das ist keine relativistische, sondern eine deskriptive Feststellung. In dieser Welt können wir die gewagtesten Diskursmanöver vollziehen, also z. B. eine unerkennbare Realität postulieren, Existenzbehauptungen aufstellen oder negieren. Im komplementären Wirkungszusammenhang von Sinnorientierung und Handlung (er)leben wir ›wirkliche‹ Wirklichkeit – und in dieser können wir ad libitum über andere Wirklichkeiten reden, die damit zur Diskurswirklichkeit gehören (und sei es nur in der Form von Erfindungen, Simulationen oder Negationen. (…)

Daraus folgt für die Überlegungen zu Lernen, Wissen und Kompetenz: Wann immer und wie immer wir im Lerndiskurs agieren, sind und bleiben wir Menschen, die dort unter den Bedingungen ihrer Geschichten & Diskurse agieren. Menschen mit bestimmten Auffassungen, begrenztem Wissen, divergierenden Wahrheitsvorstellungen, unterschiedlichen Motiven und Erwartungen sowie verschiedenen emotionalen Befindlichkeiten und moralischen Orientierungen, die über das sprechen, was sie vom Wissen und Lernen, von Lernkulturen, von Kompetenz und Kompetenzentwicklung zu wissen glauben und andere glauben machen wollen. (…) In allen Fällen geht es in Lehr-Lern-Konstellationen um reflexive Prozesse, die ihre Prozesswirklichkeiten erst in den interaktiven Bezugnahmen auf Sinn- und Prozessordnungen erzeugen" (ebd., S. 81 f).

Für Schmidt bleibt der Diskurs die verbindende Ebene, wobei er diesem etwas Spielerisches und zumindest Nicht-Anmaßendes zuschreibt. Insofern „stimmt" die Richtung, obgleich er sich bezüglich der Reflexivität des Beobachters doch sehr zurückhält und m. E. auch mehr zu bieten hätte, und sei es nur sein früheres Referat von Abel, der betont,

„(…) dass Zeichen nur dann Bedeutung, Referenz, Wahrheits- und Erfüllungsbedingungen besitzen, wenn ihnen bereits eine Interpretationspraxis vorausliegt, die *fraglos* eingespielt ist" (Schmidt 1998, S. 74).

Hier könnte Schmidt „tiefer schürfen" und z. B. die Frage nach dieser „fraglosen" Praxis des beobachtenden Subjektes genauer analysieren. Man muss ja nicht gleich zu der systemisch-psychotherapeutischen Konzipierung der „Erkenntnisbarrieren" (Widmer 2000, S. 59) vordringen, obgleich die dort nachlesbaren Einsichten einem durchaus auch erkenntnistheoretisch weiter helfen können: „Was Du außen abwehrst, wehrst du auch innen ab; was innen nicht wahr sein darf, existiert auch außen nicht" (ebd., S. 62).

Francisco Varela u. a. greifen diese tieferen Zusammenhänge auf. Es geht ihnen zum einen um die erkenntnistheoretische Frage der „selbsteinschließenden Reflexion" (Varela u. a. 1992, S. 52), zum anderen aber auch um „die Frage nach dem Status des Ich oder Selbst und nach der Beziehung zwischen Subjekt und Objekt" (ebd., S. 58). Während er zu der ersten Frage eine konstruktivistische

Kognitionstheorie entwickelt, erweitert er zu der zweiten Frage diese Kognitionstheorie durch Einsichten der buddhistischen Achtsamkeitslehre[3]. Mit deren
Hilfe gelingt es ihm m. E. recht gut die Problematik des Sich-selbst-Vorausset-
zenden in unserer kognitiv-emotionalen Konstruktion unseres Selbst und der
Welt in den Blick zu nehmen, wenn uns auch der Bezug auf den Buddhismus
zunächst überrascht. „Wie kann man über die Beschaffenheit äußerer Objekte
›streiten‹, wenn wir gar keinen wirklichen Begriff von unserem Selbst, welches
sich dabei ins Spiel bringt, haben?" – so könnte man die Richtung seines
Erkenntnisinteresses ab dieser Stelle charakterisieren. Diese Frage erschüttert
auch – wie ich meine – die Erwachsenenbildung in ihrem Kern, „lebt" diese doch
von einem Subjektbezug, dem die Kraft eines unumstößlichen Referenzpunktes
für das Denken und die Identität des Erwachsenen mehr zugeschrieben als
bestätigt wird. Und ihr muss es in den Ohren klingen, wenn Varela u. a. feststellen:

„Wir haben keinerlei Erfahrung, die beständig oder situationsunabhängig wäre. Dennoch sind die meisten Menschen von ihrer Identität überzeugt. Wir haben eine Persönlichkeit, Erinnerungen, Pläne und Erwartungen, die offenbar alle in einem kohärenten
Standpunkt zusammenkommen, in einem Zentrum, von dem aus wir die Welt überbli-
cken, dem Boden, auf dem wir stehen. Wie könnte ein solcher Standpunkt möglich sein,
wenn wir nicht in einem einzigen, unabhängigen, wahrhaft existierenden Selbst oder Ich
verwurzelt wären? (…) Alle reflexiven Traditionen in der menschlichen Geschichte –
Philosophie, Psychoanalyse, Religion und Meditation – haben die naive Ich-Empfindung in Frage gestellt. Keine hat je beansprucht, in der Erfahrungswelt ein unabhängi-
ges, festes, einheitliches Ich entdeckt zu haben" (ebd., S. 90).

Varela u. a. verweisen darauf, dass das Identitätsgefühl unauflösbar mit Perzep-
tion verbunden ist, weshalb Selbstwahrnehmung auch nie eine solche ist, sondern sich nur über die Artikulation von Wahrgenommenen – dessen Auftreten
situationsabhängig kontingent ist und mithin nicht Ausdruck eines „Selbst" zu
sein vermag – „mitteilen" kann, weshalb wir vor dem kognitionstheoretischen
Dilemma stehen, dass wir uns nicht selbst, sondern bloß unsere Wahrnehmungen
erkennen können – eine Einsicht, die der kontinuierlichen Ich-Empfindung
unseres Alltagslebens ebenso widerspricht, wie unseren bildungstheoretischen
Diskursen. Wenn „Bildung" als „Befreiung des Menschen zu sich selbst" definiert wird, dann ist die Fassbarkeit des Selbst – in der Reflexion und nicht bloß in
der Erfahrung! – die Basis von Bildung. Die Formel „Ohne Reflexion kein Selbst

---

[3] Nur, damit wir den Hintergrund verstehen, sei daran erinnert, dass der tibetanische Buddhismus unsere Vorstellungen von Selbst und Identität ablehnt. Hierzu findet sich in dem Werk von Sogyal Ripoche, auf welches
ich durch Klaus Götz im Kontext eines gemeinsamen Managementtrainings hingewiesen wurde, folgende
Überlegung: „Vielleicht ist aber die eigentliche Ursache unserer Angst die Tatsache, dass wir nicht wissen, wer
wir sind. Wir glauben an eine persönliche, einzigartige und unabhängige Identität. Wagen wir es aber, diese
Identität zu untersuchen, dann finden wir heraus, dass sie völlig abhängig ist von einer endlosen Reihe von Dingen: von unserem Namen, unserer ›Biographie‹, von Partner, Familie, Heim, Beruf, Freunden, Kreditkarten
… Auf diese brüchigen und vergänglichen Stützen bauen wir unsere Sicherheit. Wenn uns all das genommen
würde, wüssten wir dann noch, wer wir wirklich sind"? (Ripoche 1996, S. 32).

– ohne Selbst keine Bildung!" führt unweigerlich ins Dilemma, wenn uns das Selbst nicht greifbar wird.

An diesem Dilemma scheitern auch die erwachsenenpädagogischen Bildungstheorien mit ihrem subjektbezogenen Impetus, ohne dass sie dies jedoch bemerken. Für sie gilt, was Varela u. a. bemängeln:

„Wir meinen, dass viele nichtwestlichen (selbst kontemplative) und alle westlichen Traditionen diesem Widerspruch einfach dadurch begegnen, dass sie sich abwenden, ihn nicht zur Kenntnis nehmen wollen" (ebd.)

und deshalb auch nicht zu einem wirklich begründbaren Begriff des Selbst zu gelangen vermögen, vor allem diejenigen nicht, die sich der „selbsteinschließenden Reflexion" (ebd., S. 52) entziehen. Dies ist bei allen subjektbezogenen Konzepten zur Erwachsenenbildung der Fall, auch bei dem meines Freundes Erhard Meueler, dessen Ansatz ich für systemisch-konstruktivistisch hoch anschlussfähig halte, obgleich Meueler diesen alles andere als konstruktivistisch begründet. Meueler blendet die „selbsteinschließende Reflexion" der Erkenntnistheorie nahezu völlig aus, wodurch seine ganze Argumentation zwar leidenschaftlich – besser gesagt: emphatisch –, aber kognitionstheoretisch widersprüchlich bleibt. Der Status des Subjektes, auf das sich Bildung beziehen soll, bleibt ungeklärt (Meueler 1993). Pongratz hingegen geht deutlich über die bloße Ausklammerung der „selbsteinschließenden Reflexion" hinaus: Er hält dies insgesamt für nicht erforderlich und warnt vor einem „(Über)blenden der Beobachter" (2005, S. 60), was zwar schick formuliert ist, seinen Rückfall in den naiven Realismus aber nicht kaschieren kann. Dass dieser naive Realismus nicht nur naiv, sondern auch anmaßend ist, da er in Unkenntnis der eigenen Strukturdeterminiertheit – diese nicht einmal wirklich als Thema zulassend – nicht anders kann, als seine Erkenntnis als objektive Wirklichkeitsbeschreibung zu deklarieren und Angriffigkeit statt weiterführendes Denken zu offerieren, hatte ich bereits moniert. Es bleibt unerfindlich, wie jemand „naiv realistisch" argumentieren kann, der doch zugleich richtigerweise fordert, dass

„Erziehungswissenschaftler daher weniger ambitionierte Kritik, als vielmehr Kritik ihrer Ambitionen betreiben (sollten)" (ebd., S. 23).

Was ist die Ambition der Pongratzschen Kritik? Wohin würde ihn „selbsteinschließende Reflexion" (Varela u. a. 1992) führen, wenn nicht zu den Formen der Strukturdeterminiertheit seiner Denk- und Argumentationsweisen, die mit dieser Struktur viel, mit der in den Blick gerückten Welt der Objekte wenig zu tun haben. Varela u. a. machen vor, wie ein Denken, welches „selbsteinschließende Reflexion" einfordert, diese selbst auch realisiert. Man kann nur über das Selbst denken und schreiben, wenn man das eigene denkende Selbst mit in die Betrachtung einbezieht. Während ich über das Ich denke und schreibe, wird mir die Fragilität und Perzeptionsabhängigkeit dieses Ich deutlich, was mich verwundert.

Und diese Verwunderung ist die Basis einer Klärung der Substanz des Selbst und seines erkenntnistheoretischen Status. Kognitionsforschung liefert uns somit erst über eine Dekonstruktion des eigenen Selbst auch einen theoretischen Zugang zu seiner Rekonstruktion – eine Denkbewegung, die in den Sozialwissenschaften noch ungewöhnlich ist und auch erwachsenenpädagogisch sicher als anrüchig empfunden werden wird – zu unrecht, wie ich zeigen will.

„Anrüchig" ist m. E. die Abwendung von dem Dilemma des selbstunsicheren Selbst durch emphatische Übertönung oder die schimpfende Flucht in den naiven Realismus. Mutig ist demgegenüber das tastende Bemühen von Varela, auch die westlichen Wissenschaften über den schmalen Grat der „selbsteinschließenden Reflexion" zu einer auch kognitionstheoretisch tragfähigen Bestimmung zu führen. Varela u. a. rücken die „neuronale Emergenz" (ebd., S. 133ff) in den Blick und sprechen von einer „Patchwork-Architektur der Kognition" (ebd., S. 149). Beides verweist uns auf die Banalität von Ich-Zuständen. Das Ich ereignet sich angesichts oder unabhängig von Eindrücken, die es „wahrnimmt" – was immer „Wahrnehmung" in diesem Zusammenhang bedeuten mag. Deutlich wird, dass unsere diesbezüglichen Vorstellungen, die uns auch erkenntnistheoretisch leiten, jeglicher empirischer Grundlage entbehren:

„Die übliche Darstellung (nach wie vor in Lehrbüchern zu finden) lautet, dass Informationen durchs Auge eintreten und dann sequenziell über den Thalamus bis zur Großhirnrinde reisen, wo sie ›weiter verarbeitet‹ werden. Betrachtet man den Aufbau des Gesamtsystems aber genauer, spricht kaum etwas für sequentielle Vorgänge. (…) Offenbar stammen achtzig Prozent dessen, worauf eine NCGL-Zelle anspricht, nicht von der Retina, sondern von starken Wechselwirkungen zwischen anderen Regionen des Gehirns. Außerdem laufen mehr Fasern von der Großhirnrinde zum NCGL hinunter als in die Gegenrichtung. Daher erscheint es völlig willkürlich, die visuellen Pfade als sequentielle Informationsverarbeitung aufzufassen; ebenso könnte man behaupten, die Sequenz bewege sich in die Gegenrichtung.

Selbst am äußersten Rand des visuellen Systems treffen also die Einflüsse, die das Gehirn vom Auge erhält, auf wesentlich stärkere Aktivitäten, die von der Großhirnrinde ausgehen. Das Zusammentreffen dieser beiden Ensembles neuronaler Aktivitäten ist ein Moment, das eine neue kohärente Konfiguration emergieren lässt (…)" (ebd., S. 136).

Wahrnehmung, Erkennen und Lernen führen gleichermaßen zu „neue(n) kohärente(n) Konfigurationen" (ebd.). Die Frage ist deshalb, was wir (z. B. lerntheoretisch) über diese 80:20-Kohärenz auszusagen vermögen und wie wir uns in unseren didaktischen Folgerungen von der Gefangenheit in der 20 %-Überschätzung lösen können. U. a. geht es dabei um eine „realistische" Neubestimmung des Lehrens und dessen Möglichkeiten. Auch „Lernerfolg" entgleitet uns dabei mehr und mehr als eine PISA-taugliche Größe. Es geht – sowohl erkenntnistheoretisch, als auch didaktisch – m. E. um die Entwicklung von Konzepten einer „Verknüpfung von Emergenz und Welterzeugung" (Varela 1990, S. 114).

– II –

Lieber Horst,

jetzt ist der Brief einige Tage liegen geblieben. Ich bin gerade in Tegucigalpa und habe zahlreiche Gespräche mit Kollegen der Universidad Autonoma und der Universidad Pedagógica geführt. Allerorten stößt man auf den Konstruktivismus, der sich zu einer pädagogischen und didaktischen Leitidee in viele lateinamerikanischen Bildungssystemen entwickelt hat. Vielleicht, so ist mir der Gedanke gekommen, ist es der alltägliche Umgang mit kultureller Diversifität, der in diesen Kulturen eine stärkere Gelassenheit gegenüber den eingeschränkten Möglichkeiten der „Machbarkeit" von Verständigung – und Bildung ist eine Form der Verständigung! – hat entstehen lassen. Sicherlich kann man nicht übersehen, dass es auch Rechthaberei und einen verbreiteten Machismo gibt, und auch die politische Geschichte dieser Länder ist voller Gewalt, die letztlich aus Rechthaberei und Machtansprüchen einzelner oder sozialer Gruppen entsteht, doch kann man auch nicht übersehen, dass der Alltag dieser Gesellschaften durch *Verständigungskulturen* geprägt ist. Vielleicht ist dies ein bislang weitgehend übersehener Zusammenhang, der uns auch ein Stück weit erklärt, dass es zwei Chilenen gewesen sind, die den Konstruktivismus neu, nämlich durch einen nüchternen Blick auf die teilweise banalen biochemischen und kognitionsfunktionellen Mechanismen der Biologie unserer Erkenntnis, begründeten. Damit werden Erkenntnistheorie und Kognitionswissenschaft reflexiv, indem sie, wie Francisco Varela in seinem Buch „Kognitionswissenschaft – Kognitionstechnik" sagt, „Denken und Erkennen als Mechanismus" (Varela 1992, S. 36) auffassen. Damit wenden sich beide dem Beobachter und der Strukturdeterminiertheit seiner Beobachtungen zu – ein Gedanke, der den erfahrungsorientierten sowie deutungsmustertheoretischen Ansätzen der Erwachsenenpädagogik durchaus vertraut ist.

Gleichwohl geht die reflexive Wende Varelas vom Kognitivismus zur Kognitionswissenschaft weiter. Er wendet sich vom Repräsentationismus ab – eine Bewegung, die die aufklärerische bzw. emanzipatorische Erwachsenenpädagogik niemals wirklich vollzogen hat. Für sie entsprang die Anknüpfung an den Erfahrungen und Deutungsmustern der Teilnehmer stets einem didaktischen und keinem erkenntnistheoretischen Motiv. Man wollte wissenschaftlich begründete Weltsichten thematisch aus der Lebenswelt und ihren Themen heraus entwickeln, war sich aber stets bewusst, dass dies letztlich bloß der zugreifenden „Differenzierung" der Deutungsmuster dienen sollte. Maßstab dieses didaktischen Handelns war die „Wissenschaftlichkeit" der Weltsicht, welche dem Repräsentationismus verpflichtet blieb. Varela zeichnet die Zusammenhänge zwischen Repräsentationismus, der kognitivistischen Hypothese sowie der Künstlichen Intelligenz nach, welche einem mechanistischen Bild vom Leben folgen, und stellt diesen seine „Alternative zur Symbolverrechnung" (ebd., S. 54) gegenüber. Diese geht von den Konzepten der Emergenz und der Selbstorganisation aus und führt uns zu einem Einblick in die Strukturdeterminiertheit unseres Denkens, Fühlens und Handelns, deren erwachsenenpädagogischen und –didaktischen Konsequenzen m. E. noch nicht wirklich ausgedeutet sind: Wir nehmen die These von der „Emergenz" zu Kenntnis, zumal sie – wie Maturana sagt – einer „zwingenden Argumentation" entspring, entwickeln unsere Konzepte aber vermittlungswissenschaftlich, ohne Vermittlung „garantieren" zu können. Man kann zwar „vermitteln", der Erfolg solcher zu Unrecht mit einem interventionistischen Versprechen daherkommenden Versuche, bleibt aber der Emergenz des Geschehens vorbehalten. Warum also nicht sogleich den Versuch wagen, Lehren und Lernen – wie ich es bereits ausdrückte – „vom Anderen her", d. h. von dessen Strukturdeterminiertheit und Selbstorganisation her zu verstehen? Warum nicht wirklich, den didaktischen Konduktionismus durch einen didaktischen Konstruktivismus ersetzen – frage ich mich?

Für mich sind die Anregungen Varelas auch für die Entwicklung einer Didaktik kompetenzentwickelnden Lernens, an welcher wir, wie Du weißt, arbeiten, von grundlegender Bedeutung. Denn auch die didaktische Theorie steht und fällt mit ihrem Verständnis von Kognition (ich würde ergänzen: „und Emotionen") und der Bestimmung ihres Verhältnisses von Subjekt und Objekt. Welche Konsequenzen ergeben sich aus der Tatsache, dass „die Repräsentationisten die Szene (verlassen)" (Varela 1990, S. 97)? – zumindest in der Kognitionsforschung, während sie ja, wie wir gesehen haben, in der Erwachsenenpädagogik noch munter herumirren und immer wieder aufs neue versuchen, das repräsentationistische Weltbild zu erneuern und damit auch hinter den Stand der philosophischen Klärungen durch Heidegger, Merleau-Ponty und Foucault, auf die Varela rekurriert (ebd., S. 91) zurückfallen. „Wissen" kann durch das repräsentationistische Denken nicht erklärt werden, da dieses nur eine sehr vordergründige Betrachtung des Verhältnisses von Wissen und Handeln erlaubt, welche so gut, wie gar nichts erklärt. Demgegenüber verweist Varela auf die bereits durch die Phänomenlogie erarbeiteten Einsichten,

„(…) dass Wissen damit zu tun hat, dass wir in einer Welt leben, die untrennbar ist von unserem Körper, unserer Sprache und unserer gesellschaftlichen Geschichte. Wissen ist folglich ein ständig ablaufender Verstehens- bzw. Interpretationsprozess, der nicht in irgendeiner angemessenen Weise als Menge von Regeln oder Annahmen eingefangen werden kann, da er von Handeln und Geschichte abhängig ist, und man in ihn nur durch Nachahmung und aktive Mitgliedschaft hineinwachsen kann. Wir können uns nicht außerhalb der Welt begeben, in der wir uns vorfinden, um zu sehen, wie deren Inhalte mit ihren Repräsentationen oder Abbildungen übereinstimmen: wir finden uns stets in eine Welt eingebunden, in diese Welt hineingeworfen" (ebd., S. 96).

Solche Überlegungen zeigen, wie vordergründig die dem Repräsentationsparadigma verpflichteten Kognitionsannahmen notwendig bleiben müssen. Sie sind nur „in einem äußerst beschränkten Rahmen" (ebd., S. 97) sinnvoll – ein

Rahmen, der aber zugleich so alltagsfern konstruiert ist, dass „die eigentliche Quelle der vitalen Dynamik aller Kognition aus dem Gesichtsfeld verschwindet" (ebd.). Es ist demnach kognitionstheoretisch unvermeidbar, mit der für unser naturwissenschaftliches Denken einhergehenden Grundannahme, „dass die Welt, wie wir sie erfahren, unabhängig vom erfahrenden Subjekt ist" (ebd.), zu brechen und zu akzeptieren, dass die erkenntnistheoretische Trennung zwischen Subjekt und Objekt nicht aufrechterhalten werden kann. Francisco Varela konfrontiert uns mit der „unausweichlichen Schlussfolgerung",

„(…) dass der Erkennende und das Erkannte, Subjekt und Objekt, einander bedingen und bestimmen, dass sie gemeinsam entstehen. Philosophisch gesprochen: Wissen ist eine Ontologie" (ebd., S. 98).

Die Folgerungen aus dieser kognitionswissenschaftlichen Wende für die Pädagogik sind grundlegend. Denn mit der Trennung zwischen Subjekt und Objekt verschwindet auch die Trennung zwischen Lernendem und Lehrendem in ihrer herkömmlichen Bestimmung. Wurde der Lehrende zumeist als „Verwalter" und „Bereitsteller" der objektiven Zusammenhänge verstanden – eine Sichtweise, die in der Debatte um die Bildungsstandards wieder fröhlich Urständ feiert –, so ist dies nun nicht mehr länger so begründbar, denn auch die Wahrnehmung des Lehrenden

„(…) wird als ein aktiver Hypothesenbildungsprozess verstanden, nicht als eine simple Spiegelung einer gegebenen Umgebung" (ebd., S. 101).[4]

Mit Francisco Varela wird der Zusammenhang zwischen Lehren und Lernen und damit das Vermitteln problematisch. Nur wenige Beiträge unserer Fachdebatte greifen das wirklich auf. Straka u. a. argumentieren in ihrem Beitrag „Vermitteln – lerntheoretisch betrachtet" naiv realistisch (Straka/Macke 2005b). In diesem Beitrag wird das Lernen des Subjektes in den Rahmen einer „Handlungsepisode" (Straka/Macke 2005a) gerückt, wodurch ein mehrdimensionaler Blick auf das Geschehen möglich wird. Die Frage allerdings, welcher Beobachter von welchem Referenzpunkt da auf das Geschehen blickt, rückt nicht in das Zentrum des Interesses; es dominiert – wie in allen unseren Debattenbeiträgen – die selbstausschließende Reflexion. Wie anders kann man zu apodiktischen Festlegungen gelangen, dass:

„(…) zwischen externen Bedingungen, Vorgängen im Lernenden und internen Bedingungen unterschieden (wird). (…) Aus kognitionswissenschaftlicher Perspektive gelangen die externen Bedingungen als Stimuli, Symbole, Zeichen oder allgemeiner als physikalische Ereignisse in die Sphäre des Lernenden, die als solche keine Bedeutung haben.

---

[4] Mit solchen Überlegungen betreten wir auch – ob es uns bewusst ist oder nicht – bewusstseinstheoretische Gefilde, welche voller paradoxaler Sträucher sind, in denen man „straucheln" muss. So können wir nicht wirklich verstehen, was da eigentlich geschieht, wenn ein Gehirn versucht, seine Funktionsmechanismen zu verstehen und welcher archimedische Punkt uns bei solchen Versuchen bleibt. Varela weißt uns darauf hin, dass der archimedische Punkt die Erfahrung jedes einzelnen ist.

Damit diese Symbole überhaupt als bedeutungtragende Zeichen erkannt werden, muss der Handelnde zum einen aktiv werden und zum anderen über interne Bedingungen wie Zeichenvorrat, Kenntnisse und Wissen verfügen" (Straka/ Macke 2005b., S. 2).

Grundlegend ist bei solchen Argumentationen die Ausklammerung der beobachtertheoretischen Dimension, wenn auch die vermittlungstheoretische Ernüchterung von Straka und Macke durchaus konstruktivistisch klingt:

„Ob und wie ein Brückenschlag erfolgt, liegt vom Stand unserer derzeitigen Erkenntnis ausschließlich in der Hand des Lernenden. Didaktik in eine ›Vermittlungstheorie‹ umzuwandeln verweist in die falsche Richtung und ist somit aus handlungs- und lerntheoretischer Perspektive wenig zukunftsweisend" (ebd., S. 12).

Varela u. a. überwinden die „kartesianische Angst" (Varela u. a. 1992, S. 187 ff), indem sie das „Streben nach einer letzten Grundlage" (ebd., S. 201) einstellen. Sie lösen sich damit von dem der westliche Philosophie bestimmenden Grundlagensuche und hinterfragen „bewusst und achtsam die grundsätzliche Neigung zum Greifen nach einem Grund" (ebd., S. 201). Die These, die er im Anschluss an die buddhistische Achtsamkeitslehren markiert ist provozierend und interpretationsbedürftig:

„Indem man fortschreitend lernt, diesen Hang zum Ergreifen zu überwinden, beginnt man zu erkennen, dass alle Phänomene leer von einer absoluten Grundlage sind und dass diese ›Grundlosigkeit‹ das Gewebe des Entstehens in gegenseitiger Abhängigkeit bildet. (…) Grundlosigkeit ist geradezu die Bedingung für die eng verwobene, interdependente Welt der menschlichen Erfahrung" (ebd., S202).

Damit überrascht uns Varela nicht mit einer unerwarteten Lösung, sondern vielmehr mit der Aufgabe des Problems der Grundsuche. An seine Stelle tritt die Erfahrung des problemlösenden Menschen in ihrer Strukturdeterminiertheit bzw. in ihrer unhintergehbaren Einbettung in die „Verkörperung" (ebd.,S. 208).Für ihn ist der Geist ein „autonomes emergentes Netzwerk" (ebd., S. 210), dessen Funktionsmechanismen durch Input-Output-Modelle überhaupt nicht erklärt werden können. Statt dessen scheinen Welt und Wahrnehmung einander in komplexen strukturellen Verkoppelungen zu spezifizieren – ein nicht nur durch die bekannten Farbstudien Varelas empirisch vielfach belegter Sachverhalt, der

„(…) einen Mittleren Weg zwischen der Scylla der Kognition als Wiederherstellung einer vorgegebenen Außenwelt (Realismus) und der Charybdis der Kognition als Projektion einer vorgegebenen Innenwelt (Idealismus). (…) In einem solchen Ansatz ist die Wahrnehmung also nicht nur in die Umwelt eingebettet und von ihr geprägt, sondern trägt auch zur Inszenierung dieser Umwelt bei" (ebd., S. 237).

Für unsere Disziplin bzw. für eine erwachsenendidaktische Konzeption ergibt sich m. E. aus solchen und ähnlichen Überlegungen, die Notwendigkeit, das Lernen Erwachsener stärker von einem Verständnis der subjektiven Inszenierungsmuster der Lerner her zu entwickeln. Gleiches gilt jedoch auch für die Lehrenden: Auch diese inszenieren ihr Handeln im Sinne einer Inszenierung. Bei beiden prägen lernkulturell einsozialisierte Deutungs- und Emotionsmuster das Setting, die Atmosphäre sowie das Procedere: Man „weiß" intuitiv, wie man sich adäquat verhält und was das Gegenüber von einem erwartet. Diese Strukturdeterminiertheit ist zählebig und hat etwas Selbstbestätigendes, das auch unsere Suche nach didaktischen Konzepten und Antworten bis zum heutigen Tage beeinflusst. Wir suchen gar nicht wirklich nach Möglichkeiten und Formen eines Selbst- bzw. selbstgesteuerten Lernens, weil wir „tief im Herzen" ein Lernen, welches (weitgehend) ohne fremdsteuernde Orientierung, Anleitung und Begleitung auszukommen vermag nicht zulassen können. Aber vielleicht liegt genau hier der eigentliche Erkenntnisfortschritt verborgen, indem wir beginnen zu verstehen, wie wir die Trennung zwischen Lehren und Lernen am Leben erhalten, weil sie Teil unseres Blickes auf die Wirklichkeit ist.

Solche Überlegungen sind nun nicht so zu verstehen, als dass wir die Lehrfunktion nicht weiter thematisieren sollten. Nein, es ist m. E. vielmehr angezeigt, genauer zu analysieren, wie wir Lehren implizit mit „Instruktion" gleichsetzen, welche systemtheoretisch nicht denkbar ist. Es kommt demgegenüber darauf an, das Ganze der Lehr-Lern-Systemiken stärker in den Blick zu rücken, wobei der von vom Hövel und Schüßler thematisierte Aspekt des Atmosphärischen einen Zugang zu markieren vermag:

„Entscheidend für das Verständnis und die notwendige ›(Wieder-)Entdeckung‹ der pädagogischen Atmosphäre dürfte aber sein, dass diese nicht einfach nur Bildungsprozesse begünstigt oder fördert, sondern unerlässliche Voraussetzung dafür ist, dass Bildung überhaupt gelingt. Von Interesse wären daher die Beobachtung und Rekonstruktion der im Lehr-Lern-Geschehen sich entwickelnden atmosphärischen Dynamik und leiblichen Resonanz. Wir gehen davon aus, dass das Atmosphärische – als die vorsprachliche Form affektiver Intersubjektivität – das ausleuchtet, was in der ›strukturellen Koppelung‹ zwischen Lernenden und Lehrenden entsteht" (vom Hövel/Schüßler 2005, S. 60).

Hilfreich ist das systemische Bild von der „affektiven Intersubjektivität" (ebd.) als einer Ermöglichungsbedingung gelingender Bildung. Hinzutreten müsste m. E. eine gewandelte Deutung kognitiver Entwicklung in Lehr-Lern-Prozessen, wie sie Varela u. a. vorbereitet haben. Aus beidem könnte sich m. E. eine Erwachsenendidaktik des Anschlusslernens ergeben, die um die Unhintergehbarkeit der Strukturdeterminiertheit des Denkens, Fühlens und Handelns „weiß", gleichzeitig aber auch – erfahrungsbasiert – die Chancen, Möglichkeiten und Grenzen einer Verschränkung von Blicken sowie einer Störung verhärteter Deutungen kennt und entsprechende Angebote situativ bereit zu stellen vermag. Die Entwicklung einer solchen Professionalität ist selbst ein Abenteuer der besonderen Art, da sie einer umfassenden Selbstreflexivität in persönlichen und gruppenbezogenen Kontexten mehr bedarf als alles anderen. Zudem benötigt eine solche Professionalität orientierende Vorschläge, um sich nicht in paradoxalen Gemengelagen zu verheddern. Unser Vorschlag war damals – auf der Basis der Erfahrungen mit handlungsorientierten Berufsbildungskonzepten (vgl. Arnold/Gonon 2006, S. 211 ff) – der eines lebendigen Lernens, da Selbststeuerungs- und Problemlösungsfähigkeit, wie sie diese Konzepte einerseits voraussetzen, andererseits entwickeln, wichtige Bedingungen eines Selbstlernens („Systeme können nur selbst lernen und tun dies auch – allen Steuerungsmodellen zum Trotz – ausschließlich!") darstellen. Es ist schwierig, als pädagogischer Konstruktivist in dieser Form konkret zu werden, da der Vorwurf einer Postulatpädagogik wohlfeil parat liegt und sich bestimmt jemand findet, der ihn erhebt – zumeist ohne selbst vorzuführen, wie die Begründung einer Didaktik vor dem Hintergrund der kognitions- und systemtheoretischen Erkenntnisse möglich ist (vgl. Schlutz 2005, S. 78).

Literatur

Arnold, R.: Umgang mit Fremde(n). Zur Professionalisierbarkeit interkulturellen Handelns. In: Zeitschrift für Entwicklungspädagogik, 12 (1989), 3, S. 2–7.

Arnold, R.: Betriebliche Weiterbildung. Frankfurt 1991.

Arnold, R.: Konstruktion und Interpretation in der Erwachsenenbildung und ihrer Forschung. In: Hessische Blätter für Volksbildung, 42 (1992), 1, S. 26–32.

Arnold, R.: Konstruktivistische Perspektiven zur Erwachsenenbildung. Umgang mit Fremdsein als Merkmal erwachsenenpädagogischer Deutungsarbeit. In: Derichs-Kunstmann, K. u. a. (Hrsg.): Die Fremde – Der Fremde. Dokumentation der Jahrestagung 1992 der Kommission Erwachsenenbildung der Deutschen Gesellschaft für Erziehungswissenschaft. Beiheft zum Report Weiterbildung. Frankfurt 1993, S. 111–122.

Arnold, R./Gonon, P.: Einführung in die Berufspädagogik. Opladen 2006.

Arnold, R./Kade, J./Nolda, S. /Schüssler, I. (Hrsg.): Lehren und Lernen im Modus der Auslegung. Erwachsenenbildung zwischen Wissensvermittlung, Deutungslernen und Aneignung. Baltmannsweiler 1998.

Arnold, R./Siebert, H.: Konstruktivistische Erwachsenenbildung: Ekklektizismus, Realitätsverleugnung und Beliebigkeit? In: Baldauf-Bergmann, K. u. a. (Hrsg.): Erwachsenenbildung im Wandel. Ansätze einer reflexiven Weiterbildungspraxis. Baltmannsweiler 2005, S. 52–66.

Dürr, W.: Unternehmenskultur und Selbstorganisation (1989). In: Arnold, R. (Hrsg.): Ausgewählte Theorien zur beruflichen Bildung. Baltmannsweiler 1997, S. 107–125.

Lenzen, D.: Handlung und Reflexion. Vom pädagogischen Theoriedefizit zur Reflexiven Erziehungswissenschaft. Weinheim 1996.

Meueler, E.: Die Türen des Käfigs. Wege zum Subjekt in der Erwachsenenbildung. Stuttgart 1993.

Pongratz, L. A.: Untiefen im Mainsteam. Zur Kritik konstruktivistisch-systemischer Pädagogik. Wetzlar 2005.

Rinpoche, S.: Das Tibetanische Buch vom Leben und vom Sterben. Ein Schlüssel zum tieferen Verständnis von Leben und Tod. 16. Auflage. Bern u. a. 1996.

Schlutz, E.: Rezension zu Berzbach ›Die Ethikfalle‹. In: Report, 28(2005), 4, S. 76–78.

Schmidt, S.J.: Die Zähmung des Blicks. Konstruktivismus – Empirie – Wissenschaft. Frankfurt 1998.

Schmidt, S.J.: Vorwort. In: Varela 1990, S. 7–14.

Schmidt, S.J.: Lernen, Wissen, Kompetenz, Kultur. Vorschläge zur Bestimmung von vier Unbekannten. Heidelberg 2005.

Schüssler, I.: Deutungslernen. Erwachsenenbildung im Modus der Deutung. Eine explorative Studie zum Deutungslernen in der Erwachsenenbildung. Baltmannsweiler 2000.

Siebert, H.: Kommt Bewegung in die lernpsychologische Erwachsenenbildungsforschung? In: Gieseke, W. u. a. (Hrsg.): Empirische Forschung zur Bildung Erwachsener. Dokumentation der Jahrestagung 1991 der Kommission Erwachsenenbildung der Deutschen Gesellschaft für Erziehungswissenschaft. Beiheft zum Report. Frankfurt 1992, S. 56–70.

Straka, G. A./Macke, G.: Lern-Lehr-Theoretische Didaktik. Münster 2005a.

Straka, G. A./Macke, G.: Vermitteln lerntheoretisch betrachtet. Unveröff. Mskr. 2005b.

vom Hövel/Schüßler, I.: Die erwachsenenpädagogische Atmosphäre. (Wieder-)Entdeckung einer zentralen erwachsenenpädagogischen Kategorie. In: Report, 28(2005), 4, S. 59–68.

Widmer, S.: Ins Herz der Dinge lauschen. Vom Erwachen der Liebe. 4. Auflage. Solothurn 2000.

Wittpoth, J.: Heute hier, morgen dort … Wandel und Reflexivität in der Erwachsenenpädagogik. In: Baldauf-Bergmann, K. u. a. (Hrsg.): Erwachsenenbildung im Wandel. Ansätze einer reflexiven Weiterbildungspraxis. Baltmannsweiler 2005, S. 17–27.

Varela, F.J.: Kognitionswissenschaft – Kognitionstechnik. Eine Skizze aktueller Probleme. Frankfurt 1990.

Varela, F.J./Thompson, E./Rosch, E.: Der Mittlere Weg der Erkenntnis. Der Brückenschlag zwischen wissenschaftlicher Theorie und menschlicher Erfahrung. Bern u. a. 1992.

Neunzehnter Brief:

Von der Unverzichtbarkeit der Bildung

Weihnachten 2005

Lieber Rolf!

Es ist der zweite Weihnachtstag, und ich lese deinen Brief „In Memoriam Francisco Varela". Wir hatten vereinbart, unseren Briefwechsel Ende dieses Jahres abzuschließen, so dass dies mein (vorläufig) letzter Brief an dich ist. Du weißt, dass ich deiner Idee eines solchen Briefwechsels zunächst skeptisch gegenüber stand, aber jetzt habe ich den Eindruck: es hat sich gelohnt. Auch wenn am Schluss die offenen Fragen zahlreicher sind als zu Beginn und erst recht als in den frühen 1990er Jahren, an die du noch einmal erinnerst. Vielleicht ist es kein Zufall, dass die Fragen immer grundsätzlicher werden und sich mit dem Subjekt, dem Leben, der Endlichkeit beschäftigen. Ist es denkbar, dass wir früher zu schnell nach Antworten und Lösungen gesucht haben? Für wesentliche Fragen gilt Heinz von Foersters Feststellung: „Nur die Fragen, die prinzipiell unentscheidbar sind, können *wir* entscheiden." (v. Foerster 1993, S. 70). Das gilt vielleicht auch für die Frage nach dem Subjekt (dem Ich, dem Selbst) der Wirklichkeitskonstruktion. Ich stimme dir zu: wenn wir Varelas Aufforderung einer „selbsteinschließenden Reflexion" ernst nehmen, müssen und können wir nur über unser eigenes Selbst nachdenken. Wie empfinden wir uns selbst und unsere Welt, die Welt, die wir nicht nur erleben, sondern die wir leben? (Ich erinnere mich an einen Sponti-Spruch der 1980er Jahre: „Wir stehen nicht im Stau – wir sind der Stau".) Doch eine solche „selbsteinschließende Reflexion" ist zu persönlich, als dass sie in einer „Veröffentlichung" thematisiert werden sollte.

Wie du und ich das Subjekt des Erkennens beobachten, ist unsere persönliche „Setzung", die allerdings auf (z. T. gemeinsamen) „Voraussetzungen" beruht, um die Begrifflichkeit von S. Schmidt (2003, S. 27 ff.) aufzugreifen. An anderer Stelle kritisiert S. Schmidt eine „alt-konstruktivistische Subjektfixiertheit" (ebd. S. 100). Du weist darauf hin, dass bei Erhard Meueler der „Status des Subjekts, auf das sich Bildung beziehen soll, ungeklärt bleibt". Im ähnlichen Sinn kritisiert der Gehirnforscher Gerhard Roth das Subjektverständnis des radikalen Konstruktivismus à la E. v. Glasersfeld:

„Der radikale Konstruktivismus erweckt allerdings den Eindruck, als gebe es im Gehirn eine Instanz, die sich bewusst Modelle über die 'Welt da draußen' macht, sie ausprobiert und sich gleichzeitig fragt, ob es diese Welt überhaupt gibt" (Roth 2003, S. 84).

Roth verzichtet also auf die Annahme eines autonomen „denkenden Subjekts". Wirklichkeit entsteht für ihn – phylogenetisch und ontogenetisch – aus der Verarbeitung von Wahrnehmungen durch das Gehirn. Das Gehirn konstruiert die Wahrnehmungsinhalte, die unsere Welt ausmachen. Diese Konstruktion von Welt wird beeinflusst durch Lernprozesse.

„Konstrukte erhalten ihre Verlässlichkeit über die sich verfestigenden Lernprozesse während der Frühstadien unserer Entwicklung, die zudem von stammesgeschichtlich bewährten Regeln geleitet werden" (ebd. S. 86).

Zu klären bleibt allerdings noch „*warum* im menschlichen Gehirn ein Zustand des Selbsterlebens" und der „Selbstbeschreibung" entsteht (ebd. S. 136). G. Roth erklärt eine solche Selbstreflexion durch die Entstehung hochkomplexer Ich-Zustände im Gehirn – auf die du auch hinweist. Diese Ich-Zustände operieren eigengesetzlich und eigendynamisch. Durch unser Ich-Gefühl empfinden wir uns mit uns selbst identisch; wir entwickeln eine relativ stabile Identität, ein Selbstbild. Aus dem Ich-Gefühl kann man jedoch nicht folgern, dass es ein Ich „gibt".

G. Roth unterscheidet mehrere Ich-Empfindungen, z. B. das Körper-Ich, das perspektivische Ich, durch das wir uns als Mittelpunkt unserer Welt erfahren; das Erlebnis-Ich; das autobiografische Ich, das eine Kontinuität in unserer Lebensgeschichte herstellt; das selbstreflexive Ich, das über sich selbst nachdenkt und so zur „selbsteinschließenden Reflexion" fähig ist. Alle diese Ich-Zustände sind Funktionen verschiedener Cortexareale (ebd. S. 141 f.).

Für mich sind Roths Überlegungen in dreifacher Hinsicht anregend und – bis auf weiteres – plausibel:

1. Unsere Konstrukte sind auf Dauer nur dann lebensdienlich, wenn sie eine gewisse Passung mit der (außersubjektiven) Welt aufweisen. Ohne eine solche Passung hätte die Menschheit nicht überlebt. Ohne eine solche Passung wären die Menschen auch nicht auf dem Mond gelandet.

2. Die Passung unserer Wahrnehmungen und Bedeutungen wird durch *Lernprozesse* überprüft und in entsprechende Handlungen umgesetzt. Lernen ist somit eher eine Passung als eine „Anpassung". (Dabei ist jedoch Roths Hinweis zu beachten, dass unsere Wirklichkeitskonstruktion nur zu einem geringen Teil von unserem Bewusstsein und unserem Willen abhängt.)

3. Der Konstruktivismus ist (für mich) ein *Relationismus*. Relational ist nicht identisch mit relativ, obwohl etymologisch ein Zusammenhang existiert. Relational ist unsere Wirklichkeit, insofern sie aus Beziehungen zwischen Ich und Welt, aus Wechselwirkungen und aus zirkulären Prozessen besteht.

Vereinfacht gesagt: Wir leben in unserer Welt, aber wir sind nicht der Nabel der Welt.

Wir versuchen, ein ontologisierendes, dualisierendes Denken durch ein komplementäres, prozesshaftes Denken zu ergänzen. Komplementäre Zusammenhänge bestehen aus Interdependenzen, Wechselwirkungen, aus Kausalnetzen anstatt linearer Kausalketten. Hans Tietgens hat bereits 1981 einen entsprechenden Lernbegriff vorgeschlagen: „Lernen heißt Wechselwirkungen erkennen" (Tietgens 1981, S. 33). Ein solcher Relationismus basiert auf einer „selbsteinschließenden Reflexion."

Vor fast 40 Jahren (am 01.01.2006 „feiere" ich mein 40-jähriges universitäres Dienstjubiläum) habe ich mich mit der Bildungstheorie Wilhelm von Humboldts beschäftigt (vgl. J. H. Knoll, H. Siebert 1969). Ein Satz seiner „Theorie der Bildung des Menschen" hat mich immer wieder beschäftigt. (Ich habe ihn in einem früheren Brief schon einmal zitiert):

„Die letzte Aufgabe unsres Daseyns: dem Begriff der Menschlichkeit in unsrer Person, sowohl während der Zeit unsres Lebens, als auch noch über dasselbe hinaus, durch die Spuren des lebendigen Wirkens, die wir zurücklassen, einen so grossen Inhalt, als möglich, zu verschaffen, diese Aufgabe löst sich allein durch die Verknüpfung unsres Ichs mit der Welt zu der allgemeinsten, regesten und freiesten *Wechselwirkung*." (ebd. S. 71)

Ist diese Idee der „freiesten Wechselwirkung" mit der konstruktivistischen Erkenntnistheorie kompatibel? Sicherlich nicht mit dem radikalen Konstruktivismus, wohl aber mit dem relationalen Konstruktivismus. Immanuel Kants „gestirnter Himmel über mir" ist doch mehr als ein Konstrukt. (Der inflationäre Gebrauch des Wortes „Konstrukt" macht mich inzwischen misstrauisch. Häufig wird mit dieser Etikettierung suggeriert, als sei das Problem damit geklärt.) Das Plädoyer für relationales Denken ist in der Erwachsenenbildung nicht neu. So plädiert auch H. Tietgens für einen „erwachsenendidaktischen Relationismus" (Tietgens 1981, S. 49). Ein relationaler Konstruktivismus klingt auch in deinem Brief an, wenn du schreibst: „Statt dessen scheinen Welt und Wahrnehmung einander in komplexen strukturellen Verkopplungen zu spezifizieren." Auf die Verkopplungen verweist F. Varelas „mittlerer Weg der Erkenntnis". Auch der buddhistische Begriff der „Achtsamkeit", auf den du aufmerksam machst, scheint mir ein solcher relationalcr Begriff zu sein. Achtsamkeit im Blick auf die Welt könnte den Begriff der „selbsterschließenden Reflexion" ergänzen.

Achtsamkeit auf der Grundlage individueller und kollektiver Erfahrung kann – so interpretiere ich deine Anmerkung – der „archimedische Punkt" eines beobachtungstheoretischen Lehr-Lernkonzepts sein. Achtsamkeit scheint sich als Lernziel wie als Lehrkompetenz gleichermaßen zu eignen. Achtsamkeit ist eine urteilsvorsichtige, mehrperspektivische, lernende Haltung.

Wir haben in unserem Buch „Konstruktivistische Erwachsenenbildung" ein „virtuelles Gespräch" u. a. über den Bildungsbegriff geführt. Dieses Thema ist – auch angesichts der Debatte über PISA, Kompetenzen, Qualitätssicherung – immer noch aktuell. Bildung ist – systemisch-konstruktivistisch betrachtet – eine

Beobachtungsperspektive. Diese Perspektive sollte allerdings sozialhistorisch aufgeklärt sein. Über Bildung heute können wir nicht reden, ohne an die Verstrickung des Bildungsbürgertums in den Nationalsozialismus und den Holocaust zu erinnern. Genauso wenig sollten wir kulturelle Errungenschaften des Humanismus und der Aufklärung, des „Kampfes um die Menschenrechte" vergessen.

Wer sich selbst für gebildet hält, demonstriert damit allenfalls seine Unbildung. Aber Bildung als regulative Idee ist für Pädagogik weiterhin unverzichtbar. Innerhalb des Konstruktivismusdiskurses verweist der Bildungsbegriff auf eine Leerstelle. Konstruktivistischer Schlüsselbegriff ist Wirklichkeitskonstruktion. Wirklichkeit ist aber nicht denkbar ohne Möglichkeit. „Realitätssinn" impliziert „Möglichkeitssinn". Über Bildung nachzudenken heißt auch: über Menschenmögliches, über wünschenswerte Zukunft nachzudenken. Vorstellungen über Zukunft gehören ebenso zu einer konstruktivistischen Kompetenz wie Erinnerungen an die Vergangenheit. Über Zukunft nachzudenken heißt aber auch, sich mit Endlichkeit und Vergänglichkeit auseinander zu setzen. Auch dies waren „mitlaufende" Themen unserer Gespräche.

Francisco Varela schreibt:

„Wir beginnen nun zu erkennen, dass wir nicht festen Boden, sondern eher Treibsand unter den Füßen haben" (Varela/Thompson 1992, S. 295).

Literatur

Foerster, H. v.: Kybern Ethik. Berlin 1993.
Knoll, J. H., Siebert, H.: Wilhelm von Humboldt. Heidelberg 1969.
Roth, G.: Aus Sicht des Gehirns. Frankfurt 2003.
Schmidt, S. J.: Geschichten & Diskurse. Reinbek 2003.
Tietgens, H.: Die Erwachsenenbildung. München 1981.

Grundlagen der Berufs- und Erwachsenenbildung

Rolf Arnold

Band 44: Die emotionale Konstruktion der Wirklichkeit

Beiträge zu einer emotionspädagogischen Erwachsenenbildung.
2005. VI, 280 Seiten. Kt. ISBN 3896769219. € 20,—

Erwachsene denken, handeln und fühlen auf dem Untergrund ihrer psychodynamischen Matrixen, welche früh angebahnt, verdichtet und festgelegt werden. Diese Matrixen „kanalisieren" ihre Erfahrungen und steuern ihre Orientierungen und Verhaltensweisen, da sie – systemisch-konstruktivistisch gesprochen – nur zu „sehen" vermögen, was sie zu „sehen" vermögen. Die emotionalen Matrixen stellen die Grundmechanismen der Konstruktion von Wirklichkeit bereit. Menschen reagieren deshalb grundsätzlich niemals *nur* realitätsangemessen, sondern beleuchten die sich ihnen stellenden Situationen mit Hilfe ihrer Gefühlslichter, da anderes nicht verfügbar ist. Ihr Verhalten in Führungs- und Lernsituationen kann deshalb auch nicht nur als Reaktion auf externe Anforderungen konzipiert und analysiert werden, es ist vielmehr immer und stets zugleich eine Reaktion auf die eigene innere Systemik. Das Emotionale prägt und begleitet das Denken, Handeln und Lernen von Erwachsenen, weshalb die störenden oder hilfreichen Wirkungen emotionaler Prägungen, Eigentümlichkeiten sowie Auffälligkeiten in Bildungs- und Kooperationsprozessen in dem vorliegenden Buch zumindest ansatzweise aufgefächert und analysiert werden sollen. Gleichzeitig ist Bildung stets auch eine innere Reifung zu verantwortlichem und situationsangemessenem Handeln. Aus diesem Grund kann sie nicht wirklich gelingen, wenn Pädagogik und Erwachsenenpädagogik über keinen tragfähigen Begriff von emotionaler Gewandtheit und zugewandter sowie selbstreflexiver Sachlichkeit verfügen, weshalb die vorliegenden Argumentationen auch als Beiträge zu einer ganzheitlichen kognitiv-emotionalen Theorie der Bildung Erwachsener verstanden werden können.

Das vorliegende Buch bemüht sich zwar in verschiedenen Annäherungen um eine Ausleuchtung des Verhältnisses von Emotion und Kognition im Erwachsenenlernen, fokussiert dabei aber sehr grundsätzlich auf die Frage der Identitätsentwicklung vor dem Hintergrund des Fortdauerns früher emotionaler Einspurungen in unterschiedlichen Kontexten sowie Konstellationen des Erwachsenenlebens. Sein Gegenstand ist somit die Emotionalität des Erwachsenseins. Dessen Selbst erweist sich dabei als weniger „autonom" als es Befreiungs- und Fortentwicklungsmetaphern der Erwachsenenpädagogik vorsehen. Diese konzipieren den Erwachsenen vielfach als ein emotionsloses Wesen, welches in den Motiven seines Handelns ausschließlich dem besseren Argument folgt, und sie übersehen dabei weitgehend, dass Menschen – so die in diesem Buch wiederholt stark gemachte These – grundsätzlich die Welt so deuten, wie sie es aushalten können. Diese „emotionale Konstruktion der Wirklichkeit" durchwirkt unser Kommunizieren und Kooperieren bis in die Ebenen sachlichster Auseinandersetzung hinein. Erst, wenn es gelingt, die subjektive Dynamik zu erkennen bzw. zu „lesen", aus welcher sich im konkreten Fall, die Konsistenz von Denken, Fühlen und Handeln „speißt", kann es möglich werden, anschlussfähige Transformationsprozesse zu initiieren oder produktiv zu begleiten.

Das vorliegende Buch stellt eine Sammlung von Aufsätzen bereit, denen allen eines gemeinsam ist: Sie skizzieren das Konzept eines *Emotionalen Konstruktivismus,* welcher sowohl im Hinblick auf die erkenntnistheoretische Fundierung der Erwachsenenpädagogik als auch im Hinblick auf eine Neukonzipierung des Lernens Erwachsener Impulse bereit hält. Erst allmählich zeigt sich dabei das Konzept eines Emotionslernens, welches es auch und gerade angesichts der zunehmenden Ungewissheiten und Ungesichertheiten in den sich globalisierenden Gesellschaften zu entwickeln gilt.

Schneider Verlag Hohengehren
Wilhelmstr. 13; D-73666 Baltmannsweiler

Grundlagen der Berufs- und Erwachsenenbildung

Rolf Arnold / Horst Siebert

Konstruktivistische Erwachsenenbildung

Von der Deutung zur Konstruktion von Wirklichkeit

(Grundlagen der Berufs- und Erwachsenenbildung Band 4)

4. unveränd. Aufl., 2003. IV, 185 Seiten. Kt. ISBN 389676649X. € 16,—

Erwachsenenbildung stellt sich bereits immer schon als Deutungslernen, d. h. als die systematische, mehrfachreflexive und auf Selbsttätigkeit verwiesene Auseinandersetzung des Erwachsenen mit eigenen und fremden Deutungen dar. Verfügbare Konstruktionen von Wirklichkeit können in den Veranstaltungen der Erwachsenenbildung artikuliert, miteinander verglichen, auf ihre „Tragfähigkeit" angesichts neuer Situationen überprüft und weiterentwickelt werden. Erwachsenenlernen ist dabei nicht nur Aneignung neuen Wissens, sondern auch die Vergewisserung, Überprüfung und Modifizierung vorhandener Deutungen. Aufgabe der Erwachsenenbildung ist es, die Reflexion von Deutungen und die Offenheit für ›Umdeutungen‹, d. h. für neue Sichtweisen, zu fördern.

Erwachsenenpädagogische Kompetenz muß sich angesichts der Konstruktivität der inhaltlichen Dimension des Erwachsenenlernens in verstärktem Maße auch durch eine prozessual-formale Kompetenz zum „Umgang mit Wirklichkeiten zweiter Ordnung" legitimieren.

Qualität des beruflichen Lernens in der Weiterbildung

Hrsg. von **Werner Markert**

2006. VIII, 101 Seiten. Kt. ISBN 3834000639. € 12,—

Grundlagen der Berufs- und Erwachsenenbildung Band 45

Vorliegende Untersuchungen zeigen auf, dass in der Weiterbildungspraxis weiterhin Unklarheit besteht, nach welchen Kriterien die Qualität des organisierten Lernens bestimmt werden kann und wie entsprechende Qualitätssicherungssysteme gestaltet sein sollen, um den veränderten und künftigen Anforderungen der Arbeitswelt gerecht zu werden. Insofern besitzt auf internationaler und nationaler Ebene die Frage nach der Sicherung und Verbesserung der Qualität beruflicher Bildungsprozesse im Bereich organisierter und informeller Weiterbildung hohes bildungspolitisches Gewicht.

Handlungsbedarf besteht vor allem aus der Sicht der Teilnehmer und Nutzer von Weiterbildung. Sie stehen unter dem zunehmenden Druck, Weiterbildungsentscheidungen im Rahmen des lebensbegleitenden Lernens treffen zu müssen, um die persönlichen Qualifikationen und Kompetenzen nicht veralten zu lassen. Dabei sind Voraussetzungen für die Gestaltung des eigenen Lernwegs, dass die Entscheidungen für die Auswahl der dafür relevanten Bildungsangebote vom einzelnen rational und gesichert vorgenommen werden können. Die Individuen benötigen sachgerechte Informationen über die Qualität der Bildungsangebote, aber auch Kenntnisse über die Bedeutung der angestrebten Qualifikationen und Kompetenzen für ihre berufliche Zukunft.

 Schneider Verlag Hohengehren
Wilhelmstr. 13; D-73666 Baltmannsweiler